一个人的抗日

热血杀手王亚樵

西尔枭 著

文化艺术出版社
Culture and Art Publishing House

图书在版编目（CIP）数据

一个人的抗日：热血杀手王亚樵/西尔枭著.—北京：文化艺术出版社，2010.12
ISBN 978-7-5039-4825-1

Ⅰ.①一… Ⅱ.①西… Ⅲ.①王亚樵（1889~1936）-传记
Ⅳ.①K827=6

中国版本图书馆 CIP 数据核字（2010）第 228223 号

一个人的抗日——热血杀手王亚樵

作　　者	西尔枭
责任编辑	帅　克
策　　划	林东林
营　　销	刘文莉
封面设计	汤圆 STUDIO·宁宇
印　　制	薛建莲
出版发行	文化艺术出版社
地　　址	北京市东城区东四八条52号　100700
网　　址	www.whyscbs.com
电子邮箱	whysbooks@263.net
电　　话	（010）84057666　84057660（总编室） （010）84057691－84057670（发行部）
传　　真	（010）84057660（总编室）　84057690（发行部）
经　　销	全国新华书店
印　　刷	三河市祥达印装厂
版　　次	2011年1月第1版 2011年1月第2次印刷
开　　本	710×1000毫米　1/16
印　　张	19.5
字　　数	300千字
书　　号	ISBN 978-7-5039-4825-1
定　　价	29.80元

版权所有，侵权必究。印装错误，随时调换。

目录 contents

	男儿当如王亚樵	帅 克	001
1	刺客是从小练成的		001
2	革命、玩命、亡命		013
3	斧头帮呼啸上海滩		021
4	"悍匪"王亚樵		031
5	干掉淞沪警察厅厅长		039
6	和戴笠、胡宗南成了拜把兄弟		043
7	刺杀蒋介石开始了		060
8	一山二虎：王亚樵和杜月笙		076
9	刺杀刺到蒋介石下野		089
10	日本军部刺杀公使嫁祸中国		103
11	"王亚樵是日本人的大爷"		114
12	炸死了日军侵华总司令		127
13	王亚樵曾经的把兄弟戴笠		139

14	女特工成了红粉知己	157
15	与共产党的交情	167
16	一颗人头给沈醉当早餐	177
17	王亚樵、戴笠,再见面已非兄弟	187
18	当上李济深的安全大员	196
19	是谁绑架了王亚樵的爱妻?	207
20	女汉奸对王亚樵动了真情	218
21	蒋介石没来,杀个汪精卫也行	232
22	戴笠香港追杀王亚樵	273
23	英雄能不能过美人关?	283
24	戴笠终于干掉了王亚樵	298

男儿当如王亚樵

王亚樵,何许人也?提起浪奔浪涌的旧上海滩,人们自然会想到杜月笙、黄金荣等流氓大亨,但是其实与他们并排起坐的还有一个特立独行、一生极富传奇色彩、行事风格多半有点类似于古代绿林好汉的传奇人物:王亚樵。

王亚樵,抗日英雄,民族志士,1889年生于安徽合肥,人称"九爷"。曾与戴笠、胡宗南为结拜兄弟,1936年被戴笠害于广西梧州。在上个世纪20年代和30年代前期,上海滩上提起"九爷",提起"斧头党",无不为之色变。就连流氓大亨杜月笙、黄金荣等人也胆战心惊,常常告诫门徒说:"斧头党的事,多一件不如少一件,能躲就躲。"在中华民族悲壮的抗战史上,有过一个现在几乎让人遗忘的组

民国第一杀手——王亚樵

织——"铁血锄奸团",汉奸卖国贼听到这个名字,无不闻风丧胆,噤若寒蝉,而锄奸团团长就是号称"民国第一杀手"的斧头帮帮主王亚樵。他在中国近现代历史舞台上策划了一幕幕惊心动魄的刺杀事件,民国历史上一些惊天大案:蒋介石庐山遇刺案、汪精卫国会遇刺案、宋子文枪案、"出云号"日舰被炸案、日本驻华最高司令官白川义则被杀案……等等,都是王亚樵幕后策划导演的。

不知何故,历史有时总是故作记性不好,竟然将他遗忘。我想原因之一是王亚樵死得太早,他之一死,他的"斧头党"也群雄无首,作鸟散状了。二是,其实历史是不喜欢太有个性的人。他一生不党不群,用一己之力戮力抗日。个性对于历史来说充其量只能算是一次肠梗阻,因而王亚樵也就只能是个草根英雄、绿林好汉啦。不管历史如何评判,其骨子里的爱国情怀是任何人都无法抹杀的,虽是"匪",但却决不同于上海滩上杜月笙、黄金荣之流。

借用一个美国女记者对于王亚樵的评价,我以为确为精到和精彩:"在中国抗日战争(指七七事变以前的局部抗战)和国共两党争斗的这段历史中,这个非常奇特的人物是不能忽视的,很难明确地说,是那个时代造就了王亚樵还是王亚樵在戏弄那个时代。他绝不同于西方的那些黑手党组织以制造恐怖作为生存方式,也不同于中国古老土地上的传统土匪杀人越货谋生。他既非政治家也非军事家,然而他又有相当深沉的政治头脑和精湛的军事常识。同时还保留着一种桀骜不驯的匪性……"

就是这样一个热血男儿,他在中华民族最危难的时刻,其实用他的一生来抗日,把一腔男儿热血都用在了拯救国难之中。从这个境界上来说,王亚樵是一个民族英雄。可惜历史风云总是会无情吹去其中的亮光,那么今天我们就让这一历史的亮点再现人间吧。

王亚樵这个"好汉"在情感上也是丰富而多情的。历史总是如此相似,英雄总是倒在女人的手下,这个俗气的定律,王亚樵也没可避免。戴笠最后没办法,到头来还是用女色这一招才干掉了他的拜把大哥。到头来,一代英豪因美人而殒落,倒也不能不说是死得其所。

帅 克
2010-12-1

1
刺客是从小练成的

　　岁月漫漫，时光悠悠，历史的风浪淘去了无数的泥沙，而王亚樵的故事却一直沉淀在历史河床的深处。

　　在距合肥30多里的肥东县州埠乡，有一个叫做王小郢的村子。这里与皖中农村的其他地方也无两样，房舍、山川、行人、牛羊，一切似乎都与历史并无多少隔膜，但傲视天下、横空出世的一代英豪也没有在这里留下半点遗迹。

　　夕阳西下的时候，回首俯视被夕阳慈祥地照耀着的村庄，炊烟缕缕，归畜悠悠，好一派田园牧歌景观。透过冉冉的暮霭，时光把我们带回到了一百余年前。

　　那是清朝光绪十五年己丑农历正月十五日（公元1889年2月14日），正值一年一度的上元佳节，地处偏僻之乡的王小郢家家户户忙着元宵。在充满节日喜庆的气氛里，悬壶济世的王荫堂的妻子梅氏正在经历着分娩前的阵痛。

　　正午时分，云淡风高的晴空突然一阵黑暗。乌云滚滚，压顶而来，一场暴风雪眼看就要来临。村民们感到失望，很担心这场风雪会冲走元宵夜的欢快——皖中地方，主要是乡间，每逢元宵之夜，大人孩子倾巢而出，到野地之中"撂火把子"。火把子多是一年间积累起来的破扫帚头子、葵花杆子、麻杆子等，在野地里燃起，往空中撂。

这时，王荫堂的农舍里，产妇梅氏在稳婆（接生婆）的指点帮助下，终于生下了一个白白胖胖的男婴。当产房内传出新生儿的第一声响亮啼哭时，年轻的父亲和全家都长长地舒了一口气，每个人都笑起来。

说也奇怪，婴儿一落地，哭声还没有停止，天上的乌云就开始逐渐散去，霎时又是丽日当空，万里澄碧，如同是中秋季节一样。

这个刚来到人世就显现不凡景象的人，就是在中国近现代历史舞台上策划了一幕幕惊心动魄刺杀事件的幕后导演王亚樵——一个令蒋介石、戴笠都为之胆寒的神秘的传奇人物。

不知是自然现象和人生起点纯属巧合使然，还是因为故乡子孙对一代枭雄的顿首敬仰，直到现在，王小郢及其附近的许多村民还始终坚信王亚樵系黑虎星降世。他的一生，是上天的刻意安排。

据说，此子一降世，原先一些欺王家为外来户的人立刻有所收敛。因为，他们一打王家的主意，就会头皮发涨。

王家的祖籍不在王小郢，而在合肥西乡的韩堰。清朝道光年间（1821—1850），大概在王亚樵的曾祖时，全家迁居东北乡王小郢。王亚樵曾祖父王士俊以种田为生。祖父王榜，目不识丁，不谙世事，亦终老于陇亩之间。倒是其叔祖王凤，粗识文字，可惜终身未娶。他青年时代弃耕从戎，到清廷军队中充当兵勇，屡屡作战，功劳却并不突出，只升到比较低级的都司之职。

到了王亚樵父亲王荫堂这一代，王榜深感不识字苦，才送儿子进村塾念书，三年下来，王荫堂粗通诗文。因家境不济，十年寒窗，何其漫漫，王榜便让儿子走出学堂，随一江湖郎中学岐黄之术近三年。

王荫堂所从之师，并没有多高的医术，所以，他也就没有学到多么高深的医道。但不管怎么说，草头方子还是知道几副的，所以，务农之余，也还兼行医道。

王荫堂医术平平，但脑袋瓜倒还挺好使。行医赚了两个钱后，没有去买土地，而是另行投资，开了一个棺材铺。他觉得，活人的钱固然要赚，死人的钱也不能不赚，不赚只能是白不赚。

大概是既希望病人能迅速康复又希望病人很快地死去这种矛盾心理的驱使，

使王荫堂一生总是难以把握自己。所以，他一直到死也没有发什么财。不过，却得了一个"厚斋"的雅号，而他的儿子王亚樵却与他截然相反。

王荫堂夫妇育有三子一女。长子就是王亚樵，次女王秀樵，三子早殇，四子王述樵。王荫堂老先生六十四岁时病逝于上海。其妻梅氏也曾随长子王亚樵去沪。直到建国后的1959年方病故，享高寿九十。

王亚樵在故乡合肥农村度过了他的童年和少年时代。他自幼聪慧伶俐，受到全家上下的钟爱。和别的普通农家孩子稍有不同的是，他有幸受到了良好的启蒙教育。

光绪二十二年（1896），王亚樵刚七岁。元宵节一过，父亲王荫堂便领他到邻近的史圩村的一位老塾师刘茂先生（人称刘三先生）家里拜师启蒙。

王荫堂早年读书，半途而止，所以望子成龙心切，一心希望儿子能够沿着当时科举考试的阶梯，从秀才、举人到进士一步一步，金榜题名，以遂父志，做官发财，光宗耀祖。只是刘三先生才疏学浅，几年后，便无法指点王亚樵了。

十三岁那年，王荫堂又领着儿子到距家二十多里的对河张村，拜张世籁先生为师。张先生曾晋学中过秀才，是一方名师，以经院教学方式设馆，名噪当时。

在世籁先生门下，王亚樵攻读经史子集，旁及诗词歌赋，同时临写古碑帖习书法。由于他聪颖过人，加之名师指点，转瞬又是四年，学业大有长进。

此时，王亚樵已成长为一个翩翩少年郎了。

光绪三十一年（1905），王亚樵十六岁，尚未及弱冠之年。但他觉得寒窗已度十载，学业应当有成，可以进科场一展身手。新年一过，二月初头，便约上好友刘子魁、季凤藻诸少年同窗，兴高采烈地到合肥城内去参加县试。

果然不出所料，制艺时文、试贴诗、经论、律赋等几场下来，自己均觉得十分满意。发榜之日，果然高高中在头十名之内。虽说年少，但满腹经纶，文章锦绣，士林人物，无不称道。

王亚樵得意之余，又一鼓作气，乘胜前进，参加了四月间在庐州书院举行的府试。遗憾的是，此次竟然名落孙山。

按当时科举惯例，县试考中，称为"生员"，就是通常所说的"秀才"。王亚樵在府试中虽落第，考官却很赏识他的流畅文笔，特设宴款待，对他慰勉有加。

落榜归来，王亚樵心情极为郁闷。

十六岁的少年，今天人们称之为花季，是正在开放的时节。但在旧时的农民家庭中实际上已是一个整劳动力了。王亚樵自尊心极强，眼看着祖父年迈，双亲里里外外辛劳，觉得自己也理应分担家庭生活的重担，便独自外出谋生。

经人举荐，王亚樵应合肥西乡一富户之聘，任家塾西席（家庭教师）。王亚樵少年老成，举止大方，颇有些资深塾师的派头，可是东主欺他年轻，且出身寒门，并不以师礼尊之，言语间，每每有侮谩之处。

虽说初出茅庐，但血气方刚却是久已注定的。王亚樵在一天午饭间，指着东主说："狗眼看人低！"然后拂袖而去。许多年后，当王亚樵的英名响彻上海滩时，这位东家还每每脊梁沟子发凉。

回到家中，王亚樵左思右想，与其寄人篱下，不如独自开馆。

但此时，家中的祖父母与父母对王亚樵能否立业或立何业一点也不感兴趣，他们认为最当务之急是要王亚樵先成家。

"不成家，何谈立业？"父亲在一个夏日的夜晚开导他说。

王亚樵对于女人似乎早就已开窍了，但他在行动上一直保持着这样的一个准则：贪花不迷真君子！

其实，他青春的热血早就沸腾了，他常常渴望能搂着一个如花似玉、柔情似水的女孩度过那难耐的夜晚。但是，现在还不成。在王亚樵的心里，女人与事业，他总是能够掂出轻重。虽然在很小的时候，他就对女人感兴趣并设法获取了。

我并不是民间的说书艺人，写英雄时，总是把一些调料往他们的身上加。但是，王亚樵的确是个情种，一个美国女记者曾经说过这样一个故事。

这个美国女人叫做弗雷特·安娜，她写过一本叫《中国民间力量》的书。在这本书里，她称王亚樵为"中国奇人"，她以很大的篇幅写了王亚樵的种种行为，其中有他童年时对女人的"行动"。

在书中，弗雷特·安娜这样写道：

> 无疑，聪慧的孩子在生理上也是理所当然的早熟。传闻在他（指王亚樵）九岁那年夏天的一个夜晚，他曾对他舅舅的女儿动手动脚，并且试探性地抚摸她正在隆起的乳房。那位正躺在春凳（安徽人夏天乘凉的一种宽

板凳）上的十四岁少女被弄醒后吓得尖声大叫。我们无法断定这个九岁的孩子对于性了解到何种程度，也不知道他具备了多少水准的羞耻心，我们所知道并十分感兴趣的，是这个九岁男孩在惹祸之后竟能若无其事地撒下一个弥天大谎。他说他看见一条百足虫（蜈蚣）爬在表姐的胸脯上，他并且真的从手中摊出一条一寸长左右的百足虫。

事实上，那条虫是在两个小时前就被他弄死的。然而，当时他的亲人并没有深究，他们无法想像这个九岁男孩的心计……

在洪水冲击江淮的那一年（1899），他同外祖母和小表姐同睡一张大床，在这期间他又数次抚弄小表姐的乳房，并且再也不用编造理由，因为他的小表姐已渐渐地习以为常，甚至还经常主动地让他为她解除背部搔痒。

在他十岁的时候，他们还在同一只木盆里洗浴。她把他当作孩子，谁又能说不是呢？但是，经验告诉我们，两岁以上的幼儿一般是不会对母亲以外的女人的乳房有所眷恋的，当一个孩子再次对女性，尤其是对他的母亲以外的女性乳房发生兴趣时，则表明他已经情窦初开了。

我见过那个女孩的照片，典型的亚洲村姑，脑袋上盘着复杂的发式。她的脸庞确实美极了……

我们或许能运用弗洛伊德先生的理论，对他以后的某些行为找到心理学的依据。或许正是儿童少年时期诞生的对异性的美好记忆，左右了他的性格发展。我们所知道的王亚樵，具有这样一种秉性，对于他认为的敌人，他心狠手辣；而对于女人，即使明知是敌人，他也往往表现出耶稣般的宽容……

这个美国女人告诉世人的故事，其真实性有多大，我们没法去考证。当然，也没有必要去考证。但纵观王亚樵一生，在血花飞溅之中，对女人，他的确是充满无限的柔情蜜意的。

人有时的确难以说得清楚，从其整个一生看，王亚樵对女人的需求，的确是到了"滥"的程度，但在人生之初，他却频频抗拒家人要他与女人结婚的命令。

王亚樵是有一股牛劲的，他对父亲说："你们要是让我结婚，我就到外面去了。"

王荫堂虽说希望儿子将来能够纵横天下，但在清末那动荡不安的年代，他又深怕儿子会给自己和王氏家族惹下不必要的麻烦。所以，他没有强求儿子结婚，而是在家中腾出两间房子，供上孔子的牌位香案。王亚樵从此设馆招徒。

附近的农人知道王亚樵已中过秀才，对其才学倒还信得过。况且还有许多人家送子上学的目的，仅仅是认字，并不求学业有成。旬日之间，王亚樵收了二十多个农家子弟，勤勤恳恳地做起了"孩子王"。

可是，这位少有大志的年轻塾师，很快就发现自己人生的路不在这荒僻的小村，只教了一年馆，就不甘于碌碌无为地做一辈子三家村老学究，辞馆外出，独自创天下去了。

光绪三十三年（1907）春天，一位叫赵友顺的武师来到合肥东北乡，开馆授徒。赵武师为人忠厚，知识渊博，很受东北乡一带的年轻人的喜爱。

此时，王亚樵已做了一年孩子王，正在思索人生的道路。赵友顺的到来，使得王亚樵豁然开朗。如今正逢动荡岁月，反清志士前赴后继，大清江山易主势在必然，做一儒生，空有一腔报国热情，哪里抵得上有一身精湛的武艺去报效国家。于是，王亚樵立刻把赵武师请至家中，摆酒畅谈天下大事。

酒逢知已千杯少，两人喝至夜半，也谈至夜半。酒罢搁盏，尚觉意犹未尽。于是又对床而眠，继续纵论天下。

此时，外面已下起了小雨。春雨打在窗棂之上极其悦耳动听。

"赵先生，我十分敬佩你的为人。"当夜静时，王亚樵说："我想拜你为师，学习武艺，将来好为国效力。"

"贤弟此言差矣，修身齐家平天下，从来都是饱读诗书的人，以赵某这样的一介武夫，谈什么为国效力，最多作做挡箭牌而已。"

"不，赵先生，如今恰逢乱世，要想效力国家，必将驰骋疆场，没有好身手，消灭不了那些欺世奸雄。"王亚樵很激动。

"贤弟此言，赵某惭愧！你要真想练功夫，赵某倒是可以指点一二。只是古人云：年过二十不学艺，先生此时学这玩意，益处怕不会很大。"

王亚樵一听，知道赵武师是嫌他年龄大了，便说："我虽然已十八岁，但自幼也练过一些，胳膊腿都是灵便的。"

"真的？"赵武师一听，来了兴趣，"想不到贤弟文武双全！"

春雨不知什么时候已经停了,鸡鸣声从村中响起。

"小时候练的,不规范。"

"我们何不来个闻鸡起舞呢?"

"对,反正睡不着。"

两人翻身下床,来到村外的一个小岗上,王亚樵伸展了一下身子,便上下左右比划起来。

走了四五个套路,王亚樵收住招式,焦急地问:"怎么样?"

"身手倒还利索,只是招招式式花花草草,十足的花拳绣腿,且练习日久,身体走势已成定局,短时间是难以更正的。"

"难道就丝毫也不堪造就了?"王亚樵心里有些不快起来。

赵武师经过一宿畅谈,知道这个年轻人好胜,但确属可造就之材,忙说:"哪里,你听我慢慢说。习武之术,攻守进退,静动徐疾,虚实刚柔,起承转合,实非一日之功可得要诣,以贤弟的聪慧,此时若硬要练下去倒也不会毫无收获,只是时间要很长了。我是觉得,时至于今,光会些拳脚功夫,意义已经不大了。刚才贤弟出招时,我看你臂力强劲,不如练火枪。"

王亚樵连忙说:"先生好眼力,我从小就喜欢张弓弹射,这些年来,一直没有间断,臂力的确可以。只是这火枪怎么练习呢?"

"赵某前几年在天津卫,也练过火枪。"说着,赵武师捡起一块石头扔进林子深处,几只山鸟被惊起,"突突突"地飞了起来。

只见赵武师在怀中摸了一下,然后手一扬,一声脆响。谁也难敌这玩意。

王亚樵接过枪,沉甸甸的。

从此以后,王亚樵将开了一年的学堂关了,每日里练习瞄准。

一个月后,赵武师把十发子弹压进枪膛,让王亚樵进行实弹练习。十发子弹射出后,王亚樵基本上学会了用枪。

因为做了一年"孩子王",王亚樵手里有一点积蓄。他跟随赵友顺去了趟合肥,买了一只德国进口的手枪和一箱子手枪子弹。

回到家,王亚樵进入了正式练枪阶段。

赵武师的训练方法十分独特,他用一种木夹子放在野地里,捕捉了一些野兔,然后,把野兔放进一个扎着严严实实的篱笆的大菜园子,让王亚樵一边追赶一边放枪。

开始，王亚樵凭着一腔激情，不停地开枪。结果打掉三百发子弹，连一根兔子毛也没有打掉。

赵武师说："不能光凭开枪时的一时快感，一定要瞄准，瞄准了再打。"

王亚樵立刻改变方法，几天后，他的手枪打中了第一只野兔。

渐渐地，王亚樵能每天都打中野兔了。

两个月后，赵武师与王亚樵两人来了一个君子协定，就是王亚樵每天在菜园里用手枪射杀野兔，赵武师每天夜里在野地里捕捉野兔，早晨时再放进菜园。什么时候，王亚樵能够很轻松地把野兔全部射杀，什么时候枪也给练好了。

开始，真难为王亚樵了。赵武师每天都有十几乃至二十几只的野兔送进菜园子，而王亚樵一天只能射杀几只。

半个月下来，菜园里已经"兔"满为患了，剩下的一百多只野兔，把菜园里的各种菜都吃得光光的。兔子们开始闹饥荒了。

由于缺少障碍物，王亚樵的命中率逐渐高起来。半年后的一天傍晚，他终于将菜园里当天的最后一只活兔子射杀。

从此，王亚樵与赵武师进入"战略相持"阶段，赵武师夜里捉住的兔子，王亚樵一天里都能够全部射杀。

又过了一个月，情势发生逆转。赵武师夜里捉住兔子，王亚樵上午半天就全部射杀了。

后来，赵武师刚把兔子放进菜园，王亚樵掏出枪一个找一个点名，一分钟不要，全部射杀完毕。

这种情形一连持续了三个早晨。

那天晚上，赵武师把王亚樵请到武馆，两人频频举杯。

"贤弟，从明天起，你用不着去菜园了。从现在起，你就是全中国屈指可数的神枪手了。将来，无论走到哪里，你都不要离开枪。因为命运已注定了，你这一生将离不开凶杀和恶斗。"

"为什么？"

"不为什么，就因为你是神枪手！"

两人喝到夜半方散。临别时，赵武师掏出一只小巧的手枪递给王亚樵说："这叫掌心雷，我在天津时从一个法国人手里买的。一般情况下，只有女人才用这种枪，但男人带着它，常常会出其不意，关键时刻能救命的。"

王亚樵接过，看了良久，深深地向赵武师鞠了一躬，"谢谢先生！"

"别客气。这支枪不要给别人看。别人要是知道你有这玩意，就达不到出奇制胜的效果了。"

时已至秋，王亚樵从练枪的沉醉中醒来，突然变得焦急起来，该干点什么呢？他常常这样问自己。

就在王亚樵焦急之时，有人找上门来，请他去做司书。

来人是距王小郢二十里外的众兴集的李元甫手下。当时，李元甫因天下不太平，忙着兴办团防局，这是一种地方自卫性质的武装组织。

李元甫是李鸿章的族人，属"李府"中人。这里所说的"李府"，是指李鸿章的庞大李氏家族。在清末的几十年间，这个家族地跨合肥、巢湖、舒城、六安等地，是当时中国屈指可数的名门望族。且不说当时李家有多少财产，仅看看李鸿章兄弟六人在清朝所任的官职，即可说明，当时的李家是多么庞大。李鸿章的父亲李文安是道光年间进士，曾任刑部主事，他共生六子，长子李瀚章，官至湖广、两广总督，诰授光禄大夫、太子少保。次子即李鸿章。三子李鹤章，官授甘肃甘凉道。四子李蕴章，授候选道。五子李凤章，授按察使衔补用道。六子李昭庆，官授记名盐运使，赠太常寺卿。李氏兄弟在封建社会中所取得的"成就"，任何一个人都可谓衣锦还乡，光宗耀祖，更何况是兄弟六人同出一门呢？所以清末人说"宰相合肥天下瘦"也就丝毫不足为怪了。

由于李氏家族地域广阔，各处乡间均有他们的土地、庄园和佃户，所以他们在地方上要建立自己的武装力量，一来用以自卫防盗贼，二来用以威慑地方其他豪强势力。

团防局因系地方私人武装组织，所召集的人大都是乡间农民，知识分子是没有人愿意去的。李元甫为了抓住几个笔杆子，就到处去拉文人。

对于少年气盛的王亚樵来说，到团防局任职，总有些不尽人意，但因一时半刻无处可去，同时进团防局，和摸枪的人整日在一起，毕竟也有些投笔从戎的气概。

此时正是清朝末年，欧风日炽，民智大开。孙中山先生的同盟会在国内外已经发展成一个声势浩大的革命组织。

清廷方面，自庚子之役（1900年八国联军侵华战争）以后，对外丧权辱国，对内加紧其专制统治。民生凋敝，百业维艰。在这种风雨飘摇、内外交困的险恶形势下，爱国志士、热血青年，无不痛心疾首，许多人众志成城，欲求扶大厦之将倾。

王亚樵到团防局不到半年，文武双全的才华就显出来。

有一次，舒城地方有股土匪，从山上下来抢掠。李元甫带领团防局前去进剿，没想到土匪特别凶悍，竟把团防局打得落花流水。土匪把团防局打败了，还不解气，紧紧咬住，穷追不舍。

就在此时，王亚樵带领十几个手下押运粮草抵达。一看阵势，他大叫一声："不好！"

停住骡马车，王亚樵立刻命令手下，"快，把骡马都解下来。"

手下立刻把骡马解了下来。王亚樵又令大家一起动手移动粮车，围作掩体状。

当时，团防局的团丁使用的都是线枪，打的是散弹。王亚樵让那十几个人掩蔽好，一起填药装弹，把枪排一旁。

当土匪上来后，王亚樵操起旁边的线枪，一枪一个，一枪一个，一气撂倒了十几个土匪。

这帮手下平时见王亚樵文质彬彬，腰挂手枪只当是摆设，没想到枪法如此高超。一边唏嘘，一边装弹药。第二轮枪递上去，很快又有几个土匪被撂倒了。

土匪这才回过味来，集中火力往粮车这边打，可惜粮垛堆得太厚，枪弹无法击穿。倒是他们自己，冷不丁被王亚樵撂倒一个，冷不丁被王亚樵撂倒一个。

团防局的阵脚重新被稳住，李元甫十分高兴，又集中十个人，专门为王亚樵装弹。土匪势怯，狼狈而逃。

回到众兴集，李元甫立刻下令，升任王亚樵为团防局的总炮台，位置只在他一人之下。

随着时间的推移，王亚樵与团防局中的王清泉、郑益庵、唐幼文三人成为莫逆之交。这三个青年与王亚樵一样，怀抱救国救民的大志，决心救民于水火之中。

后来，这四个青年就在一起密议，图谋反清义举。为了表示决心，他们四人仿效三国时期刘、关、张桃园结义的故事，在一棵大槐树下结拜为兄弟。他们在一起议论时事，联络各处友人，不断活动于梁园、撮镇、店埠、西乡一带，时人称之为"四大和尚"。因王亚樵年最幼，故被称为"四和尚"。

和尚是出家人，无牵无挂，四海为家，除了自己的信仰之外，天不怕地不怕。"四大和尚"之名即由此而来。

随着时代发展，王亚樵在各方面也更为成熟起来。此时，他已不满足于一般的江湖结义，而是在自觉的民族意识指导下，把自己的社会活动注入了更多的政治内容。

早在随张世籁先生读书时，抗元民族英雄文天祥的事迹就使王亚樵感触极深。他每读《正气歌》、《过零丁洋》等世间绝唱，总是一唱三叹，反复吟咏。他既为"天地有正气，杂然赋流形"、"是气所磅礴，凛然万古存。当其贯日月，死生安足论"的警句而击节称赏，又为英雄"惶恐滩头说惶恐，零丁洋里叹零丁"的无奈情形而抱憾不已。

光绪三十四年（1908），王亚樵和老同窗许习庸及各方友人王庆廷、王海卿、葛德三、张孟九、葛杰成、朱品朝等人在撮镇组织了"正气学社"，共同探讨文天祥抗元业绩及其视死如归的民族气节。

这批青年在一起聚会时，无不慷慨悲歌，以"国家兴亡，匹夫有责"相勉励。王亚樵常以古人联语"铁肩担道义，辣手著文章"及自撰之"宝剑寻头饮"一句自警，似已透露王亚樵日后一行状的某些兆头。

这一年，王亚樵又和他的老同学许习庸一起跨出合肥，游历了寿县、巢县、芜湖、安庆等地，遍交革命志士，相互声援，扩大反清力量。

许习庸（1888—1976），合肥东北乡人，早年曾与王亚樵一同授业于张世籁门下。在革命活动与社会活动中与王亚樵多次有接触。但他一生一直没有参与王亚樵的密谋暗杀集团。1933年，他曾从安庆潜至上海，悄悄地与王亚樵会过最后一面。此系后话，暂不表。

早在光绪三十年（1904），陈独秀（仲甫）、常恒芳（藩侯）、柏文蔚（烈武）等安徽的革命先驱就在芜湖成立了安徽最早的反清团体之一"岳王会"，陈独秀任会长，同仁等以岳母在武穆背上所刺的"精忠报国"四字相号召。

在此之前，"岳王会"几个主要领导人曾遍游皖中、皖北各地，联络反清同志，共图义举。

也就是在这个时期，王亚樵和许习庸同时结识了柏文蔚、常恒芳和同盟会江淮别部（对外称"武毅会"）负责人吴旸谷（春阳）。吴旸谷先生还另成立了"合肥学会"，作为同盟会的外围组织。经吴旸谷介绍，王亚樵在光绪三十四年

（1908）秋秘密加入同盟会，正式成为革命党人。

再说王亚樵自从进了团防局之后，一两年时间，在忠厚本分的父亲王荫堂眼中，几乎变成了另外一个人，他交往越来越广，外出活动越来越频繁，又组织什么"正气学社"，经常和江南"岳王会"的人来往，秘密串联，似将有所行动。这一切行止，都引起了父亲的深深忧虑，唯恐爱子随时会闯祸出事。

起初，王荫堂还不断教训儿子要继续苦攻经史，俟学业有成，出人头地。后来看看儿子把苦口婆心的教训只当成耳边风，荫堂先生只好另做打算了。他和梅氏夫人仔细商量后，再次决定为儿子完婚。他们心想有一个温柔贤惠的妻子在王亚樵身边，鱼水相欢，闺房之乐，也许能使这位不安分守己的青年收下心来，在家中安居乐业。

此时王亚樵已二十出头，身边的同仁均已成婚，且他的思想已发生变化，认为婚姻是人生所必须具有的。况且，有许多夜晚，他自己也常常被欲望之火烧得难耐。

宣统二年（1910）冬天，在一个吉日良辰，王荫堂家张灯结彩，鼓乐齐鸣，这正是为长子王亚樵完婚。

傍晚，一顶花轿把十八岁的农家姑娘王淑英抬进王家大门。按合肥乡间传统礼俗，这一对年轻人在长辈的祝福和同辈的欢笑取乐下，在吉庆的鞭炮和唢呐声中举行了隆重而简朴的婚礼。

洞房花烛之夜，历来就被人们喻为人生四大快事，清末民初，合肥乡间一向将此喻为"不登科"，可见其在人们心目中的地位。

王亚樵新婚燕尔，自是喜气洋洋。宴客陪新妇回门，拜新亲，给村邻分发"回头"礼……跟在父母后边着实忙乱了一阵子。接着是宣统三年的新年，闹元宵、接新亲、拜客、谢媒人……直忙到"二月二，龙抬头"，才算安定下来。

王荫堂和梅氏夫人心想，成了家，亚樵该在家好好主事过日子了。但是，王亚樵并没有在床笫之欢中忘掉他所要献身的反清活动。他要离开家，到更广阔的外面世界去。

因为，震惊中外的辛亥革命在武昌城头的隆隆炮声中爆发了！

2
革命、玩命、亡命

武昌起义的炮声在宣统三年（1911年辛亥中秋节后四日）震撼了武汉三镇，也震撼了中国和世界。安徽这个有着悠久革命历史的省份，形势更加迅速地发展起来。

省城安庆的革命风暴，很快席卷到合肥。青年王亚樵禁不住高声欢呼："光复神州，此其时矣！"他来团防局的这些年，犹如困兽之渴望冲出牢笼，一直在等待这一重大的历史性时刻。这一年，王亚樵已成长为一个勇武刚强而不失书生风度的血性男儿。

早在1907年王亚樵到李元甫的团防局任职不久，7月间发生了光复会领袖、安徽巡警学堂监督（校长）徐锡麟刺杀安徽巡抚恩铭一案。与此同时，鉴湖女侠秋瑾在浙江绍兴响应起义，因事泄被捕。第二年，安庆又爆发了熊成基起义。到1910年3日，汪精卫、黄树中等人又在北京密谋炸死摄政王载沣。这一系列令中外瞩目的政治事件，不时地激励着王亚樵。"宝剑寻头饮，毛锥得墨飞"一联正是在这一时期酝酿成句的。

安庆光复的枪声打响后，王亚樵从众兴集赶到东北乡二十埠北边榆梓坎村许家庄园，想和老世伯许亭先生打听一下在南京求学的少年同窗许习庸的行踪。正巧，许习庸刚从南京归来。两人相见，大喜过望。王亚樵见许习庸虽经旅途劳顿而精神振奋，便问道："南京光复了没有？"

许习庸说："一言难尽。我是九死一生从间道逃回来的。"

王亚樵大惊，忙问："究竟是怎么一回事？"

许习庸忙把南洋高等专门学堂的同学们在南京攻城战役中与张勋的"辫子军"展开肉搏，前仆后继，奋勇杀敌，自己陷入重围，后从死人堆里爬出来的事原原本本地说了一遍。

王亚樵听后赞叹道："想不到你们南高学生中的会党同志们如此英勇血战！谁说秀才造反，三年不成？现在你既然脱险返乡，来得正当其时，我们就一起干吧！目下庐州（合肥县城系庐州府所在地）人心思变，我们立刻把同志者集合到一起，建立军政府，光复庐州！"

第二天，王亚樵召集了唐幼文、朱瘦梅、洪耀斗等挚友，在榆梓坎村许习庸家庄园水囤子内西书房秘密集会，分析当前国内及皖省革命形势，商讨对策，响应武昌起义。王亚樵在会上慷慨陈词："大丈夫建功立业流芳百世，小丈夫求名利与草木同朽。驱逐鞑虏，肇建共和，是吾辈同志初衷。如今风云际会，男儿建功立业，更待何时？"

在"四大和尚"之列的唐幼文、郑益庵等人也纷纷表示首肯，决定在庐州宣布独立。

此时，正是吴旸谷亲率各路民军攻克安庆、安徽宣布独立之时，革命党人公开积极活动，清廷各地驻军巡防营大半起义反正。地方官吏或弃城而逃；或利用革命形势，宣布独立，抢夺领导权，侵吞革命成果。革命处于一种错综复杂的微妙形势之中。

王亚樵最后说："现在庐州的局面是群龙无首。会党同志此时必须出来控制大局，跟武汉、上海遥相呼应，早日光复全省，我辈当义无反顾。几年前，春阳（吴旸谷）先生介绍我入同盟会后常有言，一旦天下有事，革命时机成熟，他若不在家乡，则合肥诸同志务必立即起事响应，不可坐失良机。现在春阳先生远在安庆，擘划军机，无暇北顾。此间大业，全赖在座诸君了！"一席话说得大家颔首称是。

于是，分头行动，联络同志，组织地方武装，争取四乡开明绅士，动员广大农民群众。

到 11 月间，王亚樵联络了手中握有武装的李元甫、邑人秀才王传柱、李府族人佃户李小一以及张朝阳等人，会同郑益庵、朱品朝、唐幼文诸同志，聚会于合肥东门外大兴集李文忠公祠（俗称李鸿章享堂），成立庐州军政分府，宣布庐州光复。

当时，许习庸接到老同盟会员柏文蔚的电令，前往蚌埠柏的军部去了，未能与会。

合肥民众闻讯奔走相告，热烈响应。王亚樵拥戴李元甫为军政分府司令，自任副司令。革命政权成立后，李、王二司令立即下令驱逐地方官吏，查封李府仓房、当铺、钱庄，充作革命军饷；一面开仓赈济贫民，在城乡贴出安民告示安抚阖邑百姓，通告士农工商，各安其业。

庐州府的光复在安徽辛亥革命运动中无疑是一件大事。革命党人本应不分畛域，精诚团结，和衷共济，一致对外。但是，武昌起义事起仓促，孙中山先生远在海外，国内各地同盟会同志或因消息阻滞，或因缺乏联系，无法制定一个通盘计划，当然也不可能有一个统一的指挥中心。加之地方上的满清官吏从中拉拢、挑拨，甚至搞假起义、假光复，致使革命党人中因争权夺利而阋墙内讧，甚至酿成自相残杀的悲剧。黄焕章在安庆杀吴旸谷的悲剧，在庐州又重新上演一番。

庐州的悲剧，在光复之初就注定了。

原来，几乎与王亚樵成立庐州军政分府同时，另一同盟会会员孙万乘也在合肥城内大书院成立了庐州军政分府。而后者的来头要比王亚樵大得多。

孙万乘，字品骖，原是湘军统领孙海山之子，出身将门，比王亚樵年长十多岁。他于 1904 年进芜湖安徽公学，翌年加入同盟会。

辛亥革命爆发后，他受上海同盟会总会派遣回合肥担任同盟会合肥分会的负责人。孙万乘是一介书生，手无寸铁，只是个光杆司令，因此，他不得不依赖地方的满清军政要员所掌握的武装力量，以求不动干戈而光复庐州，避免糜烂合肥城。

当时，合肥城内的军政绅商各界头面人物有：庐州府知府满人穆特恩；清廷庐州驻军绿营都司常向春；合肥知县汉人李松圃；安徽地方武装巡防营管带季光恩；庐州总团练长袁斗枢；合肥豪绅李国松等人。其中李国松是个炙手可热的豪门代表人物，李鸿章老相国的近房侄孙，而且是以在籍四品京卿的身份担任着合肥宪政筹备自治会总办、县商会会长。在合肥凭借其门第而声名煊赫于乡梓，大小文武官员无不仰其鼻息。

同盟会员李弘绪、王兼之等人本希望劝说他们顺应潮流，赞同革命，维持地方秩序。当庐州中学学堂的学生敢死队把炸弹（实际上是纸包的柑橘）运进知府衙门时，竟把穆特恩和常向春吓跑了，李国松也连夜溜之大吉，躲进上海外国租界。

几位官绅满汉大员一跑，合肥知县李维源被迫表示同情革命。巡防营管带季光恩虽拥有新式毛瑟枪二百余支，此时因失了主宰，不敢轻举妄动，只得同总团练长袁斗枢一道听从革命党人劝诫，率部归顺革命。

因此，孙万乘不费一枪一弹而光复了庐州。

两府对峙的局面形成后，两个并存政权之间的矛盾首先当然表现在政治方面，其次更为重要的是经济上的利害冲突。

早在光复前夕，人心浮动，田赋钱粮滞纳甚多，故而县库空虚。此时城内军政分府成立之初，广设机构，改编军队，财政开支浩大，不得不向地方绅商筹款。当时合肥东大街几户钱庄如德和庆、鸿义发、益兴隆诸字号内的李（鸿章）府内存款全部被冻结，凡李府投资入股各商号的钱财物资，亦予查封，悉数充作军政经费开支。各户钱庄均用笆斗盛装银元由枪兵护送，运到军政府。

孙万乘这时所依靠的是旧地方官吏和清廷地方武人。他向豪门大户筹款，是与官绅双方达成某种默契和谅解的。实际上就是，旧势力在经济上支持"革命"，革命政府则在最大程度上保护他们的既得利益。

王亚樵的庐州军政分府却不是这样。从一开始他就撇开了清廷旧政权，另起炉灶，白手起家，在神圣不可侵犯的故李相国享堂建立起了以革命党人和人民群众为主体的新权。王亚樵从来也没有想到要去和那些顶戴花翎的王朝文武官员和历来在地方上作威作福的豪强大户们谈团结，搞什么"咸与维新"。他憎恨他们，蔑视他们，视他们为异类。"道不同则不相为谋。"他跟那些大人先生们天生没有共同语言。他有一种不怕孤立的无畏精神。他对革命党人依靠地方旧势力极不以为然。所以，他在筹措经费上就采取了不妥协、不谈判的革命方法，查封李府仓房、当铺、钱庄、商号。

起先，王亚樵的政权只是在东乡、北乡一带活动。后来，当他动员回乡民团,组织农民武装,势力日益强大并向城区发展的时候,孙万乘的军政分府便不能不警觉了。

当时,设于城内大书院的庐州军政分府已经初具规模。孙万乘任军政分府司令。旧知县李维源摇身一变,做了军政分府民政部长,照旧盘踞在他的县署衙门内。旧军官季光恩任革命军标统,袁斗枢为协统,分掌军事大权。合肥的光复,的确是在一种和平、文明的气氛中完成的。有一位外国传教士评论辛亥革命时说:"中国各处光复秩序紊乱,唯苏州程雪楼、庐州孙品骖两处,善维持地方,最为文明。"但实践证明,"最文明"的革命,必然是最不彻底的革命。

在孙万乘等人看来,王亚樵等人的行为当然是不文明的,是一种反革命的捣乱行为。而在绅商各界衮衮诸公看来,大兴集的一伙人简直就是土匪强盗,必欲除之而后快。恰巧,由李府仓房总管刘仿渠领首的几位富绅巨贾,此时向孙万乘的军政分府递上诉状,控告王亚樵等人"聚众为匪,抢劫仓房典当,骚扰地方,无异反对革命"云云。

于是,"最文明"的军政分府有充分的理由向"最不文明"的军政分府大开杀戒了!

孙万乘、李维源、季光恩、袁斗枢等"革命"新贵们经过密谋,觉得王亚樵手下人枪与他们不相上下,在四乡有极大的号召力。他们觉得,要消灭这批真正来自民间的武装力量,不可硬打,只可智取。他们便一面派人放出话去说孙总司令要和王司令共修和好,咸与维新,若两方面兵戎相见,将糜烂地方,为吾辈革命党人所不取;一面发出大红请柬,敦请王亚樵、李元甫、王传柱、李小一诸先生到大书院赴宴,共商庐州军政大计。

这些初出茅庐的草莽英雄们信以为真,便从李府享堂进城到大书院,想通过谈判与孙万乘平分秋色,成立一个团结统一的新的军政分府。

那天,王亚樵因去西乡动员民众,扩充队伍,未能同阵前往。

李元甫、王传柱、李小一三人连警卫也没带,兴冲冲按约定时间来到大书院。谁知三人刚跨进大门,走向二进厅堂,便从庭院各个角落蹿出荷枪实弹的兵勇,把三人围在院中,一一逮捕,加上脚镣手铐,投入县署大牢。

季光恩、袁斗枢一看王亚樵没有落网,便星夜派兵急奔北乡,把王小郢团团围住,挨户搜查,声称捉拿"四和尚"。其实王亚樵在外多日,已经很久没有回家,他们竟扑了一空。王亚樵此时已从另外的手下人口中得知飞来横祸,便在乡亲们的掩护下藏匿起来了。

第二天，袁协统、季标统二位大人又马不停蹄，亲自带兵包围了李文忠公祠，收缴了所有没有来得及转移的枪支弹药，遣散人员，捣毁了王亚樵的庐州军政分府。旋即，孙万乘以他的正统的庐州军政分府执法部名义贴出布告，将李元甫、王传柱、李小一三人绑赴刑场，执行枪决。同时，布告各州县对王亚樵发出通缉令。

王亚樵的父亲王荫堂先生和母亲梅氏夫人都是老实巴交、胆小怕事的乡村百姓，现在不知道儿子闯下什么大祸，日夜担惊受怕。忍无可忍，王荫堂只好带着妻室家小，离开王小郢村，全家迁居皖东全椒县青岗集避难。他想起王亚樵降生时的一幕乌云遮目的往事，当时，有人说是"黑虎星下凡"，难道真是的吗？不然，他怎么会闯下这么大的灾祸？

再说王亚樵得知李元甫等人被捕杀后，悲愤填膺，仰天长叹。但是他手下的队伍已被孙万乘缴械，人员被收编遣散，虽然咽不下这口气，却也无可奈何！

"君子报仇，十年不晚。"他决心逃出虎口，保存自己，来日东山再起，为死难的战友们报仇雪恨。

在一个风雨交加的夜晚，王亚樵离开合肥乡间，取道全椒，看望了一下避难的父母，便马不停蹄地奔南京去了。

南京，这个六朝的古都，此时已经光复，现在正是全国革命的中心。

来到南京，王亚樵找到当时任革命军第一军军长的柏文蔚，决心在革命大潮中一显身手。

柏文蔚，字烈武，清光绪二年闰五月十七日(1876年6月8日)出生于安徽省寿州(今寿县)南乡柏家寨的一个书香门第。王亚樵一生中，与他交往颇多。

早在幼年，柏文蔚就习读《山海经》、《尔雅》及各类经书，由于聪颖过人，往往过目不忘。他还常常带领小伙伴们模仿军人摆阵操练，如九子连环阵、八卦阵、方城阵等。他边指挥边对大家说："要杀尽一切恶人及贪官污吏。"在这一点上，王亚樵与他可谓是心有灵犀的。

王亚樵当时系一热血青年，跟着柏文蔚北伐一段时间后，也从前线退回南京。形势的发展，令他十分失望。

正在苦闷间，王亚樵结识了社会活动积极分子江元虎。

江元虎，原名诏铨，别号康瓠，江西弋阳人。早年，他曾任过北洋编译局总办、《北洋官报》总纂、刑部主事、京师大学教习、法部员外郎等职。1901年起，江元虎多次赴日本和欧美留学、游历，接触了当时流行的各种社会主义流派，并结识了对各种社会主义学说极有研究的陈翼龙。

1910年8月，江元虎在上海组织了社会主义研究会，出版《社会星》杂志。1月5日，陈翼龙和江元虎在上海发起组织中国社会党。

该党的政纲是：赞同共和；融化种界；改良法律，尊重个人；破除世袭遗产制度；组织公开机关，普及平民教育；振兴直接生利之事业，奖励劳动者；专征地税，罢免其他一切杂税；限制军备等八条。

社会党的基本党员是惜阴公会、《天锋报》馆、女子进行社等团体人员及部分失业群众。

社会党拥护共和，抵制君主立宪，支持孙中山任临时大总统，竭力实行民生主义；呼吁男女平权，这些举措使王亚樵感到与自己内心的愿望相吻合，便毅然加入了社会党。同时，他还将友人许习庸、洪耀斗、丁鹤龄等也介绍进社会党。

再说柏文蔚做了安徽都督后，励精图治，努力发展教育、实业和交通。在都督府秘书长陈独秀等人的协助下，制定和颁布了一系列法令和政策，积极推进资产阶级民主政治，鼎新资产阶级革命政权，革除封建社会的遗留弊端，仅几个月时间，全省形势便逐渐好转。

流亡南京的王亚樵、许习庸等人被本省形势所感染，于1912年9月回到了安徽，分头前往各县发展党员。他们的口号是："锄强抑暴铲富济贫，人人有饭吃有衣穿。"

王亚樵受江元虎之命，担任社会党安徽支部长。他领导同仁先后在巢县、合肥、怀宁、芜湖、全椒、滁州等二十余县成立县支部。不到半年时间，发展了社会党员七八万人。

于是，王亚樵征得江元虎同意，将社会党安徽支部改为安徽总部，总部设在合肥撮镇夏家祠堂。

1913年初，主张实行政党政治的国民党代理事长宋教仁，南下演讲，宣传实行责任内阁制，以遏制袁世凯的独裁统治。

3月20日，袁世凯指使国务总理赵秉钧雇佣杀手在上海车站将宋教仁杀害。

宋教仁的鲜血唤醒了国民党中大多数人的觉悟。孙中山提出立即武装讨袁,发动"二次革命"。

在二次革命中,社会党人积极以舆论支持革命党人,愤怒声讨袁世凯倒行逆施的罪行。不久,二次革命失败,柏文蔚等讨袁将领流亡海外。

袁世凯腾出手来,立刻下令解散社会党,并在北京逮捕了创始人之一的陈翼龙,加以杀害。江元虎闻讯,被迫逃往美国。后来,他在美国加利福尼亚大学任汉文助教、美国国会图书馆顾问,直到死。

1913年8月28日,倪嗣冲带着他的军队进了安庆,袁世凯任命他做了安徽督办。北京对社会党人动了手,倪嗣冲当然也不能落后。他立刻宣称社会党为"乱党",下令捉拿社会党人,并捣毁了撮镇的社会党安徽总部,通缉王亚樵。

丁鹤龄等人,因未及逃跑,被抓住遇害。王亚樵、郑益庵等人亡命上海。

3
斧头帮呼啸上海滩

19世纪初的上海,是半殖民地半封建中国的典型代表,是个充满黑暗与残暴的地方,地地道道是冒险家的乐园。

1913年秋,王亚樵一行人来到这里后,两眼漆黑,举目无亲。由于受通缉,他只好隐姓埋名。

开始,由于身上带着钱,王亚樵一行的日子还好过。到了第二年春天,带来的钱全用光了,不要说住店,连吃饭都成了问题了。

没有办法,王亚樵和手下决心到安徽会馆去试试运气,看看那里能否收留他们。

4月中旬的某一天,王亚樵带着唐幼文、郑益庵等人来到坐落在日晖巷的安徽会馆。

主持会馆的馆长是个瘦老头子,小鼻子小眼,脑袋上拖着一条细长的辫子。王亚樵一看,就知道是个封建遗老,心里当时凉了半截。

果然,当王亚樵他们说明来意后,馆长慢条斯理地说:"我这会馆的确是为安徽人服务的,但来此落脚的,必须有人引见、作保,不然,我知道他是真安徽人，还是假安徽人呢？是安徽好人还是安徽坏人呢？"

"请你相信我们，馆长先生。我们都是真正的安徽人，是安徽好人。"王亚樵说。

"没有人愿意说自己是坏人的。"馆长说完，摆摆手，晃晃悠悠进里面去了。

唐幼文要追进去，王亚樵摆手挡住了他。

"没有用了，我的话已经说到尽了。"

临走时，他们打听了一下，馆长名叫余诚格。当年，李鸿章在沪上建起安徽会馆时，就委任他当馆长，已经有三十多年了。

"请告诉你们余馆长，我们以后还是要回来的。请他早一点把头上的辫子剪掉，不然，到时候我们动手替他剪。"临走时，王亚樵对会馆的守门人说。

为了生存，王亚樵和唐幼文、郑益庵等人来到码头上，当搬运工人。

没想到，当搬运工人也不成。码头上的地段全被人划分好了，没有他们插手的余地。

当一艘轮船靠岸后，王亚樵和郑益庵上前一人替一个旅客提了一个箱子走出来，刚接过客人的钱。几个粗壮的汉子上来了："小赤佬，敢从老子的碗里抢肉吃，找死啊！"

"凭什么骂人？"郑益庵有些气不过。

"骂你？骂你是便宜你。快把钱给老子交出来，不然老子就要揍你了。"

"谁都能欺负我们，妈的，老子不给，你怎么样？"

郑益庵刚说完，一个汉子就扑上来了。

令这几个码头上的打手没想到的是，看瘦弱的郑益庵好像不经意地往旁边一闪，一只手在那汉子背上抹了一下，那汉子重重地摔倒在地上，脸碰在了水泥地面上，蹭得稀烂！

其他打手都冲了上来，王亚樵一挥袖子，"奶奶的，这么长时间，一直受窝囊气，今天就好好地出一口气吧！"

这一群流亡者，都有一身功夫，一打起来，码头上的人不行了。

如同是背面口袋一样，那伙壮汉一个一个都被摔倒在地上，直到爬不起来。

"误会！实在是误会！敢问几位大爷，能不能赏脸，小的请你们喝茶。"

这时，一个头目模样的人走了过来。

"几位大爷一定请赏脸，这码头今后有我干的吃，不会只给几位稀喝的。"

王亚樵（前排中）和斧头帮成员

王亚樵一行跟着小头目去了茶楼。小头目在喝茶时说："以后请几位在家歇着，到月我会把钱送去。"原来，他是怕王亚樵他们时间长了把这片码头给占去。

王亚樵一行原本也就是为了吃饭才来码头上当搬运工人的，现在有人管吃饭，不干活，当然是再好不过了。

但是，王亚樵却更不得安宁了。因为，他率人在码头上制服地头蛇的事迅速传开了，在劳工中，尤其是安徽劳工中产生了巨大的反响。很多人前来投靠他，请他去主持公道，去教训那些地痞流氓，甚至是把头和资本家。

这期间，王亚樵又结识了在国内倡导安那琪主义（无政府主义）的北大教授景梅九，开始钻研克鲁泡特金的无政府主义学说，参加无政府主义研究小组，研究怎样打倒社会上的一切强权。后来，王亚樵在反动政府统治时代致力于暗杀大军阀、大官僚，有很大一部分理论依据，是受了无政府主义影响的关系。

越来越多的人前来相投，加上无政府主义思想的影响，"斧头党"应运而生了。

当时，李鸿章的族孙李少川也在合肥，听说王亚樵的事后，立刻前来，请王亚樵为当时在沪的安徽劳工做靠山，建立一支能打能杀的队伍，开拓上海滩的地盘。

"上海滩上的这些孬种，向来欺软怕硬，见到血就怕了。只要拳头硬，这里不愁站不住脚。"

李少川走时，丢下了一千块钱和五十把雪亮的斧头。"你大胆地干，上海滩就是为你这样的英雄而建起来的。"

王亚樵不是那种听了两句好话就变得飘飘然的人。他将信将疑地召集了五十个人，一人发了一把斧头。这五十把利斧出动了几次，立刻轰动了上海滩。

聚集在王亚樵旗帜下的人越来越多，他们大多是安徽劳工。王亚樵不停地定做斧头，很快，持斧头的人达到千人之多。

时间到了1916年2月，柏文蔚从日本回到上海。王亚樵找到他说："柏先生，我想接收安徽会馆，成立'安徽旅沪劳工工会'，专事接待、保护安徽来上海的穷人，不知行否？"

"我想没问题的。"

得到柏文蔚的答复，王亚樵便立即带人来到坐落在日晖巷的安徽会馆。

余诚格此时早已听说过王亚樵的大名，听说他来到，连忙迎出门外，"王先生大驾光临，幸会，幸会！我余某人早就盼望这一天了。"

"是吗？"落座后，王亚樵似笑非笑地问。

"当然，谁不知你是我们皖人的骄傲，皖人的救星？敝馆自李相国仙逝后，一直处于风雨飘摇之中，难以维持呀。"

余诚格把三年前王亚樵一行来此的情形早忘记了。

"余馆长既然难以维持，那正好，我们今天就是来接收会馆的。"郑益庵忙说。

"什么？"余诚格慌了，"这是真的？"

"当然是真的。"王亚樵说："你主持会馆，只顾赢利，根本不照顾旅沪的皖籍穷人。"

"冤枉！天大的冤枉！我一向是把皖籍同乡当作骨肉手足的。"

"三年前，我们来这里时，不是你亲自将我们拒之门外的吗？""这——你

王亚樵

们是——?"余诚格努力回忆着。

"不要说了。从现在起,请你收拾收拾走路,不要闹得大家都不愉快!"

余诚格哭闹起来,但王亚樵丝毫也不为之动容。

眼见求情无望,余诚格只好转身跪倒在会馆大殿内象征皇权的万寿牌前,磕头如捣蒜,嘴里高声叫道:"万岁爷啊,他们竟然在光天化日下动抢,这公理何在?正义何在呢?"

王亚樵看着余诚格脑后拖着的长长的、灰黄的辫子,嘴角浮起了一丝不易察觉的冷笑。他向旁边一彪形大汉伸出右手的食指和中指,剪动了一下,那彪形大汉立即从怀里掏出一把剪刀,一步跨至余诚格的背后,拎起那根灰黄的辫子,齐根就是一剪。

这一剪如同是要了余诚格的命,他惨叫一声,昏倒在地。他手下的人上前齐唤,叫醒了他,他抱起辫子,号啕大哭起来。

王亚樵等人依旧冷若冰霜。傍晚时,他们走出安徽会馆。王亚樵对余诚格说:"我是个急性子人,喜欢一步走到头,本想今天就能接收会馆的。但现在看来,要做三步走了,今天剪辫子,明天割脑袋,后天接收会馆。"

当夜余诚格收拾了一下细软，连夜搭车回安徽老家了。

王亚樵终于接收了安徽会馆。这是1916年3月间的事情。

有了固定的"基地"，"安徽旅沪劳工工会"发展更快了，"斧头党"的名声在上海滩骤响，王亚樵开始名声大振。

上海滩上提起斧头党，没有不为之色变的。就连流氓大亨黄金荣等人也胆战心惊，常常告诫门徒说："斧头党的事，多一件不如少一件，能躲就躲。"一些街头泼皮无赖，自然也都避之不及。以至于赌徒们在赌场上发誓时都说："哪个瘪三赖账，让他出门撞上王老九。"

王亚樵字九光，上海滩人便呼其王老九。又因王亚樵手下子弟众多，打仗常出其不意，有人相助，上海滩人又称其为"九手手"。湖北会馆民国初年在上海滩，素以足智多谋著称，但到了王亚樵面前，他们每次都相形见绌。当时，上海滩曾有人编过一首打油诗，来叙说这种情形：

"十只九头鸟，斗不过一个王亚樵；王老九九只手，能捉十只九头鸟。"

九头鸟也叫"苍鹪"，是古代传说中的不祥怪鸟。周密的《齐东野语》中说："世传此鸟，昔有十首，为犬噬其一，至今血滴人家，能为灾咎。故闻之者必叱犬灭灯，以速其过。"

上海滩人把湖北人喻为"九头鸟"，意思是谁碰上谁倒霉。

随着队伍和影响的扩大，王亚樵十分注意内部建设。为了站稳脚跟，他还聘请了著名大律师李次山为"安徽旅沪劳工工会"的法律顾问，使"斧头党"能运用法律保护自己。

同时，王亚樵还具有相当精明的政治头脑，他挑选门徒中精通文墨的人，组织起一个"公平通讯社"，作为喉舌，自办油印小报，为自己声张呐喊。

不久，王亚樵又推动改组了"安徽旅沪劳工工会"，推举柏文蔚为会长。当然，柏文蔚追随孙中山，整日为革命奔走，"工会"实际上还是靠王亚樵负责。但如此一改组，他进一步接近了皖籍名流，与政界取得了越来越多的联系，结识了不少政界名流。如他在李少川的公馆，结识了来沪避难的陈铭枢，二人一见如故，大有相见恨晚之感。在以后的岁月里，王亚樵曾和国民党西南派一直保持亲密关系，就是因为与陈铭枢熟识。

这是1921年6月，夏至刚至，上海滩上就热得人胸闷心慌，拥挤的弄堂里，到了夜晚，更是寸步难行，纳凉的人已将有限的空间全占据了。

就在夏至之夜,坐落在日晖巷的安徽会馆闯进了一个五大三粗的汉子。

"九爷,九爷!你要为我主持公道!"

在会馆里被炎热折磨了半夜而依然无法入睡的安徽汉子们听见喊声,立刻全部坐了起来。不用问,来人是安徽同乡,从他那独特的"爷"字的发音上,可以断定他是皖中合肥一带的人。

被称作"九爷"的人住在会馆后面的另一个小院里,这里有几棵参天的梧桐树,茂密的枝叶把小院遮得严严实实,显得很僻静。

"九爷"三十岁多一点,脸色不黑不白,身材消瘦,站起来并不高大。他的眉毛很短,眼神很和蔼,虽是单眼皮,小眼睛,但透过那和蔼的笑意,依然能让人觉得他的眼睛有摄人魂魄的力量。

"九爷"把那汉子让进了自己的卧室。这里是"安徽旅沪劳工工会"的核心地带,旅沪皖人一系列惊世骇俗、叱咤风云的壮举都是在这里酝酿而生的。

"你有什么事?慢慢说吧。""九爷"很悠闲地摇着扇子,点了下手指,一个女人递上一碗茶,那汉子接过,诚惶诚恐地坐了下来。

原来,这汉子叫薛万才,合肥上派河人氏,前年家中遭灾,今春前来上海打工。因生得五大三粗,力量无比,被一姓龙的老板看中。龙老板经营食品加工,需要卸货的人,薛万才正好派上用场。原先双方约定,龙老板平时管吃管喝,另外,每月再付三块大洋的工钱。

薛万才原本勤苦之人,见条件优越,干起活来十分卖力,原先要两个人干的活,现在他一个人就能干完。

谁知,干了三个月下来,龙老板始终未付工钱。这天早晨,薛万才接家中来信,说父亲病重,急需他带钱回去,不得已,才找龙老板要工钱。

"工钱?早被你吃掉了,哪里还有工钱?"

"不是说好的一个月三块的吗?"薛万才嘴笨,说话半天挤一句。

龙老板存心欺薛万才外地人,早就打定主意不给钱的,此时,当然不愿多罗嗦。而薛万才一来老实认死理,二来家里父亲病重也确实需要钱,便硬缠着龙老板,一定要他给钱。

龙老板哪里把一个外地的穷小子放在眼里,手一挥,他手下的那群监工一拥而上,把薛万才打得鼻嘴流血,扔出了工厂。

薛万才在上海滩举目无亲,窝囊得直掉泪。于是,他来到黄浦江边,往家乡方向跪了三下："爹，儿子没用，没脸回去见你，你原谅儿吧。"说完，就要投江。此时，一个码头上扛包的人走过来，一问话，惊喜地说："我们是同乡，你合肥人吧？"

薛万才点点头。

"遇上什么麻烦了？"

薛万才把前因后果一说，那人一拍大腿："就这点事，怎么不去找'九爷'？"

说着，那人为薛万才指了路径，让他找到安徽会馆来。

听了薛万才的话，"九爷"点了点头："你吃饭了吗？"

薛万才摇摇头。

"九爷"对手下说："带他去吃饭。"接着他又说："你快点吃，吃完了来带路，今晚就去把钱要回来。"

薛万才吃完饭，来到了外面的大厅。嚯！他吓了一大跳，大厅里挤满了光着上身的汉子，他们一人手里握着一把雪亮的斧头。

一个头目模样的人把薛万才拉到前面，说："头前带路！"

龙老板早已睡熟，他的房子里装有德国西门子公司生产的电扇，风悠悠的，吹得很舒服。

"不好了，老板，起来。"

夜里值班的监工焦急地叫了起来。

"怎么回事？"

"斧头党，斧头党来了！"

"什么？"龙老板瘫在床上。

"你怎么搞的，在床上撒尿。"龙太太咕噜一声，龙老板才发现，自己尿都吓出来了。

"姓龙的，下来！"外面的人开始喊起来。

龙老板只好硬着头皮从楼上下来。到了楼前，他差点又瘫掉了。门外站着无数的汉子，他们举着火把，那油光的脊背和雪亮的斧头在火把下闪闪放光。

"姓龙的，我们是来给我们的同乡领工钱的。"

这时，龙老板才发现，薛万才站在自己的前面，他终于明白是什么事了。

"误会，各位大爷，实在是误会。"

"少你妈的废话，你不给工钱，还打人，没有王法了？"

"误会，是手下误会！快叫账房，把这位薛先生的工钱送来。"

很快，账房送来了九块大洋。

"混账，怎么就这一点？"龙老板骂了手下人一顿，"薛先生家里有事，给他二十块工钱，另外，再拿一百块钱来给各位大爷买水喝。"

手下人领命去了，立刻把钱拿来了。

接过钱，一个举着斧头的头目说："龙老板，我们的规矩，是不见血不回的，今天，你倒还识相，我们就给你留个小纪念，让你将来无论走遍天涯海角，都不会忘记我们安徽人。"他的话刚说完，几个手下立刻冲上前去，抓住龙老板。

"你们要干什么，干什么？"

那几个人没理他，麻利地将他按倒在地，按住了他的一只手。有个持斧头的人用斧头的一个尖角轻轻一剁，龙老板的一截小手指头被剁了下来。

龙老板吓得昏死过去。

薛万才拿了钱，迅速回到合肥上派河，为父亲治好了病。

两个月后，薛万才又来到上海。他是来投奔"九爷"的。他实在难以忘记"九爷"那不白不黑的脸膛。

下了火车，薛万才找到一家铁器店，买了一把雪亮的斧头。揣着这把斧头，他来到日晖巷的安徽会馆。

"九爷"是谁？

"九爷"就是王亚樵。他谱名玉清，别号擎宇，又名王鼎，字九光，"九爷"之称即源于此。

虽然王亚樵的势力在上海滩发展起来，但王亚樵却爱憎分明，从不恃势凌人。

在"斧头党"中，有一个叫做罗小海的成员，原先在"万盛米行"当二柜。他的老板李万盛年近花甲，太太柳如意却才二十四岁。

罗小海三十来岁，安徽家里本有妻室，所以男女之事极熟。加上久居都市，吃喝不愁，身体养得强健，不免常有跃跃欲试之感。李老板本是聪明之人，加上根本不能满足妻子，所以十分留神。不久，他就察觉到了。有一天，把罗小海与柳如意在自己的床上捉了个正着。

不料，罗小海不仅没有丝毫的负罪之心，反而指着胸膛振振有词地说："实话告诉你,老子是'斧头党'。薪水你要扣就扣,事情你要讲就讲,只是断了我的衣食,不能断我的斧头吃肉!"他从床头摸出一把雪亮的斧头,往地上一撂,又回过头在柳如意白花花的大腿上拧了一下。

李老板当然知道"斧头党"是何等角色,打掉了门牙只能小心地咽到肚子,明明戴上了绿帽子,却牙缝也不敢张。

倒是罗小海,不但常常当着李老板的面去找柳如意睡觉,还常常到同伴中去得意洋洋地吹嘘自己的本领。

王亚樵听说后,十分愤怒,大骂道:"无耻小人,真不如一条狗:想玩女人,上海滩的姨子尿也能把你淹死,那么多为什么不找?竟与主人之妇私通,还仗人势,以'斧头党'相威胁,辱我门庭,坏我名声!今念同乡,死罪饶恕,活罪不免。去,砍掉他的一根手指!"

以后,王亚樵又召集大小头目开会,宣布开除罗小海工会会员,驱逐出"斧头党",罚款一百块大洋补偿李老板。王亚樵还亲自登门,向李老板致歉。

王亚樵除去严以律己的一面外,还有其大度与慷慨的一面。

二次革命失败后,孙万乘亡命上海。王亚樵的手下得到消息,坚决主张杀孙报仇。

孙万乘在柏文蔚任安徽督军后,最先通电取消庐州军政分府,拥护柏回皖主政。后来,他的庐州军被改编为国民军十五师,孙出任师长。民国元年二月,师部移驻芜湖。二次革命失败,柏文蔚出走,倪嗣冲督皖,排斥异己,孙万乘只好流亡。

王亚樵觉得,孙万乘当初带兵围杀自己,一是因为形势混乱;二是他手下的一部分人系原清朝官吏,借刀杀人。现在,大家都是革命同志,有什么误会不能摆到桌面上来解释开呢?

其他的人听了王亚樵的话,都觉得有道理,态度都改变了。

王亚樵亲自来到孙万乘住的旅馆,将孙万乘请到酒店,摆酒为他压惊。临别时,王亚樵又让手下拿出两千块钱,给孙万乘,以便渡过难关。

这件事,一时间在全国革命党人中传为佳话。柏文蔚听说后,称赞王亚樵是"豪胜侠骨,慷慨君子"。

4
"悍匪"王亚樵

王亚樵在上海，除去组织"安徽旅沪劳工工会"，用斧头砍开世界外，依然积极地从事革命活动，反对军阀，反对封建势力。

1916年5月，在柏文蔚的引见下，王亚樵来到上海环龙路44号晋谒孙中山先生。这是他平生第一次见到孙中山先生，聆听了他的教诲，十分激动。从中山先生的话里，他深深认识到，不打倒军阀，不扫清封建余孽，就不可能统一中国，不可能抵御外侮。从此，他反军阀反封建的斗争更加坚决了。

1917年，北洋军阀段祺瑞左右北京军政大权，反对国民党。当时，孙中山已经下野，在上海号召党内外人士反对段祺瑞。

王亚樵当时正活跃于孙中山身边，见段祺瑞等人倒行逆施，十分义愤，上书孙中山，建议派志士携炸弹轰炸北京政府，杀死段祺瑞，夺取政权，重整民国，发展党务。他的这一偏激之见，当即遭到了孙中山先生的批评。

"解决革命之问题，应以武装力量彻底推翻其组织，不在于杀死某一个或几个人。"

王亚樵认为孙中山的理论正确，但杀死几个人也同样是革命的方式方法，

1919年孙中山、胡汉民、汪精卫等人在上海

不能排除。所以,此后的岁月里,王亚樵一直从事暗杀活动。可是,他在暗地里制造炸弹时,竟不慎被炸弹炸伤,只好休息养伤一段时间。

这期间,王亚樵又结识了老同盟会员韩恢。韩恢系江苏人,对当时的江苏督军李纯称霸江苏、穷兵黩武十分看不惯。他号召国民党内的一班有识之士,共同反对李纯,实行中山先生的三民主义。

王亚樵对于韩恢的为人,十分钦佩,对于他的主张也积极响应,就同徐州人胡抱一一起追随韩恢到江苏苏北洪泽湖一带组织军事力量。

李纯听说此事,十分气愤,立刻在上海的《新闻报》和《申报》上发布通缉令:

"查动乱分子韩恢、王亚樵结伙离沪,图谋不轨,欲行暴动,各地军警应予严加防范,一见行踪,立刻缉拿,格杀勿论!"

结果,韩恢在淮阴被军警捉住,解到南京,李纯将其杀害。

王亚樵只好逃回安徽,在合肥磨店集暂且隐身。

不久，王亚樵又悄悄地回到上海，继续从事反对李纯的活动。

江苏省的士绅，都希望李纯能早走，还政于苏人。听说李纯当了苏、皖、赣巡阅使，便发出通电，请他早日移驻九江和当涂。

江苏人反对李纯，纷纷通电北京政府，斥责李纯，王亚樵也拟了两电，以江苏公民的名义，发往北京。

其一：

江苏公民致大总统国务院文云：直、皖战起，李督借词筹饷，百计敛财，其始违法越权，委议会查办劣迹昭著之俞纪葡为财政厅长，人民惊骇，一致反对，近又报载力保文鹉。查文鹉为李督干儿，其为人卑鄙龌龊，姑不具论，而秉性贪婪，擅长谄媚，若竟成为事实，以墨吏管财政，恃武人为护符，三千万人民生活源泉，岂可复问？报纸又迭载："李督派员向上海汇丰银行等，借外债一百五十万以某项省产作抵"等语。借债须经会议通过，为法律所规定，以省产抵借外债，债事何等重大？如果属实，为丧权玩法之尤，此而可忍，孰不可忍？用特明白宣告，中央果循李督之请，任文　为江苏财政厅长，文鹉一日在任，吾苏人一日不纳税。至借债一节，如果以江苏省产作抵，即未经过法定手续，我苏人当然不能承认。江苏人民，困于水火久矣，痛极唯有呼天，相忍何以为国？今李督迭次托病请假，又报载其力保文鹉，以去就争，应请中央明令，准其休息，以苏民命而惠地方。江苏幸甚。

其二：

南汇公民致大总统、国务院、财政部云：报载李督力保文鹉财厅，以去就相要，苏民闻之，同深骇异。文鹉为李督干儿，卑鄙无耻，不惜谓他人父，人格如此，操守可知。财政关系一省命脉，岂堪假手贪鄙小人？如果见诸事实，苏民誓不承认。且江苏者，江苏人之江苏，非督军所得而私。李督身任兼坑，竟视江苏为个人私产，并借以为要挟中央之具，见解之谬，一至于此，专横之态，溢于言外！既以去就相要于前，我苏民本不乐有此夺主之喧宾，中央亦何贵有此跋扈之藩镇？应请明令解职，以遂其愿。如中央甘受胁迫，果彻其请，则直认江苏为李督一人江苏，而非江苏人之江苏，我苏民有权，还问中央果要三千万人民为尽义务否？三千万人民为之豢养否？博一督军之欢心，失三千万人民，孰得孰失？唯中央图之！

就在众人的齐声痛骂声中，李纯突然死了。他是在卧室里中枪弹而亡的。

关于李纯的死，说法不一。有人说他是自杀身亡，有人说是仇人所刺。这仇人，有人认定是王亚樵，说他买通了李纯的宠妾春风，在做爱后将李击毙的。这说法现在已无法考证。不过，李纯死后，王亚樵就在日晖巷的安徽会馆建起了一座复炎小学，以纪念韩恢。"复炎"二字，是恢复炎黄（锐气）的意思，是韩恢生前的别号。

1921年秋，王亚樵回安庆探望老朋友，得知新任安徽督军张文生贪污腐化，祸患皖人，便与许习庸、何哲仁、周元为、郑青士、蒋非我、刘醒吾等人在安庆宣布，组织安徽民权协进会，驱逐张文生。

张文生，江苏沛县人。出身贫苦，幼年逃荒，后投入到张勋的部队，为张勋放马。因为他勤快朴实，很得张勋的喜爱，就送他到随营学校学习。毕业后，他由排长一直升到张勋所带的定武军的金军营务处代，并担任徐州镇守，从而成为张勋的一个得力干将。

1917年7月1日，张勋同康有为合伙，欲拥戴清帝溥仪再出来做皇帝，复辟清王朝。当张勋从徐州北上的时候，曾招呼张文生，在徐州好好看家。为了行动方便，张勋同张文生约定了一个暗号：就是在复辟宣布之后，张文生要调派四十营兵开往北京，张勋在电报上只说"速运花四十盆来京"。此电一到，大兵必须发出。当时，张文生一口答应：一定照办，决不误事。

张勋率部分兵进入北京后，立即宣布复辟。张文生听到消息后，张勋的电报也来了，果然是"速运花四十盆来"。

张文生掂量了一番，知道张勋复辟绝对不会成功，不愿意断送自己。所以，他立刻命令手下，从徐州的花园里取出四十盆各种花卉，派两个副官押运到北京，交与张勋。

张勋一见，气得浑身颤抖，连说："坏了！坏了！这小子也抽我的梯子了！"

这时，段祺瑞已在马厂誓师，张勋随身带去的武力只有几千人，当然禁不住段祺瑞的攻击。因此复辟只有十余天的时间，便告失败。

当张文生送花到北京时，张勋的秘书长万纯械曾派胡璧城立刻回徐州去见张文生，要他仍照原定计划办理。到了徐州，张文生对胡璧城说："我看老帅（指张勋）这件事干得不大妥当，四十营兵送去，也不会成功的。胡先生你也不必回北京去了，再过几天你就晓得了。"

胡璧城留在了张文生处。没几天，张勋便从北京逃往天津。所有定武军的善后事宜，段祺瑞都命令由张文生办理。张文生不久升为安徽会办。倪嗣冲辞职后，他就升为安徽督军。是年，张文生才三十八岁，是所有督军中最年轻的一个。

当时，安徽的军队为倪嗣冲和张勋的遗产。其中倪的新安武军有四十营（每营号称万人），旧安武军共五个混成旅。安徽全省每年收入八百余万，支出军费为其大宗，计旧军年三百八十万、新军年一百四十万（其中一半由中央代筹，省员负担其中的一半），但实际上，新军的军费自张文生接任以来，由1920年10月起，截止1922年6月，本省已筹垫一百五十五万，另由省议会借拨的三十三万及各县提借的款尚不在内。

为了要军费，张文生常常与省长许士英闹别扭。

1921年冬，张文生来到省长公署，说立即要见省长许士英，许士英公务繁忙，叫财政厅长王淮琛代他接谈。

张文生说："我的兵没得吃了，冬衣也没得穿了，我来找许省长想个法子。我们需要的也不多，大约十万块就够了。"

王淮琛说："省长马上要来的，我们已商量好了，肯定要给钱的。"

谁知，等了半天，许士英这个滑头一直没有露面。张文生火了，一把抓住王淮琛，向同来的两个随从说："我们请王厅长到我们那里去坐一坐吧！"

那两个随从，当即从两边架住王，说："好吧，劳驾王厅长到我们那边去坐坐吧。"说着，就把王淮琛架到了张文生的督军署。

到了督军署，张文生却又对王说："王厅长，真对不起你！我是个督军，还能绑你的票吗？请你打个电话给许省长，叫他带一张十万元的支票来，我们就什么都解决了。"

王淮琛气愤地说："督军虽不是绑票，但是省长要带支票来赎厅长，这不能不说是一件新闻。"

张文生听了，似乎并不生气，只是轻轻地说："只有这样，我们才可以解决得快些。"

许士英听说，急忙筹了十万元款子，来到督军府，把王淮琛厅长赎了回去。经此一吓，王淮琛回去就递上了辞职报告。

这一来，皖人更加愤怒了。全省各地的人，都在安徽民权协进会的领导下，愤怒声讨张文生。

省长许士英借此良机，提出"废督裁兵"的口号。

经多方努力，1922年10月7日，北京政府宣布"裁撤安徽督军一缺，调任张文生赴山东任定威将军，并全部裁撤新安武军，核减旧安武军。"

这是在反对军阀的斗争中，王亚樵所取得的最辉煌的一次胜利。

1920年7月，曹锟、吴佩孚、张作霖联合打倒段祺瑞后，仍然拥护安福国会所选出的徐世昌为大总统。至1922年直奉破裂，张作霖失败出关，北京政权便完全掌握在了曹锟、吴佩孚手里。

这时，曹锟企图取徐世昌的大总统之位而代之，又苦于无名正言顺的理由。1922年5月，曹、吴便以恢复法统为名，欢迎黎元洪复大总统职，并主张恢复旧国会，为曹锟窃国铺平道路。

黎元洪在袁世凯死后，曾做了一段时间大总统，后被曹、吴等人逼下台。现在有机会复职当然求之不得。但由于他手下无兵，担心再次被赶下台，便提出废除各地巡阅使和督军，反对军人干政，这一点，也能迎合当时全国人民厌恶军阀的心理。

曹锟、吴佩孚及直系军阀为达目的，便假意通电赞成。但黎元洪复职后，他们却对此项主张置之不理。畏于高压，黎元洪也不敢再提起。

过了一年，曹锟的心腹爪牙曹锐、高凌霨、王承斌、边守靖等与旧国会议长吴景濂、副议长张伯烈勾结运动成熟，多方驱逐黎元洪。他们用军警索饷、警察罢岗、向市民散发传单等卑劣手段，逼迫黎元洪下台。更有甚者，他们还将总统府及东厂胡同黎元洪住宅的电灯、自来水截断；采取利诱手段，使为黎元洪守卫的士兵散去。

在曹锟等人的威逼下，黎元洪迫不得已，只好避往天津。到达天津车站后，曹锟的亲信、直隶督军王承斌又截住他，索要大总统印。黎元洪虽然愤怒万分，莫可如何，终于叫他的副官唐仲寅打电话到北京东交民巷法国医院，叫他的姨太太黎本危将大总统印，送交代理国务总理高凌霨。

高凌霨接印后，电告王承斌，才将黎元洪放行。

黎元洪走后，曹锟便开始大肆贿赂国会议员。为了让议员能投自己一票，曹锟给前往北京参加投票选举的人每人送五千元钱。

当时，一些正直的议员如黄郛、诸辅成、李少川、沈钧儒等人在上海通电反对曹锟。1923年10月，孙中山、段祺瑞、张作霖的代表和各省代表在上海举行联席会议，联名通电反对曹锟贿选。

原电如下：

> 曹锟怀篡窃之志久矣，数月以来，阴谋日亟，逆迹日彰。最近发觉其喉使部曲，串通议员，毁法行贿，渎乱选举，种种事实，海内闻之，莫不愤疾。东北西南各省军民长官暨本联席会议，相继通电，声明此等毁法之贿选，无论选出何人，概予否认。全国各法定机关暨各公团，亦相继奋起，为一致之主张，义正词严，昭如天日。曹若稍知众怒之难犯，典型之尚存，犹当有所顾忌，戢其凶谋。不意彼辈形同昏瞽怙恶不悛。吴景濂等竟悍然于10月5日举锟为大总统，曹锟亦悍然于10月10日就职。蔑弃中华之礼仪，渐丧民国之道德，侵犯法律之尊严，污辱国民之人格，一至于此，可胜发指。谨按此次毁法行贿之选举，于法律上则绝对无效，于政治上则徒生乱阶……本联席会议特代表东北、东南、西南各省之公共意思，郑重声明：举凡曹锟所盗窃之元首名义，及其部曲所盗窃之政府名义，附逆议员所盗窃之国会名义，一切否认。除彼凶残，唯力是视。呜呼：国本飘摇，乱人鸱张，存亡之机，间不容发。凡我国民，共奋起毋馁，最后之胜利，终归正义。请悬此言，以为左券。各省联合会议代表汪兆铭、姜登选、杨琥询、邓汉祥、王九龄、吕蜜筹、李雁宾、赵铁桥、费行简同叩。

反对曹锟贿选的活动，王亚樵从一开始就积极参加。

通电发出的当天，王亚樵与洪东夷、刘醒吾等人组织上海市公民大会、安徽旅沪劳工工会、公平通讯社等游行示威，反对曹锟贿选。王亚樵还令"四大和尚"之一的郑益庵深夜穿着大元帅服，装扮成曹锟，受众人的指骂和鞭挞。

"这是谁？"

"狗曹锟！"

王亚樵带着一群铁杆手下，每走到一个十字路口时，就这么一问一答。那一夜，"这是谁？""狗曹锟！"叫骂声响彻了整个上海滩。

不久，曹锟和吴佩孚得知这些情况，他们十分气愤，电示江苏督军齐燮元，让他们立刻命令淞沪警察厅厅长徐国梁，捉拿悍匪王亚樵。

一场更加触目惊心的大剧在上海滩轰轰烈烈地开演了。

5
干掉淞沪警察厅厅长

20年代初，上海名义上属于江苏省，但淞沪护军使却一直是浙江督军卢永祥委派。当时，驻扎在上海的军阀是卢永祥的妹婿何丰林，拥有一个旅的兵力。

但是，上海的警察力量却是江苏督军齐燮元的，淞沪警察厅厅长徐国梁就是齐燮元的亲信。他的手下拥有武装警察八九千人，平时，总是对何丰林的一举一动加以监视，处处掣肘。

所以，分别属于直系和皖系的齐燮元和卢永祥在上海这个地方，常常闹这样那样的矛盾，谁都想一口把对方吃掉。

曹锟贿选做了总统后，与全国很多军阀特别是皖系军阀加深了矛盾，第二次直皖战争便不可避免了。

1923年10月底，卢永祥的儿子卢筱嘉同李少川和浙督参议关芸农商量，认为齐卢江浙之战势不可免，应先除掉淞沪警察厅厅长徐国梁，为以后取胜做准备。商量许久，大家一致认为请王亚樵除掉徐国梁最为稳妥。

首先，王亚樵在上海拥有一支惊天动地的斧头党，实力雄厚，不论是强龙还是地头蛇,他欲除之都不在话下。

其次,徐国梁是齐燮元的亲信,而齐燮元又是杀害韩恢的江苏督军李纯的亲信,王亚樵对他们恨之入骨,而徐国梁还参与过谋害沪督陈其美的事,王亚樵因柏文蔚而结识陈其美,对陈很是敬重。

第三,王亚樵极力反对曹锟贿选,曹锟令齐燮元搜捕他,具体执行的却是徐国梁。

有了这三条,王亚樵足以有理由去杀徐国梁。

为了使王亚樵能一口答应下来,他们决定请曾任安徽省长的安徽籍老官僚许士英出面。

议计定妥,一天晚上,关芸农出面约请王亚樵同许士英一起到他家喝酒。酒足饭饱后,大家在一起打牌。牌桌上,关芸农把卢永祥想借重王亚樵除掉徐国梁的意图说了出来。许士英把王亚樵应该杀徐国梁的理由说了一遍,王亚樵听后略思片刻,立即表态:"俊老(许士英号俊人)之命,敢不遵从?除徐之事交我办好了。"

谈妥之后,卢永祥又将王亚樵接到杭州,与他密谈。

卢永祥说:"讨伐曹、吴,必先击溃苏督齐燮元。击溃苏督齐燮元,必须先杀淞沪警察厅厅长徐国梁。徐是齐的亲信,现拥有上海警察八九千名,又兼准备攻浙的前敌总司令,灭徐之举不仅砍断了齐燮元的一条膀子,而且能在窃国大盗曹锟的心上戳上一刀。"

王亚樵当即表态:"请卢督军放心,先杀徐,后攻齐,我绝不会有任何差错。只要我王亚樵看中了他,他徐国梁过得了初一,过不了十五!"

见王亚樵态度坚决,卢永祥大喜,亲口答应事成之后奉送湖州一地,长枪四百条,并委王亚樵为"浙江别动队司令"。

王亚樵万分感谢。

回到上海后,王亚樵立刻着手布置。召集斧头党干将郑益庵、朱善元、詹伯笑、吴鼎九、何守鬵、史庆生等数十人参与行动。但是,在杀手遍布的上海滩,徐国梁极为谨慎,平时很少外出,一旦有事外出,也是保镖成群,戒备森严。眼看期限将至,王亚樵却还是无法下手。

1923年11月10日下午正当王亚樵焦急之际,突然有手下来报,说是看见了徐国梁走进了温泉浴室。

这温泉浴室在大世界游乐场的对面,是个极热闹繁华的地方。这里商贩密布,美女如云,各类花哨广告及艳妇裸女海报触目皆是。花花世界貌似温柔之乡,其实更是隐身杀人的地方。王亚樵急忙叫来郑益庵等人,迅速化装一番,马上赶往温泉浴室。

王亚樵一行来到温泉浴室,看见门前果然停有徐国梁的轿车,车内坐有司机和几个警卫人员。他马上发出隐蔽待命的信号。郑益庵等人有的装成小贩,有的装成顾客,分散在汽车周围。

大概四点半左右,徐国梁洗好澡走了出来。他的头发刚吹过,打了蜡,油光放亮。他缓步向自己的轿车走去,王亚樵立刻把头上的大礼帽拿下来,这是发动进攻的信号。

杀手们立即拥上街面,夹杂在熙熙攘攘的人群之中向徐国梁的轿车靠拢。干将郑益庵冲在最前面,他左手拿着大礼帽盖住右手紧握的手枪,走到徐国梁背后,隔着帽子向徐连发数枪,其他人也一起开枪,徐国梁当即倒地。

郑益庵打完枪里的子弹,把枪裹在帽子里扔在了地上,乘着混乱,大家迅速逃离。

徐国梁的警卫已反应过来,但街上人太多,太混乱,他们认不清杀手,也不敢乱开枪,只好先把在场的人全截住。

人群更加混乱起来。郑益庵杂在其中,没注意,被脚下的木桩绊倒了,旁边的警察立刻上前,抓住了他。

郑益庵被抓住后,一口咬定自己是过路的,慌乱中被人撞倒的。警方无证据,加上何丰林、王亚樵等人的积极疏通,第二天,郑益庵便被放了出来。后来,郑益庵回到安徽老家,做了一任县长。

徐国梁被保镖们送到医院,医院立刻组织抢救,但由于七八枪都射中要害,几个小时后,他就一命呜呼了。

江苏督军齐燮元接到徐国梁被刺身亡的消息后,大为震怒。弄清是王亚樵所为后,恨之至极,立刻电告曹锟,请求与皖系卢永祥开战;同时,也要求缉拿王亚樵归案。

曹锟接电,大为恼火,一个上海滩上的流浪汉,竟屡屡犯上作乱,与自己过不去,太嚣张了,便下令全国通缉王亚樵。

然而,王亚樵此时早已离开上海,到浙江湖州走马上任"别动队司令",正在招兵买马，准备抵抗齐燮元的军队对浙江的进攻。

齐燮元一直垂涎上海的税收和鸦片烟土。

上海当时是全国最大的商埠，税收之大，全国无与伦比。更令齐燮元眼红的是，外国大批鸦片经常运沪销售、或由上海转运内地各省销售，利润极大。他曾听卢永祥内部人讲，光是由印度运进上海的鸦片，税收就足够养三个师。

卢永祥在上海对印度烟土，一方面向外国商人和买办资本家抽收重税；另一方面自己直接派员到印度去贩运。后一个办法比收税的利润更高。当时的上海宪兵司令马鸿烈、护车使何丰林都直接参与这个罪恶勾当。他们把利润大部分用来购买军械，其余由承办人和许多高级军政官员瓜分。他们每个大员都在这个肮脏勾当中分了几十万元。

齐燮元方面对上海这批鸦片收入自然十分眼红。鸦片问题也成为齐卢之战的直接原因之一。

由于齐燮元一心要夺取上海，打击卢永祥的势力，一场战争就势不可免了。因此，双方都积极做准备。卢永祥请王亚樵刺杀徐国梁，就是迎战准备工作的一部分。

1923年12月，刺杀了徐国梁的王亚樵来到了浙江湖州。在八雀寺，王亚樵挂上了"浙江别动队司令部"的牌子，开始招兵买马，训练军队。这既是卢永祥给王亚樵的奖励，也是要让王亚樵为自己冲锋陷阵。因为湖州与江苏山水相连，是浙江的前哨。

王亚樵的招兵大旗一推出，立刻应者如云，一个多月的时间就召集了近两千人的人马。其中，后来成为一代抗日名将的方振武将军、安徽人民抗日自卫军第五路司令的余亚农先生等都前来投效，他们二人都担任了分队长。

6
和戴笠、胡宗南成了拜把兄弟

1924年初春,春寒料峭,别动队的参谋胡抱一带着一个年轻人到王亚樵面前,说:"王司令,这是我的好朋友戴春风,人称江山才子,文武皆备,而且为人足智多谋。他从小离家飘泊,想投奔一个真正为国为民的队伍,铲除强权,报效国民,但终不得了。春风素闻司令英名,久欲追随左右,只恨无缘相见,今见司令正值用人际,故不远千里,特来相投,万望司令收留。"

王亚樵见这位双手侍立于前的青年面色微黑,两眼炯炯有神,神态却颇为谦恭。于是问道:"为什么来投军?"

戴春风立刻答道:"小时候,先生问立志,吾答曰:希圣、希贤、希豪杰而已,而今曹、吴窃国,奸佞横行,战乱不已,民不聊生,希圣、希贤皆成泡影,学生唯有跟随先生,执一利斧,铲除豪强,效命疆场而已。"

王亚樵一听,心中十分高兴,当即任命戴春风当了一名分队长,拨给一百名新兵,交其训练。

从此,王亚樵的命运紧紧地与戴春风联系在一起了。

戴春风,字子佩,号苏洲,清光绪二十三年四月二十七日(1897年5月28

日）降生在浙江省江山县硖口镇保安村的一栋老宅里。

据《仙霞戴氏宗谱》记载，戴氏一族汉、晋时期祖居河南商丘、安徽宿县一带；唐宋以后，逐渐南迁安徽休宁；因元明鼎革之难，再次辗转迁徙到浙江龙游县；清代以来，又迁至浙江省江山县西南的仙霞岭定居下来。

仙霞岭位于闽、浙、赣边境，山间层峦叠嶂，怪古嶙峋，山环山，溪套溪，古树蔽日，藤蔓遍地。最高峰海拔1413米，若一擎天之柱。其南端的枫岭关，既是福建、浙江两省的分界处，也是连接两省的交通要冲，虎踞龙蟠，形势险要，为历代兵家之地。当年，戴春风的曾祖父因听一山间隐士所言，仙霞岭山麓的硖口镇保安村山水灵秀，有王者之气，得之必昌，故举家从龙游迁居此地。

戴春风六岁那年，父亲去世，母亲蓝月喜孤寡一人，含辛茹苦，支撑门面，艰难地带着三个孩子过活。当时，她最大的女儿不过九岁，而最小的儿子春榜才四岁。

虽然家境贫寒，蓝氏还是决定送戴春风上学。1903年，戴春风七岁，母亲把他送进当地的村塾，从学于塾师毛逢乙先生。

村塾四年，戴春风虽然不太安分，但显得孜孜好学，很顺利地读完了《大学》、《论语》、《孟子》、《中庸》等书，其悟性和进步，使毛老先生为之惊叹。十三岁时，他的文才渐露，被誉为保安乡少年才子。

1910年，戴春风十四岁。这年春天，他考入江山县立文溪高等小学。在回答试题《问立志》时，他一挥而就，在文中表达了自己"希圣、希贤、希豪杰"的强烈愿望。文溪高小四年，由于戴春风学习成绩优异，活动能力极强，被学校连续四年指定担任班长。

辛亥革命爆发后，地处闽、浙、赣交通要冲的江山县，得风气之先，思想活跃，结社之风盛行。戴春风也在文溪高小内发起组织"青年会"，并被选为会长。青年会以联络同学感情为宗旨，把宣传讲卫生、反对吸鸦片和反对女人缠足视为该会初期的三大活动内容。戴春风以他出色的组织才能和活动能力赢得了同学们的尊重，工作开展得有声有色。

这期间，戴春风先后结识了周念行、毛善馀、王蒲臣、娄绍谟等同学，这些人日后都成为他行动中的重要助手。

1913年冬，戴春风以该校第一名的优异成绩毕业。毕业后，他在县城浪荡了一段时间,结识了不少社会上的纨绔子弟,逐渐沾染上一些游手好闲、调戏妇女的恶习。有一次,他躲在茅房里看女人小便,被抓住后却振振有词地说:"孔子曰:'君子好德如好色'嘛!"

第二年,戴春风十八岁,被母亲召回家娶亲。新娘毛秀丛,是凤林镇地主毛应升之女,长戴春风两岁,长得洁白丰满,浑身透着水灵。戴春风如烈火遇汽油,立刻爆炸般地燃烧起来。

就在这年秋天,戴春风来到了杭州,在浙江省立第一中学就读。这是他第一次走出浙西南山区,在烟柳繁华的杭州城,他觉得自己太寒酸,于是想偷点东西改善自己,结果被学校开除,旧历年前只好又溜回江山老家。

1917年初,北京发生了张勋复辟活动。在康有为等清室复辟势力的支持下,张勋于7月1日请出溥仪重登皇位,激起全国人民的反对,各省纷纷组织讨逆军。当时卢永祥还任淞沪护军使,也指挥浙军第一师出师北上。复辟失败后,浙一师又回到浙江。

11月下旬,浙一师刚回杭州不久,浙军第三师师长周凤岐在宁波策划独立,浙一师又奉命平叛。出发前,他们在全省各地招兵买马。戴春风闻讯,不觉怦然心动。他想:久困江山这弹丸之地,总不是长久的办法,既然不能从仕途上发展,何不投笔从戎,冲锋陷阵,以求博得个封妻荫子呢?

主意打定,他立即说服母亲,告别毛氏,吻别幼子,风尘仆仆地赶到杭州,找到浙一师的学兵营。此时,招兵已结束,戴春风却硬闹着要报名。学兵营营长李享见戴春风态度坚决,浓眉大眼间英气勃勃,便顺口问道:"你叫什么名字?"

"戴春风,字子佩。"戴春风挺直身躯,恭恭敬敬地回答。

"职业?"

"浙江省立第一中学学生。"戴春风面不改色心不跳,他知道,反正不会有人调查的。"哦!"听说是学生,李享不禁对戴春风注意起来,"为什么弃文从武,投笔从戎?"

戴春风想起当年投考江山县文溪高等小学的那篇试题《问立志》,立刻精神抖擞地答道:"长官问立志,吾曰:希圣、希贤而不可得,唯有追随长官,横刀立马,建功立业,争取做一豪杰也!"

"好!"李享不禁喝彩起来。他想,此人出语不凡,志向远大,定是奇才,

青年时期的教师胡宗南

"你留下来吧!"

"谢长官!"

1918年初,浙一师开往宁波,与浙三师交火。因浙三师早有准备,仗打得十分艰难。浙三师初以坚城之利,挫敌锐气,继而反攻,浙一师大败。戴春风被一群败逃的乱兵裹挟,慌不择路间,被浙三师俘虏,关进俘虏营。不久,政变平息,他才被放出。

正值冬末春初,风霜雨雪,无家可归的戴春风一路乞讨,落魄回到家中。

但是,家中的几亩薄地,实在难以提起戴春风的兴趣,不久他又只身到沪杭一带流浪起来。

在这次流浪中,戴春风结识了他一生中最铁的哥们胡宗南。

戴春风结识胡宗南始于杭州西湖的一次奇遇。当时,正值炎夏酷暑,戴春风每隔一天,必要去完成一件"大事",这就是到杭州西湖里洗澡,兼把自己身上唯一的一套夏衣脱下来在水里洗净,然后放到湖边的草地上晾晒。等衣服干了,他再上岸穿起来,去逛大街,串门访朋友。他的一双白帆布鞋每次穿脏后,也是先在湖里洗一次,然后花上一个铜板,买点白粉涂抹上去,又像新的一样。

这一天,戴春风照例又去灵隐寺入口处附近的湖滨完成洗澡的"大事"。阵风不时从湖面上吹过,戴春风怕晾在湖边的衣服被风刮跑,特地在上面压了几块石子,又裸身退回湖中。

当时,湖滨游人尚少,戴春风又是利用中午天气炎热、游人不多的时机洗澡,可以说是万无一失。偏巧这天来了一群小学生,从湖滨经过,其中有几个调皮的,将压在衣服上的石子捡起掷向湖中。眼看衣服被风吹起在草地上翻滚,戴春风不禁在湖里大声叫喊起来,可是身子却不能出水,极为狼狈。

这一窘况被队伍中一位带队的青年教师发觉,他重新捡起几块石子把衣服铺平压好,并与泡在水中急红了脸的戴春风相视一笑,飘然而去。

戴春风见此情景,立即趁四周无人,从水中窜出,穿起衣服,尾随学生队伍到休息的地方,与那个青年教师攀谈起来。

通过交谈,戴春风方知那个青年教师叫胡宗南,字寿山,是浙江孝丰县鹤落溪村人。1919年,胡宗南以第一名的成绩毕业于湖州中学,毕业后受聘于孝丰县立高等小学任教。这天,他是带着班里的学生到杭州旅游的。

胡宗南当时的境遇虽强于戴春风,但因其祖籍是浙江镇海,属钱塘以东的客籍过江人,在学校里受到本地员工王微等人的排挤,虽有能力,却未能竞争到校长,所以不免心情郁闷,有寄人篱下、怀才不遇的感觉。

戴春风本是落魄之人,当然同病相怜。惺惺惜惺惺,英雄识英雄,初一交谈,两人便都大有相见恨晚之感。

1924年春,王亚樵在湖州招兵买马的消息传出时,戴春风正在上海滩上与一帮小瘪三鬼混。每到夜间,他总觉无聊透顶。听说王亚樵招兵买马后,他的精神为之一振。因为他在上海漂泊的这些日子,早已闻王亚樵大名,刺杀徐国梁一事,更使王亚樵的身上笼上一层神秘色彩。他早已想结识这位"第一杀手"。只是没有机会,现在,王在招兵,他毫不犹豫地去了。

早在去湖州之前,戴春风用他与生俱来的刺探情报的本领,把王亚礁的底细摸得清清楚楚。他知道此人投身辛亥革命,屡受强权所迫,不为当局所容,尤对北洋军阀政府深恶痛绝。且此人屡处厄境,矢志不渝,性情刚烈,极富侠义心肠,平时最为推重人才,不拘小节。所以当王亚樵问他时,他说了"希圣、希贤、希豪杰"一番,果然,王亚樵听后十分高兴,让他做了分队长。

戴春风当分队长后,练兵一丝不苟,极为严格,有时几近残忍暴戾的程度。训练中,戴部士兵无论出操、射击或战术动作,只要动作稍慢或一个规定的动作没有做好,戴春风轻则破口大骂,重则拳打脚踢。

有一次，戴春风因一个士兵在吃饭时大声讲话而让他在中午的烈日下暴晒，使他因中暑而昏死过去。

王亚樵听到后，勃然大怒，命人把戴春风找来训斥道："治兵之道，在于言传身教。古人云：爱兵如爱子。上下一心，解方推食，到了阵前，才能甘冒危险，冲锋陷阵，为我所用。你用残兵立威之法，进行训练，貌似从严，可是士兵心里不服，甚至产生仇视心理，将来我们必受其害。以后若再如此，我就请你滚蛋。"

戴春风受到训斥，扑通跪下，痛哭流涕地说："司令，我知道错了。以后若有此事，任凭先生发落，子佩绝无怨言。"

这件事，使戴春风懂得了驾驭人不但要树威慑服，而且要施惠恩服，同时也了解了王亚樵组织何以能在上海滩上横行无忌、久摧不垮的道理。自此，戴春风一改过去单纯严厉冷酷的治兵方法，开始注意起在生活上给以关心、政治上给予表彰的方法，果然赢得了士兵的心。

戴春风还故意在与别人的言谈中，推崇王亚樵是位关心部下、爱兵如子的好司令，追随他做事是一个人最大的幸运。

王亚樵本性刚烈豪爽，见到戴春风知过则改，倒认为这是个很有为的青年，也就更加信任他了。

在王亚樵的这支别动队中，戴春风还相遇了几年未见的老友胡宗南。胡宗南是在戴春风来后的第三日来到的，也被王亚樵任命为分队长。在别动队中，戴春风与胡宗南朝夕相处，促膝谈心，双方了解日渐，感情越来越投机。

各方人才的汇聚，使八雀寺的司令部里整天生气勃勃，别动队的面貌逐渐变得庄严、雄伟起来。王亚樵与戴春风等人的关系也由陌生到熟悉由熟悉到信任起来。

1924年8月28日，经胡抱一提议，王亚樵与戴春风、胡宗南、胡抱一三人义结金兰，成为异姓兄弟。

当时，四人一起跪下盟誓：

> 既结为兄弟，则同心协力，救国扶危，上报国家，下安黎民；
> 不求同年同日生，但愿同年同月同日死。皇天厚土，鉴此心。
> 背义忘恩，天人共戮。

王亚樵的把兄弟之一胡宗南

四人中,王亚樵年龄最大,遂为长兄。胡抱一居二,胡宗南行三,戴春风最小,居末。

当他们四人义结金兰的香烟尚未散尽时,酝酿已久的江浙之战爆发了。

湖州背靠太湖,前临杭嘉湖平原,境内河溪纵横,湖荡棋布。齐卢之战爆发时,这里并不紧张。虽然紧靠江苏,与齐燮元的防地相接,但由于太湖这道天然的屏障的保护,齐军无法过来。王亚樵和他的一千多手下每日里依旧练兵为主。

但形势很快急转直下,随着炮兵团长张国威的投降,孙传芳的"叫花子军"长驱直入,战争的形势立刻严峻起来。卢永祥撤出杭州把督署先搬到嘉兴,后又搬至上海龙华。因为他必须这样收缩战线,不然,孙传芳要是撇下杭州,直插上海,与齐军会师后再挥军南下,他就只有束手待擒的分了。

其实,张国威在仙霞岭上插起白旗时,卢永祥失败的命运就已注定了,即使他再会用兵,也无力回天。

9月底,孙传芳的军队逼进了湖州,湖州的卢军是周凤岐部。早年,周凤

王亚樵的把兄弟之一戴笠

岐在宁波闹独立时,卢永祥的部队去平过叛,而今,同在一条战壕里,周凤岐总是不停地掂量自己。他不愿为卢永祥而耗费自己的实力,所以,他时刻做好撤退的准备。

王亚樵的别动队布署在城东南,这里是孙军进攻的必经之地。显然,身为师长的周凤岐是把王当做挡箭牌使用的。但是,王亚樵却并不在乎,自辛亥起事以来,他就想轰轰烈烈地大干一番,为此,他一次又一次地或单独或与别人联合招兵买马,但到头来,总是失败,要不是他的运气好,他也许早和那些战友们一起被杀头了。这一次,他想:要杀开一条血路来,从血水中拉起一支兵强马壮的队伍来。

孙传芳的军队上来了,他们在炮火的掩护下,一次又一次地冲锋,企图夺取阵地。但他们冲锋十几次,每次都丢下一些尸体,又退了回去。

用一个军事评论员的眼光去看,王亚樵第一次指挥的阵地战打得是勇猛顽强的,指挥得很是得当,如果现实能为他提供机会,他无疑将会成为一个天才的军事家。但现实并非如此,首先,他的千多人中枪枝严重不足。开始组建别动队时,卢永祥曾给他四百条步枪,后来,他又自筹资金从上海买回来二百条,一共六百条枪，两个人还摊不上一条枪。以这样的武器装备武装的新兵去打阵地战，结果当然是不行的。

其次，作为主力的周凤岐军队对这支别动队既不给予火力的支援，也不供应给养，特别让王亚樵不能接受的是，他们坚守三天后，就在一个雨夜里悄悄撤出阵地，把一座空荡荡的湖州城留给了王亚樵这支别动队。

当然是无法抵抗孙军的进攻了。第二天上午，雨依旧下着，王亚樵只好带着队伍借着大雨的掩护撤走了。

孙传芳的军队紧紧地咬在屁股后面，一路上都无法停留，王亚樵只好带着弟兄们往上海撤。

经过二天一夜的急行军，王亚樵所部进入了上海市区。此时，他清点了一下人马，只有四百来人了。其余的大部分人，除了一小部分死伤外，大部分都走了。分队长胡宗南也走了，据说他去广东了。

后来，王亚樵终于弄清楚，胡宗南的确去了广东。在那里，他去投靠刚刚开办的黄埔军校，由于他个子小，又瘦弱，招生的人不愿录取他。但他失意时却遇见了廖仲恺，廖仲恺见他说话激昂慷慨，深为感染，便出一手谕，令黄埔军校录取了他。1925年，王亚樵跟随柏文蔚去广州，还见到了胡宗南。

退到上海，见过卢永祥，卢永祥大喜。因为浏河前线吃紧，臧致平要求增兵，他正无兵可派，王亚樵的到来，却解燃眉之急。

就这样，王亚樵立刻又率部来到浏河前线，加入了臧致平的序列。

早在齐卢战事未爆发前，卢永祥就认为战事无法避免，便命令上海兵工厂厂长谢邦杰研究制造一批氯气炮弹，以备万一之用。卢永祥撤到上海后，上海兵工厂就已制妥两颗氯气炮弹。

这种氯气炮弹，是一种化学武器，如果风力、风向、距离都合乎要求的话，一颗炮弹就能杀死五千至一万人马，甚至能使一二平方公里内的生物死光。

督署警卫团团长马葆珩奉命将那两颗氯气炮弹运抵前线后，炮科毕业的他心中十分矛盾。当年在军校时，教官曾教过国际法，使用此种化学炮弹，在国际战争中都是违背国际法的，现在我们是打内战，怎能使用这种惨无人道的东西呢？

想了很久，马葆珩还是拿不定主意，便对臧致平说明，请求解决办法。臧是个职业军人，当然知道不能使用化学武器，但手下的一参谋长却主张用，因为他觉得，臧、马等人实在是妇人之仁，别人都把刀架在你脖子上了，你还说什么国际法不国际法呢？

就在他们争论的时候，王亚樵得到了消息。

"杂种，想灭绝人，老子不干了！"他十分气愤地把枪扔在桌上。

"大哥，怎么啦？"站在他一旁的戴春风忙问。

"卢永祥要用化学炮弹，一打出去，方圆一二里内，什么都没有了。"

"这不好吗？"

"好，好什么啊？多少无辜的人要跟着死。"

"我们平时打仗、暗杀不都死人吗？"

"这不一样，这些都是有目的、有目标的，而化学炮弹一响，连鸡狗都不留，这是他妈的什么道理了。"

"我明白了，大哥。"戴春风见王亚樵真生气了，立刻改口。

"我不能让他们这么胡作非为。"王亚樵说完，带上戴春风等人，悄悄地走入黑暗中。

王亚樵带人摸黑去了炮兵阵地。到了那里，他们用枪逼着炮兵，将那两颗氯气炮弹取出，装进炮膛，发射到长江中去了。

做完这件事，王亚樵带着队伍返回上海市区了，他谁也不跟着干了。

1924年10月13日，卢永祥在上海通电下野。

王亚樵又回到上海市区后，很多人觉得难以立足，便纷纷离去。方振武、余亚农等人乘车北上，去寻找新的发展机遇了。而戴春风、胡抱一等人则留了下来，他们要与王亚樵一起在上海打天下。

这时，跟随王亚樵一道的别动队员还有二百来人。

这年底，王亚樵为了筹集活动经费，继续开拓上海地盘，决定在哥伦比亚路北头开办一个铁器厂。这个铁器厂机械化程度不高，大多是手工敲打制作。

开张不到一个星期，警察便找上门来。原来，铁器厂边上住着的郭老板向警察分局提了意见，说铁器厂整天叮叮当当吵得人家不得安宁，因为郭老板有钱，早把分局长喂饱了，他使唤分局长，就像使唤一条狗。所以铁器厂得到了限期搬迁的通知。

铁器厂的厂长是戴春风，他一听说要搬迁，气不打一处来，对着警察脸上就是一拳,"娘希匹,建个工厂那么容易,说搬就搬?老子往你妈肚皮上搬?告诉你,这是九爷王亚樵的厂,要搬,先得搬掉你们局长的脑袋。"

警察挨打受骂,像一条丧家犬回到分局,原原本本地学上一遍,分局长一拳砸烂了办公桌,说:"王亚樵算个屁,前段时间还不照样藏到他妈屎里了!朗朗乾坤,他想怎样就怎样?那里是居民区,不是工厂区,这搬迁,我叫他搬定了。"

分局长带上几个警察,很快又来到工厂,戴春风上前正要说什么,几个警察上去几警棍,打得他头皮发涨。接着,他被戴上手铐。

"前面带路,去找王亚樵。"

戴春风不动,分局长举起警棍狠狠地夯在他的小腿肚子上。

"唉哟,我的腿!"

"你的腿?再不带路,就先打断一条。"

戴春风只好带着他们来到王亚樵的住处。

王亚樵一见小老弟被几个警察扭着,一副可怜兮兮的样子,火一下就上来了。一挥手,上去了十来个手持利斧的人。

"放肆!"分局长见势不好,立刻掏出手枪。

王亚樵一步上前抓住他的手腕,"你要是扣动扳机,今天就把你的手给剁下来。"

分局长一愣神,王亚樵将他手中的枪下了,随即将弹夹卸了下来。

手枪被扔在地上,一个斧头党成员抡起斧头猛砸一下,手枪被砸扁了。

其他的成员也都动起手来,没头没脑地将分局长和几个警察痛打一顿。打完后,王亚樵才缓缓落座:"分局长先生,大驾光临,有何贵干?"

早已鼻青脸肿的分局长此时有些口吃起来。说真格的,他是不愿意也不敢和王亚樵作对的。他之所以打肿脸充胖子把戴春风扭过来,完全是象征性地履行一手续。你王亚樵再狠再毒,邪总不能压正吧?咱好歹也是吃皇粮的警察,你手下的人说打就打,像是对付一群野狗,要是不来点补过的行为,今后这警察说话还不都等于放屁了?

可是,分局长还没把自己的意思说出,自己先挨了一顿打,枪也被砸扁了,好不恼人。

"王……王……老九,要是在……在小通巷底,你打我我可以认,但是,今天是在大庭广众之下，你见面又砸枪又打人，说重了你是阴谋暴乱，说轻点你怎么也是妨害公务。"

王亚樵响亮地笑了一声："暴乱？老子暴什么乱？天下军阀混战，生灵涂炭，不是暴乱？你执行公务，上海滩的贪官污吏你敢不敢管？杜月笙、黄金荣你敢不敢管？洋鬼子你敢不敢管？你以为老子是西红柿，好捏是不是？告诉你，老子的铁场你一根铁丝都不能动！"说着，王亚樵从腰里掏出一只手枪。"这个你拿去，那支扁枪我留着做个纪念吧。"

分局长见了，吓得面如灰土，强打精神说："在下不过是例行公事。既然九爷决意在敝辖区办厂，在下今后绝不容人唠叨。只是，往后还仰仗王先生多给面子，使在下在众人面前保留三分威风，否则难以服众。我这个分局长也没法维持了。"

王亚樵说："你不惹我，我何苦碰你。常言说得好，与人方便自己方便吗？我办的这个铁器厂，是为了让手下的弟兄们吃饭的，好不容易搞起来，哪能是说搬就搬的呢？往后，你该维持公务照样维持，我王九光绝不是不通情理之辈，管得对，自然接受，管得不对，我可丑话说在前头，就只还你子弹，不还你枪了！"

分局长千恩万谢一番，走了。

经过这一番折腾，戴春风的铁器厂从此扎下根来。但戴春风意犹未尽，对郭老板恨之入骨，便对王亚樵建议，扩大铁器厂的项口，索性把郭老板的住宅买下来，充作工人宿舍。王亚樵对郭老板自然也是耿耿于怀，对戴春风的馊主意欣然允诺，并委派戴春风同郭老板接洽。

郭老板在这场斗争中深受其害，加上铁器厂整天噪声震耳，住在旁边也难得片刻安逸，听说戴春风与其商量要购买住宅，明知是计，也只好认了。

这是一幢二进住宅，共有房屋十六间，占地四百多平方米，且房屋建成不过八年，样式入时，怎么说也值个四五万。郭老板向戴春风提出价格四万五千。

当戴春风请示王亚樵后，一报价，把郭老板吓瘫了。

"九爷说了，你这住宅作为民用虽是宽敞，但作为工房并不实惠。八千块还是看在邻居的面子上。"

郭老板简直不敢相信自己的耳朵。这王亚樵简直是太黑了。他咽下一口硬气，说："这房子本来就是住宅，偏偏你们要买做工房，实惠不实惠是你们自己的事。凭着天地良心，说什么也得给上四万啦！"

"那你就慢慢卖吧。"戴春风冷笑一声后说。

这是一处好端端的私人住宅，庭院宽阔，绿草如茵，树木参天，到处令人心旷神怡。郭老板虽是生意人，但钱也不是大水淌来的，也是靠血汗慢慢挣的。平时，多花一块大洋，他都坚决不干的，而这下一次亏三四万，不是等于用刀子放他的血吗？

"这房子我不卖了！"他气冲冲地关上了门。

戴春风回去向王亚樵说了一遍，王亚樵说："很好，我倒是要看看，是他姓郭的狠，还是我姓王的狠。"

戴春风说："大哥，这小子的脑袋还能比徐国梁结实吗？我带上几个弟兄，夜里翻墙进去，挥动斧头砍上一气，看他卖不卖。"

"不必！"王亚樵慢条斯理地说："真想要他的房子，怎么都行。但郭老板是开布庄的体面人，对体面人，用体面的办法会更好一些。再说，对他用刀枪，就显不出什么本事了。"

那几天，铁器厂接受了一批加工杀猪刀的活，锤声整日响得震天。戴春风留心观察，郭老板一家白天全部坐上汽车，直到晚上才回来，家中只留下一个小老婆带几个佣人看家。

十几天过去了，郭老板仍然没有卖房的意思，再说，他也卖不掉，谁都知道，王亚樵买房子是醉翁之意不在酒，谁敢摸老虎屁股？

可怜郭老板，狠狠地杀下价，将底价一下降到二万元，但几天过后，仍无人上门。

又过了几天，戴春风见郭老板还是没有让步的意思，便又向王亚樵提议，要么是打，要么派几个弟兄夜间翻墙在他家大门口一起拉屎。

王亚樵捻着胡子笑道："主意倒是好主意，但事情做得脏，有失君子之风。我倒是要考考你，难道就没有更好的办法吗？"

戴春风犯嘀咕了，依王亚樵的威风，别说拿八千大洋，就是白要，这处住宅也跑不出手，这老大之所以迟迟不肯下手，原来是要考考他戴春风的绝招啊。

想了半天，戴春风却实在想不出比打或拉屎更高的绝招。

见戴春风满面愁容，王亚樵又说："郭老板全家白天出行，不是留有一个小老婆吗？"

戴春风依然懵懂。在他的心目中，王老九是个宁折不弯的人，此时神秘兮兮，他实在闹不清他的葫芦里装的是什么药。

"我看那小老婆不过双十年纪，而郭老板已年逾半百。老夫少妾，床上事怎么能做得鱼谐水和？若是有个年轻力壮的上去，那个妾一尝到甜头，他家里岂不后院失火！"

戴春风舒了口长气，"大哥，高，还是你高呀！"

王亚樵依旧笑眯眯地说："郭老板是个体面人，脸面怎么也抵个十万八万，你给他戴上绿帽子，看他还滚不滚？"

戴春风恍然大悟，王亚樵并不是只想调情作乐，而是要利用女人的肚皮来办大事。此一条，在以后的岁月中，戴春风牢牢记在了心里。

接着，王亚樵拿出一百块大洋，递给戴春风，"老弟，去找个'拆白党'的党徒，他们专门勾引妇女。"

戴春风接过钱走了。到了郭老板的住宅旁，他停了下来，掂了掂衣兜里的钱，我为什么要拿这钱去找别人呢？玩女人，还倒给钱，这种好事应该留给自己呀？

这样一想，戴春风立刻来到街上，用二十八块钱买了一套西服，然后剃头、洗澡、吹风忙活了一通。

第二天，郭老板住宅前后便平地多出了一个大学生。这大学生常在上午阳光明媚之际在郭宅前后散步，有时拿一本书做浏览状，有时则俯首静思作深思状。

郭老板的小老婆在楼上窥见，开始并不介意，后来好奇，再后来发现该男子颇似多情，于是不由地往下直飞媚眼。

到了这功夫，大学生便上门了。他说自己是姨太太的表哥，从南洋归来，特来看望，并给看门的佣人一块大洋。佣人欢天喜地将他引到了姨太太的楼上。

这个大学生就是戴春风，他要既得钱且偷春又撵人。

到了姨太太处，两人一接上话茬，戴春风得知，这女子姓罗，罗群。

戴春风多年漂泊在外，风月场上，也是见过不少的，从罗群的眼睛里，他就看到了她内心中的渴望。

于是，戴春风挑逗一番，便将罗群按倒在床上。罗群心中欲火中烧，但又不得不做做样子，不免推诿一番。戴春风心中明白，极其耐心地安抚着。在女人半推半就间，他脱掉了她的裤子。

这是戴春风生平第一次享受到的最美艳的妇人，且是在一间飘着淡淡的香气，布置得极考究的房子里，所以他有腾云驾雾一般的感觉，活儿做得既实在又充满了情调。完事后，她依然紧紧抱着他，不准他离去。直到天色向晚，两人才依依不舍地分手。

戴春风一日得手，便日日都不放过了。那罗群忍饥挨饿了好几年，一旦终日饱食，人便越发光彩艳丽起来。所以戴春风是越战越勇，胆子越来越大，竟然把王亚樵原来的想法抛到九霄云外去了。

一天晚上，戴春风已经睡下——他连日辛勤耕耘，很累，晚上睡得早。王亚樵来了："老弟，你天天搂着美人，把正事忘了吧？"

这一说，戴春风才记起自己的使命，不由地吓得冷汗淌了一脊梁沟子。

"大哥没别的意思，只是要提醒你，别把正事忘了。"

"不会的，大哥，你放心。"

"明天起，你要把那个女人天天带出来玩，让别人都知道，不要整天缩在被窝里。"

"行，我一定把她带出来。"

王亚樵走时，又丢给戴春风一百块大洋，说："带她住饭店。"

第二天，戴春风果然把罗群带了出来。

这罗群久困深宅大院，出来转转，倒也开心，只是有些害怕。

戴春风带着她看了一场电影，下了一回馆子，然后到饭店里包了一间客房，两个人在里面云欢雨爱，直到天色将晚才离去。

出来几天后，罗群不愿再出来了。原来，郭老板已听到风声，晚上审问了她一番，不准她再出去。同时，郭也交代了门房，不准外人进来。

这样，戴春风只好写信。他化用各种名字，不但给罗群写，而且给郭老板的大老婆写，女儿写，弄得郭宅上下人心惶惶。

郭老板再也忍受不了了，经过一番揪心裂肺的斗争，他终于决定将房子以一万元的代价卖给王亚樵。他认为，王亚樵出价八千，但做买卖，总还有个讨价还价的余地吧？要价一万元，是低得不能再低了。这回，王亚樵该不会再不给面子了吧？

郭老板怀着极其复杂的心情找到戴春风，把事情讲了，戴春风心中大喜，知道大功告成，但表面上仍装出无所谓的样子，说："这事我可做不了主，得大哥发话。"

等戴春风请示王亚樵回来，郭老板气得晕倒在地上。

"大哥说了，当初给你排场你自己不排场，拖了这许久，他损失大了，只能给五千。"

当时戴春风又希望老板能一口回绝，这样，他就又能和罗群睡觉了。

郭老板此时晕倒归晕倒，大脑还是满清醒的。撑了这么长时间，老婆被人搞了，钱又降了，有什么办法？他的泪水像山泉一样往外直流："我这是作了哪辈子的孽哟，王亚樵啊王亚樵，我是谁都敢得罪，可我瞎了狗眼，真是不该得罪你老人家呀。你比黄金荣、张啸林还黑呀！"

戴春风听到这里，把眼一瞪，厉声道："放屁！这话让大哥听到，小心你的门牙！"

郭老板停止哭诉，可怜巴巴地看着戴春风说："再加一千，六六大顺吧。"

"不行！"戴春风冷笑道："大哥说了，你们做买卖的，坑蒙拐骗，挣的都是昧心钱。再说，你的房子风水不好，有人说看见你戴着我造的绿帽子夜游，不是什么好风水。你要是再拖三天不搬，连五千也没有。大哥不买了，你卖谁去？"

"别，别。"郭老板一听急了，几次交锋证明，他在王亚樵手里不过是个面团，想怎么捏就怎么捏。五千就五千吧，好歹还能见到个钱影子，要是闹翻了，恐怕真的一枚铜板也见不到。

郭老板最后从戴春风手中接过五千块钱，连夜搬家走了。

其实，郭老板是被吓糊涂了，他应该再去当面和王亚樵说一说的。王亚樵出的钱依然是八千元。但戴春风从中转了一道手，就变作五千元了。

戴春风从中截留了三千元钱后，心中十分高兴，他还从来没有看过这么多白花花的光洋。但是，他也十分害怕，虽说自己做得天衣无缝，但王亚樵诡计多端，一旦察觉，自己这条小命就完了。

那几天，戴春风反复考虑自己该怎么办？他觉得，跟着王亚樵，能吃香的喝辣的，固然不错，但"斧头党"毕竟是些强抢豪夺之辈，整日做些杀人越货、欺行霸市的勾当，到头来不可能成什么气候，自己跟他们掺和一辈子，"希圣、希贤、希豪杰"连鬼影子也不会有的。再说,整天这样混,小命也难保。更何况,自己又侵吞了三千块光洋,此时不走,更待何时。

时间已经进入了1925年1月,旧历年将至,戴春风便找到王亚樵,说:

"大哥,我想回老家过年,一来看望老母,二来看望妻子。"

王亚樵说:"回去就回去吧。要是不好过,过完年你再来。要是有好去处,你就只管去吧。我在这里这样做,也不是长久之计。也许要不了多久,我依然会离开上海的。"

"大哥,你多保重!"王亚樵的一席语重心长的话,令戴春风十分感动。

当晚,戴春风从上海站乘火车回浙江去了。

这位后来改名为大名鼎鼎的戴笠而显赫一时的人物,就这样与王亚樵分道扬镳,各自闯荡自己的事业去了。当然他们还会再见,此乃后话。

旧历年过后,王亚樵与胡抱一跟随柏文蔚去了河南。当时,老同盟会会员胡景翼出任河南督军,他请柏文蔚前去担任河南军校校长。

踏着初春的霜冻,王亚樵跟着柏文蔚一路北上。从此,他的生命又翻开了新的一页。

7
刺杀蒋介石开始了

1926年春,湖南成立了"湖南人民临时委员会",公开提出打倒督军赵恒惕,吁请广州国民政府出师北伐。由于革命形势的影响和中共湖南省委的策动,赵恒惕军阀内部发生分化,其所部第四师师长唐生智倒向广州国民政府。

3月18日,唐生智起兵进攻长沙,因为赵恒惕在长沙并无实力,其死党叶开鑫部又远在湘西,无法援救,不得已,赵于3月22日通电去职,逃离长沙,结束了他在湖南六年的统治。

3月25日,唐生智攻入长沙,并就任代理湖南省长职。

唐生智倒戈成功后,赵恒惕、叶开鑫逃往汉口投靠吴佩孚。吴佩孚遂以援赵为名进兵河南。

1926年4月间,吴佩孚任命叶开鑫为"讨贼联军湘军总司令",发动对唐生智的讨伐;并令赣军唐福山与驻粤军谢文炳师,由萍乡出醴陵向唐的右翼逼近。

5月初,唐生智放弃长沙,退守衡阳、攸县、仁安一线,向广州国民政府求援。广州国民政府决定派第四军叶挺独立团和第七军第八旅为北伐先遣队,入湘援唐；任命唐生智为北伐军前敌总指挥和国民革命军第八军军长。

6月2日，唐生智通电就职，至此北伐战争的序幕拉开了。

这期间，王亚樵已经在中国大地辗转整整一年有余了。

王亚樵跟着柏文蔚到河南后，河南督军胡景翼任命王亚樵为混成旅旅长，王亚樵欣然从命。在与刘镇华作战中，王亚樵打得勇猛顽强。到1925年4月，盘踞陕西八年的刘镇华被打败，陕人李虎臣接任陕督，胡景翼暂时统一了豫陕。

但是，到4月12日，胡景翼因患尿毒症不治病逝，岳维峻继任豫督。岳维峻人品不比胡景翼，一味排外。不久，任河南军校校长的柏文蔚被排挤走了。一个星期后，任混成旅旅长的王亚樵也被迫交出兵权，只身又回到了上海。

1926年春，王亚樵奔赴广州。这一年多的时间里，卢、齐、孙、张等军阀头子拉锯般地作战，你打我，我打你，早上倒戈，晚上回击，局面朝三暮四一天一变。王亚樵开始清醒地认识到，这些军阀，全都是祸国殃民之辈，谈不上孰是孰非，跟在他们任何一个人后面，都只能是当枪使。

柏文蔚已经去了广州，王亚樵找到柏文蔚，打算跟随广州的革命者，彻底打倒军阀。

在柏文蔚的引见下，王亚樵结识了胡汉民。

胡汉民，字展堂，1879年生，广东番禺人，光绪三十一年(1905年)参加同盟会。辛亥革命时，被推为广东都督。1913年，二次革命时，他和江西都督李烈钧、安徽都督柏文蔚、湖南都督谭延闿四人最先举起讨袁旗帜，被人们称为"讨袁四督"。

1914年，胡汉民随孙中山组织中华革命党。1924年，中国国民党改组，成为右派首领。孙中山北上后他曾代理大元帅，旋改任国民政府外交部长，后因涉嫌廖仲恺被刺案去职。

但当时，胡汉民慷慨激昂，对王亚樵说："蒋介石之流，不过是新军阀再生，他不会把中山先生的三民主义实行下去的。"

王亚樵毕竟政治理论上知之不多，觉得他的话很神奇。后来，蒋介石发动了"四·一二"反革命事变，背叛革命，王亚樵觉得，胡汉民的话应验了，很佩服。所以，后来反蒋的岁月中，他常与胡汉民联合行动。

其实，胡汉民也并不是一个革命者，从一开始，他就是反共反苏的，是仇视人民革命的，王亚樵却一直识别不了这一点。

北伐出师后，广东国民政府决定派一批人先深入内地，在北伐军到来之前，动员民众，策动军阀部队反正；北伐军到来之后，组织民众进行慰问。

国民党第二次全国代表大会后，国民党中央指派常恒芳等九人为国民党安徽省临时党部执委。

常恒芳，号藩侯，字尔价，安徽寿县人，生于1882年9月30日，1906年夏天加入同盟会。

北伐战争开后，常恒芳与王亚樵分别被任命为安徽省正、副宣抚使。常恒芳借李小南、郑青士等在太湖起兵，策动陈雷团起义，宣抚使署即设在太湖。王亚樵则偕阚培林、刘醒吾等到洪泽湖起兵，副宣抚使设在洪泽湖畔。

在王亚樵的多方奔走下，有军阀旧部、民众武装张在中、朱子云、许志远、魏益三等人接受宣抚，起兵千余人，待命攻打合肥、安庆，与常恒芳会师，以支援北伐战争。

正欲起兵，安徽省政府主席陈调元却派了一个旅的正规军掩杀过来。王亚樵等人装备简陋，面对数倍于己的敌人，只好乘船逃入洪泽湖深处。

王亚樵被陈调元的军队包围在洪泽湖的高涧，长达半年之久，一直无法突围。

1927年3月初，北伐军攻进安徽后，陈调元不得不分兵抗拒，从高涧附近抽走了一个团的军队。王亚樵觉得时机已到，便分兵两路突围。

由于五部人马大多未受过正规训练，武器装备较差，虽然浴血奋战，但队伍很快还是被敌人冲散。等冲出重围后，王亚樵看看身边，只剩下阚培林、张在中、殷爱棠、刘醒吾等十几个人了。

借着茫茫的夜色，这一行十几人未敢停留，沿着洪泽湖岸迅速南下。

第二天早晨，王亚樵等人来到高庙镇，在镇头的一个摊子上吃饭，被附近一地痞认出。那小子为了五千块大洋的赏钱溜到四处寻找王亚樵的陈调元军队中，报告了这一情况。

吃完饭刚走不远，敌人就进了高庙镇。虽然敌人扑了空，但他们很快顺路追来，紧紧咬上了王亚樵一行。

为了摆脱敌人，这十几个人只好再次分作两拨。王亚樵、赵士发等九人一路往张八岭方向潜逃，阚培林、张在中等则直奔来安县而来。

为了吸引敌人，阚培林等人不时有意暴露目标，将敌人全部吸引到了自己的身后。当逃至来安县水口镇时，敌人追了上来，有两位弟兄当场战死，张在中、殷爱棠、阚培林、刘醒吾四人全部被捕。

当晚，一个姓杨的团长亲自审问了他们。

"王亚樵逃到什么地方去了？"

"不知道。"

"他的身边现在还有多少人？"

"不知道。"

"你们都是了不起的好汉，跟我们干吧，将来，一定会出人头地的。"

"你们是军阀、恶狼，专门欺压百姓，我们都是有识之士，岂能与你们同流合污！"

"也罢，人各有志，我杨某向来不强人所难。"

停了一会，杨团长说："现在，我只问你们一个问题，如果你们说出来，我就放你们，如果不说，可别怪我不客气！"

杨团长是让阚培林他们四个人说出日后与王亚樵联络的地点和接头方法，四个人拒不说出。结果，杨团长令手下用铁烙、火烤、割肉等方法严刑逼供，但从四个硬汉嘴里什么也没掏出来。

不久，杨团长接令，将去安庆，便电示陈调元，请示对这四个人的处置方法。

很快，陈调元回电。电文只有两个字：

"活埋。"

当天下午，阚培林、刘醒吾、张在中、殷爱棠在水口镇东的田野里被投入泥坑活埋。

敌人退走后，从张八岭处辗转而来的王亚樵等人来到水口镇。他们在当地百姓的指引下，找到埋人之处。

泥土还很新鲜，但四位战友的尸骨在泥土中已全部变硬了。

王亚樵热泪滚滚，和赵士发等人一起抠去战友鼻孔和嘴巴里塞进的泥土，买了四口棺木，草草葬下他们。

面对着四座新坟，王亚樵"当当当"叩了三个响头，仰望苍穹，高声说："陈调元，我一定要杀死你，用你的头来祭奠我众多兄弟的亡灵！"

当夜，王亚樵和赵士发等人去了六合。第二天，他们流亡到了南京。

王亚樵来到南京时，北伐军已攻占南京。但南京街头上冷冷清清，并不让人感到兴奋。因为，几天前，蒋介石在上海发动了"四·一二"反革命政变，汪寿华、陈延年、赵世炎等优秀共产党人先后英勇牺牲。

继上海大屠杀后，广州国民党反动派也发动"四·一五"反革命政变。4月15日凌晨，在戒严司令钱大钧的主持下，广州全城戒严，进行大搜捕，共产党的领导机关，工、农、青、妇团体被摧残，先后屠杀了共产党员和革命群众二千余人，著名共产党人肖楚女、熊雄、邓培、李启汉等先后遇难。

此外，湖南、江西、江苏、浙江、福建、广西、四川等地也相继进行"清党"和屠杀，白色恐怖，遍于中国。

此时，柏文蔚也在南京，王亚樵找到了他，不解地问："国共两党合作得好好的，从广东一路打过来，节节胜利，怎么突然杀起了共产党？蒋介石是他妈的什么东西，把陈调元也拉进了国民革命军，这算什么？"

柏文蔚也叹了一口气，说："上海事变一发生，我就率领第三十三军营连以上军官发出通电，宣布不可违背孙中山的'联俄、联共、扶助农工'的三大政策，但蒋介石一意孤行。至于陈调元被任命为安徽省长，我们安徽同乡很多人提出反对意见，可蒋介石根本不听。"

"真是太令人失望了。"王亚樵说。

"亚樵，不要太悲观，我们还是继续努力吧。对了，这几天，蒋介石和胡汉民等人要建立南京国民政府，也拉了我。现在，已经内定了，由你出任津浦路护路军司令。"

"武汉不是有国民政府了吗？怎么又要成立？"

"现在，老蒋和武汉分开了。"

"这是在搞分裂，我不能为蒋介石卖命，这个司令我不当。"

"当司令也不一定要替蒋介石卖命，关键看你怎么当。你自己还是再考虑考虑吧。"

王亚樵很迷惘地离开了柏文蔚。

当天晚上，有人来到王亚樵所住的临时寓所洪武街三号，给了他一封信。

王亚樵接信后拆开，才知信是孙科写的。孙科是孙中山先生的儿子，但全无中山先生的英豪之气，整日一派花花公子样，以前在广州时，王亚樵与他见过面，但不太喜欢。他给王亚樵来信，是告诉王，他已提名王作为工人代表，出席即将举行的"奠都典礼"，若有什么不同见解，可以在大会上陈述。

王亚樵当然明白，孙科是要拿他当枪耍，但是自己与蒋介石的矛盾和孙科与蒋介石的矛盾有着本质的不同。既然孙科给提供这次机会，何不利用一下呢？

主意打定，王亚樵极其热情地打发走了送信者。

1927年4月18日，蒋介石在革命人民的血泊中建立了"南京国民政府"，以蒋介石、胡汉民、张静江、吴稚晖、李石曾、邓泽如、蔡元培、李宗仁、何应钦、古应芬、柏文蔚、陈铭枢等人为政府委员。胡汉民任主席，伍朝枢任外交部长，王宽惠任司法部长，蔡元培任教育行政委员兼大学院院长。

当天，在南京中山公园召开了由各界代表及群众二十万人参加的"奠都典礼"大会。

会上，蒋介石喜气洋洋，不停地对台下的群众招手。一些事先被收买的人不停地欢呼"总司令万岁！"

胡汉民等人的就职仪式过后，是各界代表祝词。许多代表走上台，说了一些客套的祝词便走了下来，台下冷冷清清。

轮到王亚樵上去了。他健步走上主席台，丝毫也不客套地发表起演说来。

> 各位同仁、各位弟兄：
> 你们好！今天，我们在这里祝贺又一个国民政府奠都典礼，我的心情很沉重。
> 广州出师，国民革命军势如破竹，所向披靡，直系吴佩孚主力已被摧垮，盘踞东南的孙传芳也被赶走。但是，大小军阀尤其是北方军阀张作霖之流并未扫平，举杯庆功，为时尚早！
> 北伐乃总理遗愿。总理呕心沥血，实现国共合作，容纳共产党人，团结所有国人共同北伐，举师北上，军阀闻之而遁，我军招降纳叛，所向无敌。然上海事实，疑窦丛生，清共而容军阀，数以万计无辜革命之志士，乃至平民劳工、学生惨遭屠戮。矛戈所向非敌而我，亲者痛，仇者快，以胜始而以败终。

亚樵乃一平凡党人，奔走北伐历有数年，借奠都典礼机会，披肝沥胆，冒言直谏军政领导，以国家民族为重，勿忘总理遗愿，保障人权，停止屠杀，团结国人，团结所有革命之力量，务将北伐进行到底！

王亚樵的简短演说，感染了在场的许多人，不少人对他报以热烈的掌声。

望着激奋的人群，王亚樵自己也十分激动，他振臂高呼：

"打倒军阀！"

"反对屠杀！"

"保障人权，劳工神圣！"

临离开主席台时，王亚樵又对大家说：

"本人坚决请辞津浦路护路军司令一职，以表反对屠杀的决心！"

散会时，有人塞给了王亚樵一个纸条，他展开，只见上面写着：现在仍讲这一套律不合宜，犯了蒋先生的忌讳。你要倍加小心。

这张纸条是陈铭枢写的。陈铭枢这次被任命为南京国民政府行政院副院长、首都卫戍司令。

王亚樵笑了笑，从口袋里捏出一撮烟丝，用那纸条卷了，点上火，悠然地吸起来。他不在乎，如果蒋介石不能容忍他，对他下手，他就和蒋介石干。他才不在乎老蒋有多少军队呢。

蒋介石在典礼上，如同被一盆冷水迎头泼了一番，欣喜之气烟消云散，心里顿时凉了半截子。他怎么也想不到，王亚樵竟敢如此胆大，众目睽睽之下捋虎须。

当晚，蒋介石让人叫来了南京警察厅长温剑刚。

"王亚樵这根木头，不能再长在这里了，你要想办法处理掉。"

温剑刚领令后，立刻寻思对策。他多少了解一些王亚樵的历史，知道他不是个省油的灯，必须派得力的人才能奏效。他把南京城的手下排了排，觉得没有行的。

正在焦急中，桌上的电话响了。

温剑刚拿起电话，说："谁？"

"我。"

"是张祥。"温剑刚大喜。怎么把这个上海侦缉队队长忘了呢？

"你立刻赶到我这儿，我有紧急事找你。"

这张祥是来保卫"奠都典礼"的，明天一早打算赶回去，所以打电话来辞行。

第二天深夜，整个南京城都处在睡梦中了，连桨声灯影的秦淮河都睡去了。十几个便衣悄悄包围了洪武街三号的那所房子。这是张祥带着南京市警察厅的侦缉队来抓王亚樵的。

张祥带头第一个翻上了院墙。

这所房子是王亚樵到南京后临时租的，除一起突围来南京的赵士发等人住在这里外，还有突围时被冲散，后又陆续赶到南京来的一些人，一共有十几个人。

多年的漂泊流浪生涯，使这些人养成了十分警惕的习惯，每天晚上，他们都派两个人站岗，一个上半夜，一个下半夜。

此时，已经是下半夜了，但那个站岗的人却正在聚精会神地盯着四周，张祥一爬上院墙，他就发现了。他定了定眼，见又有一个人爬了上来。站岗的立刻从开着的门中摸回屋里，叫醒了其他人。

王亚樵醒来看，低声说："各人去各人的位置。注意，别弄出响声。"

张祥和另一个人轻轻跳进院子，打开院门，那十几个警察全部冲了进来。

"王亚樵，出来，你们被包围了。"

张祥的话音刚落，院子里突然亮如白昼。原来，不知路灯怎么亮了。

"请你看清楚，先生，到底谁被包围了。"

张祥和他的手下这才发现，四周的角落里都是人，黑洞的枪口正对着他们。没有办法，张祥和手下只好乖乖地扔掉枪。

"谁叫你们来的？"

王亚樵走到张祥面前问，张祥没理他。

"你不说，我毙了你。"赵士发上前，用枪顶住了张祥的脑袋。

"你吓唬谁？这可是南京城，枪一响，你们长出翅膀都飞不走。"张祥冷笑着说。

"杂种！我不用枪行不行？"说着，赵士发出其不意砸了张祥一拳，张祥眼前一黑倒在了地上。跟着，赵士发对着他的左眼踢了一脚，黑水当即流了出来。

"说，是谁派你来的？再不说，我叫你的右眼也瞎！"

"我说，我说，是温剑刚找到我，他说是蒋总司令的命令！"

这时，王亚樵的枪响了。被缴了械的警察中，有人惨叫一声，跳到一旁，直甩右手，一把手枪掉到了地上。

原来，温剑刚为防万一，在队伍里暗中安插了一个亲信。此人双手使双枪，百步穿杨。刚才缴械时，只交出了一支枪，另一支枪依旧插在腰里。见人们的注意力都集中到张祥身上去后，他觉得时机已到，就抽出了第二支枪。

保持高度警惕的王亚樵早就注意到他，在他抽出枪时，一枪击中他握枪的手掌。

枪声划破了黑夜的宁静，一队巡逻的宪兵边叫喊"有情况！"边跑过来。

"九哥，快走！不然来不及了。"

"不行，我不能一个人逃走。"

"没有事，你走了后，这帮家伙在我们这，他们不敢开枪。"

王亚樵收起枪，说："我先走一步，明天再见。"说完，攀上后面的墙头，跑了。

跑离了洪武街，王亚樵直奔陈铭枢家。为了不惊动别人，他也是攀上院墙，跳进陈铭枢家的院子里。

天亮后，王亚樵从花木丛里钻出，来到陈铭枢的卧室，说："果然如你所言，蒋介石对我动手了。"

"老兄，你太大意了，怎么敢当着那么多人的面，与总司令唱对台戏，他必定怀疑你亲共，不会放过你的。"

王亚樵说："我是同盟会员，信奉中山先生的三民主义，蒋中正既为革命领袖，理应支持我之言行。他欲加害于我，乃反对革命嘴脸之大暴露，对此倒行逆施之人，我何惧哉。大不了鱼死网破，从而黑白分明。"

几天后，陈铭枢费了很大的周折，把王亚樵秘密送往上海。从此，王亚樵与蒋介石势不两立，先后组织了五次刺杀蒋介石的英雄壮举。

王亚樵逃离南京至上海后，一面继续主持"安徽旅沪劳工工会"，一面寻找机会，刺杀蒋介石。

这一年的夏天，是个火热的夏天，王亚樵手下得力干将宣济民三次从沪去宁，利用各种渠道，寻找蒋介石的身影。他对蒋介石的驻地进行了多次观察，并把那一带的地形画出草图，带到上海，与王亚樵研究刺杀方案。

他们先后设计了半路截车、凌晨4时翻墙进入后花园埋伏和集会会场引爆炸弹等三种方式刺死蒋介石。

1927年8月12日是个细雨纷飞的日子，王亚樵、宣济民一行悄悄地登上开往南京的火车。在细雨梦回的恼人秋意中，王亚樵反复思索着这次行动的每个细节。他已计划好，13日这一天将在蒋介石回官邸的必经之路上守候，若不奏效，再行第二套方案。

谁知，此时的蒋介石已四面楚歌，在王亚樵从上海来南京时，他却带着陈布雷等人从南京去了上海。蒙蒙的细雨之中，两列火车失之交臂。

第二天早晨，茶房送来了当日的《申报》，王亚樵被上面赫然醒目的标题给震惊了《回天无力　蒋中正宣告辞职》。在同一版报纸上，还刊登了蒋介石的《辞职宣言》。

尽管蒋介石的下野只不过是为了以退为进，为的是进一步夺取更大的权力，但是王亚樵的观点却改变了。

宣济民说："我们马上杀回上海，乘着蒋光头众叛亲离之时，杀了他。"

王亚樵放下报纸，说："兵法云：穷寇勿追。既然他已下台，穷途末路，我王亚樵轻而易举杀了他，天下人岂不笑话我乘人之危？算了算了，且放过他吧，我的枪口不会对准无保卫自己能力的人。"

几个人在南京小住几日，游了玄武湖、秦淮河、燕子矶，疲疲沓沓地回到了上海。

蒋介石下野后，在上海、溪口各住了一段时间，并进行频繁的活动。

9月29日，蒋介石携带张群、宋子文、宋美龄及副官孟超然等人一起离开上海去日本。

这次在日本，蒋介石主要干了以下几件事：

第一件事：研究日本国情及对华政策。

第二件事：取得日本政府的支持，以助他重新上台。

第三件事：征得宋太夫人同意，要和宋美龄结婚。

一个多月的活动，蒋介石基本达到目的。11月8日，他离开日本回国。

1928年2月4日，国民党二届四中全会召开，会议主要决定：恢复蒋介石国民革命军总司令职，改组国民党中央委员会。改组国民政府、改组国民党中央委员会、改组军事委员会，以蒋介石兼任国民党中央政治会议主席和军事委员会主席。

党权和军权重新落入了蒋介石之手。

蒋介石在重新上台的过程中，1927年12月1日，在上海与宋美龄正式结婚。可以说，蒋介石是以"双丰收"重新上台的。正如美国人罗比·尤思森在《宋氏三姐妹》中所说："蒋介石同宋美龄结婚，为他带来了无法估量的利益，因为这使他成为国民党先圣孙中山先生（庆龄丈夫）死后的连襟，大银行家宋子文的妹夫，以及中国最伟大的圣人孔子著名的后裔孔祥熙先生（蔼龄丈夫）的连襟。"

就在1928年2月的国民党二届四中全会上，盘踞在安徽的原北洋军阀干将陈调元除仍任国民政府委员外，还被选为军事委员会委员。

同时，蒋介石还任命陈调元为第一集团军第二纵队（后改第二军团）总指挥，准备北伐。陈调元所部第三十七军不久即由安庆启拔，开赴徐州前线，并辖第十七军、二十六军。

此时，正值国民政府令安徽省政府改组之际，陈调元等十一人为安徽省政府委员，并指定陈为省政府主席。3月25日，陈由安庆到南京，对大中社记者谈话，略谓："今晚专晤蒋总司令，面商北伐机宜。"

陈调元任省府主席期间，曾公布过一个"禁烟条例"，并由政府设立"禁烟局"，设在安庆市西门外柴家巷口。时人称禁烟局为"进烟局"，这是陈调元搜刮安徽民脂民膏的得力机构。

随着"禁烟局"的设立，景记土膏行与特业公会也应运而生。

当时，安庆市"土膏店"约有六七家。"禁烟局"借口各家分散，不好控制，必须有一家土膏店统一担负代售业务。于是，陈调元就物色了韩景琦，发照给他开设独一无二的"景记土膏行"，附设在韩独资开的开顺粮食棉花行内，由韩的心腹何土顺管理账目。

同时，禁烟局又叫各家土膏店成立行业性的特业公会，由韩景琦担任会长。为了提高韩的身份，便于在各机关往来，又聘请韩任禁烟局顾问、省政府咨议。各土膏行老板对他是言听计从。

禁烟局的公务人员,特别是军警侦缉队队长谢介孚手下的军警人员,也都搞鸦片烟投机买卖。他们每次夹带的私土总是交给"景记土膏行"代售。当时,稽查处还演出了一出"禁烟"的闹剧。他们煞有介事地当众焚烟,其实焚毁的烟土只是假货,真正的烟土早交给"景记土膏行"以客货卖给各"土膏店"了。

陈调元在搜刮民脂民膏方面,是行家里手,给安徽人民带来了很大的灾难。为筹集军费,他巧立名目,在安徽省推行"米照捐"。安庆、芜湖、怀远、蚌埠等地的人民纷纷起来反对。

5月份,皖省公民请愿团赴南京监察院控告陈调元:"违抗中央裁厘命令,苛征捐税,枪杀人命;擅开烟禁,勒税自肥;玩匪纵兵掠劫等祸皖事实,请依法弹劾。"

陈调元的祸国殃民,令王亚樵等人十分愤慨,安徽旅沪同乡会立刻在上海集会表示声援。

鉴于蒋介石又重新上台,陈调元等人祸皖严重,王亚樵决心继续反蒋。为打击蒋介石的气焰,王亚樵把第一个目标定在了陈调元身上。因为,陈调元主持皖政,为非作歹,杀之可为安徽父老乡亲除一仇人,同时,陈已成为蒋介石的得力干将,杀之无疑重赏蒋介石一耳光。

在声援家乡人民反对"米照捐"时,王亚樵就开始着手这方面的准备。

当时,北方尚未平定,陈调元正挥兵北上。

1928年4月中旬,陈部经封邱、吐丝口、锦阳关向胶济铁路明水车站挺进。到6月2日,陈调元率部占领沧州。7日迫近天津城郊,8日占领北京。

1928年5月15日,南京政府宣布"统一告成"。6月蒋介石任命陈调元为国民党北平政治分会委员。从此,陈调元常常来往于北平、安庆、南京之间。

当战争尚在继续时,王亚樵找不到机会接近陈调元。因为陈手握重兵,出入戒备森严。战争结束后,王亚樵觉得机会来了。

8月27日,虽已过了立秋季节,但处在"锅底"的南京城却依然热得像个火炉。就在这天傍晚,一阵枪响把已成为首都的石头城搅得沸沸扬扬。

这天下午6时半,国民政府建设委员会委员长兼安徽省建设厅厅长张秋白在梅溪山庄住所被枪杀。

张秋白是安徽安庆高河埠人,早年参加同盟会。在后来的日子里,成为活跃政坛的一名政客。当初，王亚樵曾与张有过工作关系。

张秋白为人狡猾，善于见风使舵，一见到上司或是地位高的人，总是发出莫名其妙的笑声，令王亚樵十分不喜。后来，张秋白因在同乡中散布王亚樵的谣言，而为王所鄙视。王警告张说："以后请你务必要与我保持一里路的距离，不然若是见面，定揍不饶。"

王亚樵说到做到，张秋白是知道的，所以，每次外出都十分小心。但令张秋白难堪的时刻还是出现了。

一天，王亚樵从宝昌路宝康里走出，适遇张秋白从宝康里口人行道上走来。张躲避不及，只好硬着头皮往前走，并又堆出固有的一副谄笑同王亚樵打招呼。

王亚樵破口大骂："混账东西，竟敢跟我走在一条路上！"说着举起拐杖打将过去，张秋白连呼："九爷留情，九爷留情！"抱头鼠窜。

蒋介石下台又上台后，张秋白积极活动，终于捞到一个全国建设委员会委员长的职位。但当时全国都忙于战争，哪有什么建设可言，所以，此职甚虚。陈调元任安徽省主席后，张秋白极力讨好他，所以又兼任了安徽省的建设厅厅长。

这厅长虽没有委员长好听，但能具体管着安徽省的水利工程，所以油水巨大。张秋白得此肥缺，就常常邀请陈调元。几乎每一次来南京，陈都要去梅溪山庄做客。

8月26日，陈调元又来到了南京。

潜伏在南京的宣济民立刻电告在上海的王亚樵。

"水果已运到，怎么出手？"

王亚樵接到电报，立刻从上海赶到南京。

当晚，王亚樵与宣济民、吴鸿泰、王干廷、牛安如、刘德才五人在鸡鸣山下的一座秘密房子里研究起对策来。

"陈调元此次来，张秋白一定会宴请他，乘这个机会，我们能够干掉陈。"宣济民说。

刘德才说："张秋白也不是好东西，我们一并除掉。"

王亚樵点了点头。

"怎么接近他们呢？"吴鸿泰说。

王亚樵默默地从怀里掏出一张纸，展开。众人一看，上面写着："安徽水利图。"

"我们就说是留学归来人员，特来向张厅长奉献'安徽水利图'。"

"妙！当图展开完了，露出一把匕首。"

"不，是手枪。"

"好一个图穷手枪见。"

"我们有荆轲的豪情，但干得肯定比荆轲漂亮。"

王亚樵摆摆手，众人停了下来。

"现在关键是，陈调元这次到底会不会去梅溪山庄做客，什么时间去做客。"

"大哥放心，明天上午我一定去打听清楚。"

第二天中午，大家又来到鸡鸣山下，宣济民说："我打听清楚了。今天晚上6点，陈调元去梅溪山庄做客。"

王亚樵等人立刻准备起来。

首先，他们派牛安如装扮成算卦先生，下午5点钟到梅溪山庄门前，看陈调元的车子会不会去。其次，宣济民、吴鸿泰两人上街剃头修面，然后一人换上一套高级西服，而王干廷、刘德才两人则找来两辆人力车，扮作人力车夫。王亚樵则带领在南京的其他弟兄，在各关键路口埋伏，作为总接应。

下午6点整，两辆人力车不紧不慢地来到梅溪山庄门口停下，两个风度翩翩的年轻人一前一后，从车上走下来，他们就是扮作留学生的宣济民、吴鸿泰。

旁边的算卦先生牛安如立刻走上去，"二位先生，眉梢带喜，何不算上一卦？"

"去去，我们不信这一套。"

"好大的脾气？刚才坐轿车进去的也不像你们这样。"

到此时，宣、吴二人已明白，陈调元的汽车已进去过了。

二人交换了一下眼色，不紧不慢地往大门走去。

守门的佣人挡住后，宣、吴二人分别掏出名片，说明来意。佣人说："厅长大人今晚有客人，说好了不会客。"

"我们是特来求见的，你看，这是我们带来的图。"

宣济民说着打开一个精致的手提箱，拿出了那张图。

吴鸿泰从身上拿出两张大钞票，说："我们大老远来，挺紧的，能不能请把我们带到里面找个地方先坐一会，喝点茶，待客人走了，我们再去见厅座大人。"

佣人见了钱，立刻客气起来，把他们带到了里面。

"大人正在客厅待客，你们到书房坐吧。"

走过客厅时，佣人这么对宣济民和吴鸿泰说。宣、吴经过客厅时，听见里面有人在喧哗。

到书房坐定，佣人献上茶，就走了。宣济民和吴鸿泰等佣人走远后，立刻提着公文包走向客厅。

进了客厅门，两人同时拔出了枪。

"张秋白、陈调元，你们死期到了。"

一阵扫射，张秋白和一个军官当即被打倒在地。

其余几个人战战惊惊，都钻到了桌子底下。

"不对，"宣济民说，"这家伙只是个校官，不是将军，不是陈调元。"

吴鸿泰走近一看，果然，死去的军官是中校军衔。他马上从桌子下面拖出一个人，用枪点着他的脑袋，问："陈调元呢？"

"没……没来！"

"不说真话，老子毙了你。"

"小的不敢。陈长官今晚因何应钦部长前去拜访，所以派他的副官来了。"

此时，外面喧哗起来。

宣济民说："走。"两人飞快跑出了梅溪山庄。

王干廷，刘德才早已把人力车扔下，与牛安如一起，按照原定的路线逃跑了。

在王亚樵的策应下，五位杀手安全地撤出梅溪山庄。半路上，宣济民、吴鸿泰两人换下西服，穿上长衫，分头奔往下关车站。

此时，南京街上警笛刺耳，警察与宪兵到处搜查。

天全黑后，宣济民等人来到了下关车站。车票是早已买好的，所以，他们都顺利地进入了候车室。

但是，在检票时，出现了麻烦。

由于人多拥挤，在人群中的牛安如被挤到检票口时，稳不住自己，腰间的手枪碰到检票口的铁栅栏上。旁边的警察听到响声，马上问："腰上带的是什么？"

牛安如一慌，连忙就要取枪射击，但警察快了一步，抢先抵在他胸前扣动了扳机。

牛安如倒在栅栏上，人群更是乱了。

"都别走，这里有刺客。"警察想拦住四散的人，但人如潮水，根本拦不住。

宣济民等四人无心恋战，趁着混乱的人群，很快逃出了车站。

再说牛安如被击中一枪后，身负重伤，倒在铁栅栏上。人群散去后，有两个警察走上来，要抓活的，牛安如忍着剧痛，拔出枪，射中一个警察，然后对着自己的脑袋开了一枪。

三天后，王亚樵派人偷回了牛安如的尸首，在栖棉山买了一块地葬下。同时，他还让人送给牛安如的妻子五千块钱，以供安排生活。

刺杀张秋白是王亚樵频频刺杀蒋介石和蒋氏集团成员的序幕。

更加惊心动魄的故事在20年代末、30年代初的中国大地上开始了。

8
一山二虎：王亚樵和杜月笙

1928年，一部分国民党人在上海组织了中国国民党改组同志会。这是一个以恢复国民党1924年改组精神为政治纲领的秘密组织，实际上是汪精卫用来与蒋介石争权夺利的政治集团。

改组派在上海的领导人是王乐平，他与王亚樵、常恒芳等人多方联系，积极策划，拿出了一个三路讨蒋的方案，即以在安徽省任主席的方振武的一个师为第一路，以石友三驻在浦口的部队为第二路，以彭建国驻常州的独立旅为第三路，另外在上海组织民军牵制蒋介石的兵力。

1929年，全国反蒋的空气日益浓厚，冯玉祥、阎锡山、李宗仁分别在南北酝酿策动。为了联系更多的人反蒋，方振武又给西北回族师长马鸿奎写了一封亲笔信，要他一起起来反蒋，但马鸿奎却拿着这封信去见蒋介石。

9月中旬，蒋介石以开会为名，把方振武骗到南京，软禁了起来。

在三路军讨蒋的过程中，王亚樵台前幕后十分活跃，但尚未引起蒋介石的太大注意。因为和有些人相比，王亚樵当时算是"名微而众寡"。蒋介石最感到为心腹大患的，是老同盟会员王乐平。

"布衣将军"冯玉祥

1930年2月中旬的一天下午,王乐平在上海霞飞路霞飞坊寓所被害。

王乐平是改组派在上海的领导人,是反蒋骁将,与王亚樵私交甚好,他的被害令王亚樵痛苦万分。

经过一个星期的明察暗访,王亚樵终于探明,这一切都与新任上海招商局总办赵铁桥有关。

当初改组派刚成立时,身为国民党员的政客赵铁桥也参加了进来。但不久,他私下就叛变投蒋。1929年"三路军讨蒋"的秘密就是他出卖给蒋介石的。

由于赵铁桥的告密,致使余立奎等在方振武被扣后,很快被蒋军包围。赵铁桥受到蒋介石的青睐。为了进一步求得蒋介石的宠信,他积极探寻王乐平在上海活动的踪迹。1930年2月18日上午,当他得知王乐平当天下午要在霞飞路寓所会见阎锡山代表时,立刻向蒋介石告密。

当天下午,赵铁桥亲引数十名特务包围王乐平寓所,将王及同伴二人打死。

此举令蒋介石更加高兴,于是蒋任命赵铁桥为上海招商局总办。

王乐平被害后,王亚樵等人悲痛欲绝,恨不得抓住赵铁桥剥其皮剔其骨。

王亚樵在悼念王乐平的大会上,对老友常恒芳说:"中国的事情难办,上有奸雄弄权,下有小人献媚,有人为权不择手段,有人为官不吝人命。赵铁桥不死,我喝酒如饮血,吃饭如吃蛆。"

会议过后,王亚樵立刻派出手下四处活动,并积极准备一些必要的措施,全力以赴忙着暗杀赵铁桥。这时,却出现了意外情况,有一个人找上门来,主动提出花钱请王亚樵动手,除掉赵铁桥。

原来,赵铁桥顶了招商局长这个肥缺,损害了中国轮船招商总局董事长李国杰的利益,李国杰决心除掉他,以解心头之恨。

李国杰,字伟侯,安徽合肥人,民国初年,他可是个大头大脸的人。单从身世上看,他是李鸿章的长孙、民国内阁一任总理张之洞的侄孙女婿。

小时候,李国杰过继给了李鸿章的四弟李昭庆。李昭庆曾为慈禧太后所宠爱,李鸿章惧祸,逼其服毒而死。

慈禧太后于震悼之下,赐御祭二坊,并加重抚恤他的后代。

李国杰是李昭庆过继的孙子,十二岁便授为二等侍卫,幼小的时候,常出入清宫,慈禧太后曾为他点过面花,后来又命光绪帝收其为义子。二十二岁,特旨授为广东都统。二十八岁时,任驻比利时国公使。

光绪三十四年,光绪帝驾崩,出殡时,李国杰在棺材前头为骑顶马,因胯下是一匹白马,故人称白马将军。当时,原任两江总督端方,因侵犯仪仗队,被李国杰弹劾革职停用。其当年威势,可见一斑。

1910年,李国杰出使比利时王国。不久,辛亥革命爆发,他惶惶不可终日,吓得不敢回国。很快,辛亥革命的果实被袁世凯窃取,李国杰大喜,急忙给袁发了一个电报。

袁世凯早年受李鸿章提拔栽培,恩如泰山,得势之后,自然不忘旧恩,一个电报将李鸿章的长孙、正在国外惊魂甫定的李国杰召回,使这位前清皇帝的干儿子,摇身一变当上了参政院的参政,不久又成为参议员。

上海轮船招商局(简称招商局),创始于清光绪年间,由大买办盛宣怀发起,集资开办,当时,资金为一百万吊制钱。其中,有八十万吊,是盛宣怀个人拿出。开办后,盛在这八十万吊资金中,提出三十万吊送给李鸿章,作为投资的股金。这样,李鸿章便成了招商局的股东之一。

李鸿章死后,这份财产,落入李国杰之手,于是李国杰便成了招商局的股东。

招商局的制度,在国民党政权以前,业务采取总办制,另外成立一个董事会,代表股东权益。总办由董事会推选产生。在过去很长时期,招商局的总办,都是由盛宣怀的子孙担任,即使有个别不是盛家的子孙,也是和盛家有关系的人。至于李国杰,平时住在北京,只能在董事会里担任一名董事。

1924年,西北军冯玉祥率兵推翻了曹锟的贿选政府,驱逐溥仪出宫,李国杰见北京不好容身,遂携带家眷财产南下上海。因其祖业厚实,祖父辈桃李遍布,因而后台俯拾皆是。不久,李国杰就混上了轮船招商局董事长的宝座。轮船招商局本来就是李鸿章兴起"洋务运动"之产物,如今李门后人执掌这个门面,于理似乎也说得过去。

但国民党在南京建立政权以后,对盛宣怀的官僚资本进行了清算。招商局改为国营,总办改为总经理,由政府派任,招商局的用人行政和经营业务,统由总经理负责,董事会也就有名无实。

李国杰虽然干了几年董事长,但在他的地位陡然下降后,心里十分不满足。

当赵铁桥当了招商局长后,李国杰更觉日子难过。因为,赵因出卖王乐平有功,当时正在受宠。而且,此人数年留洋海外,见多识广,开办洋务颇为精通。同时,在贪污攒私上面,赵铁桥也不是初出茅庐的新手,其胃口之大,手段之狠,都远远超出李国杰。如果说其他人当总经理吃肥肉,李国杰能啃骨头的话,此时,李国杰连汤都难以喝上。

眼看招商局就要成为姓赵的了,李国杰不愿坐而待毙,他想:我堂堂李氏家族,虽不是皇亲国戚,却也是举世闻名,岂能容你小小的赵铁桥玩于股掌之间?

于是,李国杰找到了王亚樵。

杀死赵铁桥,本来就已是王亚樵计划内的事情,但因赵铁桥自知作恶多端,唯恐遭人暗算,防备甚严,一时下不了手。但是,要赵铁桥的命是铁定了的,是任何人也无法改变的事。赵毕竟不能比蒋介石、陈调元之辈,他的死,只是一个时间的问题。

正在紧锣密鼓地探寻赵铁桥的踪迹间,李国杰找上门来。他并不知道王亚樵对赵铁桥充满刻骨仇恨,他是希望利用同乡关系,再加上金钱的诱惑,买通王亚樵去杀人。

既能报深仇,而又做人情,且还得银子,一箭三雕,何乐而不为?王亚樵不由心中暗喜。但他深知,李国杰这样的家伙,也是十足的祸国殃民之辈,应该让他多出一些血。所以,他假意有些为难,对李国杰说:"人命关天,非同儿戏,不是说杀就杀的,况且,我同赵某人无冤无仇,一时下不了手。"

李国杰说:"你的斧头党不是宣称保护在沪皖人的利益吗?"

"不错,我是保护在沪皖人利益。但是,我们这些皖人平日里都紧紧地凝聚在一起,一人有难,八方支援,有钱出钱,有力出力,说穿了,是自己保护自己。而你呢?平时我们大家有难你跑到哪里去了。"

"以前,我只是闻你名,而不识你人,早就想与你结识,只是一直无缘。今天,我就是黄浦江码头上的一个码头工,挨别人欺负了,特来找你帮忙的。再说,你与国风(即李少川,李国杰堂弟)相处甚厚,无论于公于私,这忙你都得帮吧?"

王亚樵作了一会沉思状,说:"忙是要帮的,可这人命关天的事,我怎么能草率行事?"

李国杰说:"亚樵兄这是跟我来架子了,在上海滩,你办这点小事,还不跟踩死个蚂蚁一样。"

王亚樵笑了笑,说:"你不能听外面的人传,杀个人,真那么容易?再说回来,姓赵的好歹也是政府委派的官员,不同于一般角色。常言说杀人要偿命,我就算是不偿命,也得把人耳目堵住。咱们明人不说暗话,办事是需这东西的。"说完,他摸出一枚银元,扬手抛出。银元稳稳地射进门外院中的梧桐树干上。

李国杰看到王亚樵的这个动作,明白了王亚樵的意思。他心中暗想:什么不是一般角色,堂堂的淞沪警察厅厅长你还不是说杀就杀了?想到这里,他心一横,牙一咬,说:"亚樵兄缺钱,说一声,先给一千元,今晚我就派人送来。"

王亚樵冷笑一声,说:"要是杀一头猪,一千元足够了。实话告诉你,我的弟兄们一天喝茶,也是千把块钱。也不睁开你的眼睛看看你面前的是什么人,一千块钱就要从王亚樵手里买一条命,王亚樵还能在上海滩混吗?"说完,起身就要往里面走。

李国杰虽然腰缠万贯,但是,却极其吝啬,平时花一分钱都想掰作两半使用。一千块钱对他来说已是要割他的肉了，可王亚樵竟嫌少，只得再一次狠心，说："一千二！"

王亚樵说："有人说李老板一块铜板夹在屁眼沟里，十八门榴弹炮都撬不下来，果然名不虚传。我看你是见大利不争，见小利忘命。留着赵铁桥占着位子，你一年要少挣多少？杀了赵铁桥，你一年又要多挣多少？"

李国杰说："我只是想出口气。你想，你杀了赵铁桥，还会有陈铁桥、宋铁桥来，招商局总办我还是当不了，我到哪里去挣钱？"

"这倒也是。再来个陈铁桥，你还当不上总办，但他至少得看你眼色行事，不然，你还灭他。而且要是我再帮你活动，由你出任总办，招商局的天下是你的，你一年又要多进多少？"

"这——？"

"我出个价，二万块一个子也不能少。不然，你另请高明。"

李国杰如同当胸被人捅了一刀，二万大洋他有，可让他拿出来无异于剥他的皮，抽他的血，他觉得自己要死了。

过了好一会，他还面似紫猪肝样地看着王亚樵，狠狠地说："好你个王老九，我东抠西拽弄几个钱，还挨了那么多的骂，你倒好，张嘴跟放屁似的，开口就是二万，你也太黑了！"

王亚樵豪爽地大笑起来，"李国杰，这是你自己找上门来。我再黑，除的总是恶人，再说，从你这样的吸血鬼身上敲两个钱，阎王都解气。你回去再想想，行，先交钱后交人头，不行，就当没这回事。"

李国杰回家后，苦苦想了三天。第四天，派人送来了一万元现洋，欠下的部分，待事成之后，他当了招商局总办后，用"江安"号轮船抵押。

王亚樵听后大喜。进行革命，当有武装；混迹上海，当有交通之便。"江安"轮半新不旧，虽官价不过几千元，而非官方你万金难购，如今李国杰以此作抵押，意在拿官物充私款。管他是非与否，"江安"号轮姓王就行。其实，这个世界上，哪里又有是与非呢？

王亚樵很快派人通知李国杰，同意以"江安"号作为抵押，让他耐心等待，不出十天，定叫赵铁桥人头落地。

当时，因刺杀张秋白之事已被特务侦知系王亚樵所为，所以不少特务涌进上海滩，决心擒拿王亚樵。

王亚樵刺杀的上海招商局总办赵铁桥

而杀赵铁桥的决心下定后,王亚樵即不顾个人安危,坚持不离开上海,指派手下人混迹于各地,侦查赵铁桥的行踪。

1930年7月24日早晨8点多钟,赵铁桥夹着皮包到招商局来上班。此日系赵外出半月后归来,因谈生意十分顺利,故心情十分舒畅,防卫的事就略有松懈。

当赵铁桥从汽车上下来时,装扮成小贩守在招商局门前的王干廷、夏绍恩、费祥元等四人急步上前,对准赵铁桥连开数枪,赵铁桥应声倒下,顿时血流如注。

这时,又一辆汽车驶来。这是赵铁桥的四个保镖的座车,他们迟了半分钟。王干廷和夏绍恩一人掏出一颗烟幕弹扔出去,四个杀手干净利索地逃离了现场。

王亚樵刺杀赵铁桥得手后,在上海滩又一次掀起轰动,国民党委派在沪的高级官员人人自危,军警四处侦破凶手,终于不得要领。但是,黑白道自

民国上海黑帮老大三巨头合影，杜月笙、张啸林、黄金荣

有相通之处，事发当天，几位在上海滩叱咤风云的流氓大亨互通信息，大家好生纳闷。

赵铁桥之死，既非黄金荣所为，也与杜月笙无关，张啸林更是表示不知道。那么，是谁吃了豹子胆，如此捋虎须呢？

掰着指头算下去，也只能是王亚樵了。

二三十年代，上海滩三大亨勾结得是很紧的，一般外省人想在上海滩占个码头，不在这几位门下叫爷叫爹，不把银子上足，不把马屁拍热，是万万做不到的。

唯独王亚樵，天马行空，独往独来。当年千把利斧砍开上海滩的一块立身之地，在这几个人的面前连眼皮也不抬一下，居然风吹不倒雨打不散地站住了，而且站得很稳。

几年下来，王亚樵在外面的世界翻腾过许多次，当过旅长、当过别动队司令、当过宣抚使、当过国民大会代表。管他当什么，这几位大亨都高兴，因为只要他不在上海碍事，就比什么都好。谁知这几位大亨刚刚松了一口气，那位先生却一事无成又重新回上海滩争霸来了，一来，又大开杀戒，不断制造新闻。

三大亨已经看清了，王亚樵不是一只软翅的鸟，也不能不在暗中惊叹王亚樵的胆量和能量。对付王亚樵，他们有一个心照不宣的原则，不与之交往，也不惹他。

黄金荣曾经对其门徒说："王老九这个人很讨厌，素来吃软不吃硬，碰上了给个方便大家相安无事，切莫在他面前惹事生非。咱们在明处，他在暗处，君子咱不怕，毛贼咱不惹。"

杜月笙也说："王亚樵是穷光蛋，惹了事一拍屁股拔腿就走，咱们可是有家有当，惹了他，今日放你一把火，明天杀你一个人，是很划不来的。"

尽管就势力而言，王亚樵无法与这几位流氓泰斗抗衡，但用王亚樵的话说："死猪不怕开水烫，娇黛玉就怕粗焦大。"

因此，黄金荣等人对王亚樵，能躲就躲，躲不了就让，让不了就赔笑，就拿银子笼络。

但事情奇怪得很，怕有事偏有事，躲不了也让不了。

王亚樵派人刺杀赵铁桥，虽然出于本意是为王乐平等人报仇，但外面还有一层，就是"受人钱财，与人消灾"。问题是李国杰给钱不够，还有一艘"江安"轮船漂在海上。

王亚樵刺杀掉赵铁桥后，又找到交通部王伯群，请他出面推荐，使李国杰担任了招商局总办重新掌了招商局的大权。不知是疏忽大意，还是要故意挑起鹬蚌相争，自己在一旁坐收渔人之利，这艘船李国杰早在托王杀赵之前就许诺给了张啸林。王亚樵万万没有想到，李国杰竟导演了一出新的《凤仪亭》。

赵铁桥尸骨未冷，王亚樵派人去码头接管"江安"号，谁知，该船已经启封，从船长到水手都换成了杜月笙和张啸林的人，担任经理的是杜月笙的徒弟、张啸林的侄儿张延龄。张啸林等之所以要霸这艘轮船，是为了和杜月笙的大达轮船公司联合，做走私生意。

王亚樵请的经理是福建人卓志城，有二十多年的航行经验。当他跟着王亚樵的助手赵士发去接船时，看到了一场血肉横飞的争斗。

赵士发等人上了船，对船上的人说："我们是来接船的。"

张延龄闻声走了出来，"接船，接什么船？"

"李总办将江安轮作价一万大洋卖给了我们九爷，有契约在此。"说完，便将李国杰亲笔签下的字据递给了张延龄。

谁知张延龄接过字据，看也不看一眼，三下五除二撕碎扔进了水里，傲慢地说："我管你什么鸡巴九爷十爷的，老子只认杜爷张爷。李国杰私卖官船，被张爷接住把柄，要告到庐山蒋主席那里。这条船，是姓李的送给张爷堵嘴的。你们这群合肥土包子不知天高地厚，跑这儿撒野，莫非想找打？"

赵士发一见张延龄态度蛮横，而且把字据撕碎，不禁怒火中烧，大骂道："操你妈张延龄，不把字据捞出来给我粘上，老子斧头不饶你。"说完，向随身十几名弟兄一挥手，从腰间擎出一把小斧头，举过头顶向张延龄扑去。

张延龄原是行伍出身，在上海码头混过几年，又自恃有杜月笙、张啸林双重后台，哪里把赵士发放在眼里，于是，也从容指挥部下迎战。

双方你冲我杀，刀砍斧劈，银光闪烁，血肉横飞。张延龄的船上有四十余人，赵士发人少招架不住，当时被砍伤几个。为了不吃眼前亏，他急令收兵。

赵士发的肩上，被捅了一刀，浑身是血跑回去向王亚樵报告接船被殴的经过。王亚樵雷霆震怒。

此时，斧头党虽然分散几年，人处各地，但自王亚樵来后，又联络了许多皖籍工人和勇武之士。

当下，王亚樵将人聚集起来，共五百余人，虽然不是全有利斧，倒也是有枪的拿枪，有刀的拿刀。王亚樵站在高处对众人说："想当年皖人抱成一团，提斧头杀得上海滩的瘪三们屁都夹着放。几年来，我们东奔西走，却让乌合之众寻衅斗殴伤我兄弟，真是可忍孰不可忍。借今日之机，我皖人要重新联盟，我王亚樵要与同乡兄弟同生同死，绝不让沪土瘪三称王称霸。今天武力接管'江安'号，权作斧头党复兴誓师，有胆量的跟我去见见世面去。"

众人齐声呐喊："跟九爷走，打烂杜月笙的狗头！"

王亚樵振臂一挥，五百余人如潮涌动，又是杀声连天，刀光剑影与日争辉，其阵势比当年斧头党初次出动更加撼天动地。

消息很快传到杜月笙的耳朵里。杜月笙闻悉"斧头党"又卷土重来，大惊失色，不由倒吸一口冷气，击掌而叹："造孽呀造孽，张延龄无知，又惹这祸害出笼，不知要酿成何等后果。"

事不宜迟，杜月笙立刻派人飞报张啸林，请其前来商议对策。

张啸林闻报，也是连连叫苦，立刻来到隔壁的杜公馆。二人未及寒暄，急忙商讨对策。

当时，黄金荣、杜月笙、张啸林因在"四·一二"反革命政变中积极帮助蒋介石，蒋给他们都加封了少将参议的头衔，俨然政府官员，如派人与王亚樵械斗，恐声势造大，难以收场。

张啸林提议，"以暗杀对暗杀，先与王亚樵言和，暂作缓兵之计，然后派人将王杀掉。"

"老弟，言和可以。"杜月笙老谋深算地说，"暗杀万万使不得，王老九门徒众多，心狠手辣，倘杀他不成，他必加恨，你我更不知横祸何时飞来。你算算看，王老九都杀过谁，徐国梁是警察厅长，张秋白、赵铁桥也都是党国要员，你敢动过谁？干掉的都是街头混混，最大的不过是汪寿华，可他是共产党，老蒋支持我们干的。"

停了一会，杜月笙又说："这笔账应该这样算：让他一步，多个朋友，而且是强硬的朋友；与他争斗，多个对手，而且是个凶狠的对手。不就是一条船吗？值多少钱？一反一正，差之甚远。我的意思，吃个闷亏，让他一步，借此机会，与他套套近乎。他得了好处，必然对我们好感，如此，往后不知要少多少麻烦。"

张啸林点点头，"就这样吧，先让他姓王的一步。不过，将来有了机会，我绝不饶他。"

王亚樵带领五百多人，一路浩浩荡荡杀向黄浦码头。张延龄早已望风而逃，喝令水手将船开到江心。王亚樵等人在岸上列好阵势，向江中喊话，令张延龄率船靠岸，否则小命不保。

众人嚷嚷间，一辆小汽车开来停下。

杜月笙身着长袍马褂钻出汽车，满脸含笑，从容不迫地走向王亚樵的队伍，边走边问："哪位是九爷亚樵先生？"

杜月笙的身后,除两名保镖远远地跟着以外,再也没有其他门徒。他的从容和笑脸当真把皖人队伍震住了。

王亚樵远远地看得真切,向队伍又挥了挥手,平息了喊声,迎了过去,说:"我就是王亚樵,敢问来人可是杜爷月笙先生?"

杜月笙双手抱拳:"鄙人正是杜月笙,王先生,打扰了。"他又往前走了几步,在距王亚樵四五步远的地方停下,躬身一礼,含笑说:"久闻王先生大名,幸会,幸会。"

王亚樵说:"杜先生不用客气,我闻杜先生大名也是如雷贯耳。但王亚樵做事,先小人后君子。李国杰欠我一笔血债钱,用'江安'号抵押。我今日前来,就是为了接管此船。不知是哪个乌龟王八蛋,竟信口雌黄,占船不予,反而伤我弟兄。若被擒住,定然不饶。"

这话绵里藏针,指桑骂槐,但杜月笙仍然不急不恼,平和地说:"王先生息怒。此事内中还有隐情。怪只怪李国杰这个畜牲,一女二嫁,害你我反目。既是许王先生在先,这船就是王先生的了。你我同在上海谋生,来日方长,大家都不容易,还望互相提携才好。"

王亚樵心中明白杜月笙是什么角色,对他也是厌恶加仇恨。但是,今天杜当着众人的面,说李国杰许船给自己在先,的确是给自己面子了。因为经过了解,李国杰是先许杜月笙、张啸林,然后方许给他王亚樵的。不管怎么说,杜月笙在上海也算是风云人物,跺一跺脚,上海滩十里洋场都会乱抖,能如此这般,的确也是委屈自己了。

斧头党虽然来势凶猛,但在上海滩的地盘并不大,这一点,王亚樵自己十分清楚,真弄僵了,也不是好事。想到这,王亚樵便软下来,说:"其实,一条破船能值几个钱?我王亚樵不过是为争一口气。杜先生如此平易近人,亚樵实为感动。既然先生也需要,这船我就拱手相送。往后,还望杜先生多关照。"

杜月笙连忙说:"岂敢岂敢,这船我是绝意放弃的,亚樵兄不要推辞。不仅如此,月笙还备有薄礼,权向受伤兄弟赔礼道歉。"

他一扬手,一名保镖送过来一只箱子,放在王亚樵面前,单腿跪下,将箱子打开,里面有十几根金条,其余均是现洋。

王亚樵见状,哈哈大笑,说:"杜爷小看亚樵了,我虽然飘流异乡,但视钱财如粪土,受人钱财,与人消灾,不与人消灾,岂能白受人钱财?"

杜月笙正色道："亚樵兄见外了，这点小意思算得了什么？亚樵兄一笑，你我即是朋友，朋友之间，礼尚往来，待我落难，亚樵兄赐我一杯水酒，也就还情了。"

王亚樵仍假意坚辞不受，说："钱虽不多，但无功受禄，分毫有愧，断然不受。"

杜月笙也冷下脸来，说："如此说，亚樵兄是不给面子了？既然拎来，岂有拎回之理，亚樵兄不受，索性扔进江里，你我都全了面子。"

王亚樵又故意沉吟了一会说："也罢。杜先生是上海滩大人物，亚樵自是学生，既然杜先生诚意所赐，我只好收下，给弟兄们做个茶钱。所欠盛情，容图后报。"于是弯腰捧出洋钱，落雪般撒向随行的皖籍门徒，众人雀跃欢呼，皆大欢喜。

杜月笙见了，笑着说："王先生爽快，让杜某大开眼界！我今天有个请求，王先生能否通融一下，我让延龄明日交船？"

"杜先生一言九鼎，当然可以。"

当夜，杜月笙把张延龄叫了去，让他第二日交船。

"师傅，我接过此船后，更新设备和全面维修，投下了一大笔钱，投资还没收回，就把船给王亚樵，这多让人委屈呀！"

"我以后再跟你慢慢说。今晚，你先听我的话，立刻回去，准备交船。记住，船现在是什么样，交出去就得是什么样。"

"师傅，我……"

"少罗嗦，快点去！"杜月笙发火了。

张延龄的眼泪流了出来，但他什么也不能说，只好回到船上，告诉手下人："明日交船！"

经过这一番曲折，王亚樵终于接管了"江安"号轮船。

再说李国杰，本想坐山观斗，却没想到二虎握手言欢，皆大欢喜。他这才认识到，自己的这步棋走臭了，小命危险了。所以，每次外出，他都极为小心。但是，过了一年多，他还是在新闻路寓所被乱枪打死。

关于李国杰的死，有人说是王亚樵所为，有人说是杜月笙所为。由于李是一个小角色，生死无足轻重，上海警察局侦破了一段时间，未有结果，便草草收场。

9
刺杀刺到蒋介石下野

20年代末，中国南方共产党运动轰轰烈烈，使蒋介石心惊肉跳，不遗余力地要将这股赤色的火焰扑灭。当时全国各地反蒋运动屡禁不止，什么改组派、再造派、太子派、西南派、中原派层出不穷，使蒋介石感到危机四伏，风雨飘摇，坐卧不安。

一方面，蒋介石要集中兵力剿共；一方面，他又不得不分出精力来对付西南、西北等地反蒋战线。阵线本来就很空虚，加之连年兴师动众，白花花的银子水一样地流向各个战场，蒋介石常常感到难以运转。军费浩大财政枯竭，扩军备战受到限制。打仗要钱，买通洋人做靠山要钱，暗杀异己要钱，为夫人买首饰要钱，自己买人参护宝回春丸要钱……没完没了，什么都要钱。

可钱在哪里？按部就班的财政收入显然越来越落后于时局了，在窘迫之中，蒋介石不愿让尿憋死，就想出了一个名目，收"米照捐"。所谓的"米照捐"，就是老百姓在交过田税等一切赋税后，在粮米上市时再交一次税，也就是变着法儿进一步搜刮百姓。

不知是有心还是无意，"米照捐"的最初竟在王亚樵的家乡安徽试行。可能

蒋介石与宋美龄

是当时的省长陈调元为了巩固地位,巴结蒋介石,主动承担的。

这次,蒋介石实在选错了地方。当时的安徽省政府,十年之内走马灯似的换了若干任政府主席。安庆的老百姓曾说过一句笑话:省政府大门外要是多了张陌生的面孔,你千万别小瞧了他,说不定他就是新来的省主席。不过,也大叫不必怕他,说不定他明天就卷铺盖走了,主席又换别人。

这话并不刻薄。30年代初,陈调元第二次出任安徽省主席,两年不到,又换上了吴忠信。

吴忠信,字礼卿,别号守坚,合肥北乡罗家冈人,与蒋介石私交甚笃。早在粤军任军职时,他与蒋就结拜为把兄弟。

孙中山去世后,吴忠信追随蒋介石,生活上沆瀣一气。1927年,蒋介石第一次下野,曾寄居吴忠信上海的寓所,如同一家。蒋介石与宋美龄去日本结婚,托吴忠信、张静江处理前妻陈洁如和姚氏安置问题,以一万元送陈赴美留学;另把姚氏安排在苏州,与吴对门而居,由吴负责照料。蒋纬国还拜吴忠信为干爸爸。两家朝夕相处,过往甚密。

在政治方面,吴对蒋忠心耿耿。吴在粤军任职期间,已察知蒋野心大,不能容人。为此,他曾向孙中山表示"此后不愿带兵"。又对蒋表示:"我不带兵,但我坚决拥护你,海枯石烂,矢志不渝。"

此后,吴忠信与蒋相处谨小慎微,察言观色,遵意承旨,决不轻易向蒋推荐干部,以避嫌。但为了蒋的利益,也敢言人之不敢言,是一个经验丰富的老牌政客。

1928年以后,蒋、桂,蒋、汪及西山会议派间斗争激烈,吴忠信为蒋介石当说客,不辞劳苦,风尘仆仆,奔波于桂系及冯玉祥、阎锡山之间,进行协调、斡旋。

出任安徽省政府主席后,吴忠信推行首席县长制,积极实行保甲制度,配合国民党军队对大别山红四方面军围攻。

为了给蒋介石集团筹措经费,吴忠信在蒋介石的授意下,在芜湖、大胜关等产米区试办"米照捐",却没想到遭到了强烈的抵制。

先是西南政务委员肖佛成赶到上海,串联上海反蒋人士,扰乱蒋介石的扩军备战计划。继而,王亚樵令其弟、正在沈钧儒先生门下攻读法学博士的王述樵秘密联络上海大专院校学生戚皖生、洪耀斗等筹备组建"安徽旅沪学会",有组织地向"米照捐"发难。王亚樵则站在该会的幕后,四处联络,敦促安徽反蒋人士给予该会以大力支持。

不久,"安徽旅沪学会"出面召开反"米照捐"大会,邀请柏文蔚、常恒芳、李少川、李次山、高一涵等人参加,发出通电,推选五路代表,分赴南京、庐山、安庆、芜湖、蚌埠请愿,发动安庆米商罢市、米船停运活动。一时间,粮运不通,粮价猛涨。

吴忠信主政无能,只好辞职。蒋介石无奈,只好下令撤销"米照捐"。

"米照捐"被迫停办,扰乱了蒋介石的扩军备战计划。蒋介石获悉是王亚樵一手发动,"安徽旅沪学会"是王亚樵搞起来的反蒋组织,遂明令查封"安徽旅沪学会",密令戴笠缉拿王亚樵。

戴笠,人们都知道他是蒋介石的耳目,是大特务头子。但很少有人知道,他曾是王亚樵的部下,两人后来还拜过把兄弟。他,就是当年的戴春风。

1925年初，戴春风离开王亚樵后，依旧未有着落，只好在杭州及故乡江山一带继续流浪。

人生有许多事是不可预测的，有时命运的转折，只在瞬息之间的一个机遇。

1926年的春末夏初，戴春风在江山县城内的悦来客栈里，与文溪高等小学的同学毛人凤邂逅相遇。老同学十多年不见，今日萍水相逢，都异常激动，互叙别后衷曲。

先是毛人凤谈起自文溪高小分手后，也曾考入杭州省立第一中学求学，毕业后在江山县新塘边嘉湖小学当教员。1925年11月，考进黄埔军校潮州分校，这次是请假回家奔丧，在江山县城小憩一夜等等。

毛人凤说起潮州分校的学习训练生活情况时，眉飞色舞，兴奋异常。

接着，毛人凤问起戴春风的近况，戴长叹一声，连说："惭愧！惭愧！"遂把自己十多年来东游西荡，一事无成，屡遭挫折，前程茫茫的情况简叙一遍。

毛人凤见戴春风心情十分忧郁苦闷，遂劝道："以兄之才，他日前程当不在弟之下，只是未逢其主罢了。当今之世，'革命朝气在黄埔'，兄何不到广东闯荡一番，或者功成名就，也未可知。"

戴春风被毛人凤一语点醒，他跳将起来，满面放光，多年郁积胸中的愤懑、悲观之气一扫而空。他当即决定投考黄埔，重塑前程，成功与否，在此一搏。

辞别毛人凤，戴春风回到家中，立即开始筹措路费。他怕母亲蓝氏劝阻，不敢据实相告，便将此事先与自己的好友柴鹿鸣商议。

柴鹿鸣原名柴万喜，中等身材，粗识文字，系江山县清湖乡路村人。民国初年，任江山县政府保卫团的什长，管辖十多名团丁，驻扎在保安村，与戴氏一族很熟识。柴鹿鸣为人忠厚老实，且颇有侠义心肠。戴春风贫困潦倒、饥寒交迫之时，柴经常接济一些衣食之物，说一些安慰鼓励的言语，这使戴春风十分感激，因而引为知己，两人遂成患难之交。

这次，戴春风又找到柴鹿鸣，感叹地说："柴兄，孔夫子云：三十而立。我今年已经三十岁了，可是一直徘徊乡里，无所作为，浪迹江湖，一事无成。现在，我决心到广东去投考黄埔军校，谋一晋身之阶，唯母亲必定死活不让我出门，我也不想使母亲过分伤心，如此下去，我难道就此老死乡里，一文不名吗？"

柴鹿鸣见戴春风这次决心很大，对前程也深信不疑，受其感染，也决定助其一臂之力。想了想，便说："此事你果真有决心，我有一计，倒也不为难。你只要先做通你太太毛氏的工作，得到她的首肯，暗中预作准备。你就在半夜空手离家，由我到村口给你送行李，先瞒过你母亲。事后，再由我和毛氏向老太太禀明缘由，我想老太太深明大义，终会想通，你看如何？"

戴春风一听大喜，说："瞒天过海，乃三十六计之首，不想老兄亦用得如此之妙。去黄埔的事，我决心已定，就麻烦你给我送行李了。"

戴春风回到家里，向妻子毛氏说明决心赴广东黄埔投考一事，毛氏感其奋发图新之心，不但支持，而且拿出了自己的一支金簪，赠给戴春风权充路费。戴春风接过金簪，心中一阵酸楚，想要说两句感激报答之语，终觉苍白无力，没有说出口。

当日深夜，柴鹿鸣拿着行李在保安村口接应，戴春风告别毛氏，吻别爱子，来与柴鹿鸣会齐。

临别时，柴鹿鸣再三叮嘱，说："孟子曰：天将降大任于斯人也，必先苦其心志，劳其筋骨，饿其体肤，空乏其身，行拂乱其所为，所以动心忍性，增益其所不能。春风老弟此次到广东进了黄埔，切切要牢记孟老夫子的这段教诲，一定沉下身子，学业有成，切莫再像过去一样，回家来又是两手空空。"

戴春风听了柴鹿鸣的话，极为感动。他坚定地回答说："孟老夫子的教诲，我已经背得滚瓜烂熟。我这次考黄埔，要改名叫戴笠。这名字取自《风土记》，言交不以贵贱而渝也。我如果再不闯点颜色出来，今后也没有面孔再见到你，也决不再回到江山县来。你对我的恩情，可以说胜过我的妻子和母亲，我永远不会忘记。今后如有出头之日，定必图报。"说完，接过行李，掉头就走。

行不数步，戴春风又转过身来，向柴鹿鸣鞠了一躬，口中说道："柴兄，青山不老，绿水长流，他日相逢，必当厚报。"说完，扬长而去。

从此，戴春风改名为戴笠，字雨农，意在"弃旧图新，开拓前程"。

戴笠二字本引自北宋李昉等辑的《太平御览》卷406《风土记》："卿虽乘车我戴笠，后日相逢下车揖；我虽步行卿乘马，后日相逢卿当下。"言交不以贵贱而渝也。

后以"戴笠"指贫贱的故人，古诗亦有"万事倏息如疾风，莫以乘车轻戴笠"之句，后世称不以贵贱而异的深厚友谊为"车笠交"。

而戴春风改名戴笠，尚有一层以《风土记》作者周处自谕的意思。周处是西晋人，相传少年时横行乡里，父老把他和蛟、虎合称"三害"，周处后斩蛟射虎，发愤改过，做官做到太守、御史中丞。戴春风比照周处，也有从此发愤图强、建功立业的念头。

当然，戴笠之名还有避凶趋吉之效。早在宁波流浪时，其母蓝氏曾为戴春风占过一卦，说戴春风命中缺水忌土，虽是贵人之命，却有干枯之象。为此，戴春风久欲改名，以作补救。现取名戴笠，字雨农，皆含水多之意。

戴笠到广东后，考入了黄埔军校第六期，被编入入伍生部第一团第十七连。

1927年，戴笠在黄埔军校还没毕业，就被选拔在校本部骑兵营服役。1927年4月12日，蒋介石下令所部国民党军队实行全面清党，宣布共产党为非法组织。4月15日，国民党在黄埔军校中实行清党，戴笠向入伍生部政治部主任胡靖安告密，揭发同学中二十余名共产党员。

由于在这次清党活动中的特殊表现，戴笠受到胡靖安的格外器重，被引为亲信。胡靖安竭力推荐他为后来的骑兵营国民党部执行委员。据此，他认识到在黄埔学生中开展情报和密报的重要性，对搜集情报和进行密报活动表现出异乎寻常的积极性。

自1928年以后，戴笠在国民军总司令部密查组工作。

这期间，戴笠积极为蒋介石刺探各种情报，由于准确而迅速，深得蒋介石的赏识。

戴笠的特务处对外联络站设在南京鸡鹅巷53号，这里既不挂任何牌子，也不设任何岗哨。行人亦可以从门前经过，所不同的是门内有带枪的便衣人员把守，进出都要严格检查证件。

特务处本部原设在徐府巷，后搬到洪公祠1号。但特务处外勤人员非有特殊情况不能去洪公祠1号，而只能到鸡鹅巷53号接洽。再打电话到洪公祠1号报告，由那边派人来谈。

外边的信件包裹，也都要先寄到鸡鹅巷53号，再由内部交通转洪公祠。因此，洪公祠1号不但局外人不得而知，就是特务处的大多数外勤特务也只知有53号，不知有1号。

此时的戴笠，已不再是当年在上海滩流浪的小瘪三，也不再是到处求一口饭吃的江湖混混，而是充满神秘色彩的鸡鹅巷53号的老板。

就戴笠来说，当初对王亚樵尚存恻隐之心。成立特务处时，戴曾向蒋推荐起用王亚樵，蒋介石因王亚樵以前的行为，便认定"此人思想左倾，不可为我所用"。戴笠见此，便不再提起王亚樵三字。

现在，王亚樵已威胁到蒋介石的存在，戴笠仅有的一点同情和患难之情已不复存在。

戴笠在上海查封"安徽旅沪学会"，秘密监视王亚樵的行动，虽然他自己没有亲自出马，但其手下对"安徽旅沪学会"的骨干人士大打出手。此后，王亚樵便发誓，与昔日的把兄弟割袍断义，恩断情绝。

在对王亚樵的跟踪监视期间，戴笠发现，有两桩悬而未决的大案，竟然系王亚樵所为。

1930年，蒋介石在中原大战中取胜后，便积极张罗召开国民会议，制定"训政时期约法"，希望以法律的形式确定自己的大权，然后当上总统。

1930年11月12日，国民党三届四中全会通过了蒋介石提交的召开国民会议案。在这次会议上，无人敢反对，唯独身居立法院长的国民党文人领袖胡汉民起来激烈抨击蒋介石擅自约法。

胡汉民原与蒋介石矛盾重重，1928年，蒋介石第一次下野又上台后，汪精卫被迫出走，他就从欧洲回来做帮手了。

胡汉民确实很能干，也确实为蒋介石效了力。他把蒋介石推上了国民政府主席的宝座；在与桂系的作战中，帮助扣留李济深，打败了桂系；在对冯玉祥的作战中，帮着打败了冯玉祥；中原大战中又帮着蒋打败了联军。他每天早上4点半起身，晚上11点才睡，任何事情都精心料理，若没有他，蒋介石一个人是无法在政治上、军事上那样得手的。

可是，胡汉民就是不同意蒋介石当总统。他要干啥？他是想让蒋学习土耳其的总统凯末尔，带兵打败希腊以后就把大权交给副手伊斯默。胡汉民可以把自己想像成伊斯默，但是，蒋可不愿做凯末尔，他容不得别人在他的前进道路上设置障碍。

1931年2月28日，蒋介石下令，将胡汉民软禁于南京汤山。

谁知这一来，麻烦更大，党风众口一词强烈反对。又邓泽如、古应芬等提出了一个《弹劾蒋中正提案》。胡汉民也传话给亲信古应芬，让古应芬到广东策动陈济棠联桂联汪来"反蒋"，开赴广州，另立中央。

蒋介石视察军队

陈济棠早有称霸两广野心,只是一直苦于无借口,此下正中下怀,当然同意,随即发表通电,要"蒋中正下台"。

屈于广西一隅的桂系李宗仁、白崇禧也积极响应跟着起哄。

逃居香港的汪精卫也同样跟着起哄。

隐居山西的冯玉祥也派人到了广州。

一时间,反对势力云集广州。南京国民政府内部,胡汉民派的中央委员也到各地串联,孙科离开南京去了广州,新任命的立法院长林森弃职而走,司法院院长王宠惠出走到荷兰去了。

陈济棠等更是联名通电,要蒋介石在48小时内立即下野,还调集兵力准备北伐南京,已有五万人的兵力向衡阳进攻了。

就在这乱纷纷的讨蒋声浪中,西南派的某位首领想到了王亚樵。他派人携带二十万元现款,到上海找到王亚樵,要买蒋介石的老命。

王亚樵一直想杀蒋介石,现在有人资助,便认定是天赐良机,当即答应下来。

1948年11月,老蒋和杜聿明合影

三天后,经过周密的讨论和研究,王亚樵决定派出两路人马,双管齐下,一路去南京,另一路去庐山。因为这两处都是蒋介石经常出没的地方,只要耐心守候,不愁找不到机会。这叫做以静制动,张网捕兔。

1931年6月13日,蒋介石召开国民党三届五中全会,主要讨论"剿共"问题。21日,蒋介石亲赴南昌,动员三十万人,采取"长驱直入"、"分进合击"等打法,企图彻底消灭"共军"。

不久,蒋介石便上了庐山。立刻,有封电报从九江发到了上海,"价格已谈好,按原定数发货"。

在庐山诸峰中,有一个叫做太乙峰的地方。这地方在庐山含鄱口东南。登山古道旁,有一处坡势平缓的地方(江西人俗称"坝子")。此处石径横斜,竹影摇曳,楼台掩映,古木参天。其气候夏季清凉,冬季温暖,四季温差不大,常年春意盎然。

清朝初年,这块小小的风景胜地被开发出来,辟为"建业丛林",实际上就是皇亲国戚避暑养身之地。

到了民国初年，广东籍退役将领古层冰、曾晚归等听人说庐山气势巍峨，风景奇险壮美，非常羡慕。这两位志在晚年游历中国名川大山的老将军就邀集了十八位同僚同游庐山，见庐山之险之美果然名不虚传，身在庐山如身在天外，云海浩瀚，氤氲如霞，于是决定在此养老送终。

古、曾等人先是选中山南的栖贤寺附近，建起了"葛陶斋"、"寒泉亭"等庐舍。每日里修身养性，卧石听泉，悠然自得其乐。但过了不久，他们发现太乙峰下"建业丛林"遗址一带风光更好，暗叹到底是"天子眼光"，这里风水果然不同凡响。如今天子早已升天，但这些退役的老将军们决意在这曾经卧过龙体的地方卧一卧老骨头，就把这块地买了下来。

为营建出自己的特色，老将军们兴师动众，成立了"工程计划委员会"，请曾任国民党南昌行署课长和"庐山军官训练团"建设设计组组长的刘一公主持，对别墅进行中西合璧的设计。这些老将军，驰骋沙场一生，杀过无数对手与平民百姓，腰中皆装得满满的，花钱极大方。该别墅1921年破土动工，历时八年，耗资数百万，

1929年竣工，因地处太乙峰下，遂以"太乙村"命名。

太乙村群山环抱，面向东南，背负太乙、九奇诸峰，前临鄱阳湖。村内有小桥流水，林阴石径通达各处。飞檐翘角间，点缀着桃、梨、李、杏等果树和各种奇花异草。

由于这些广东籍的将领不少人都曾漂洋过海，对于西方文明耳闻目睹，深知西人的享乐之道，就完全抛去祖先那传统的养身之道，在村内建造了运动场、游泳池等活动场所，使西方现代文明与东方古典文明有机地结合起来。

整个别墅群坐北朝南，空气流畅，阳光充足，视线开阔，整体布局暗寓深义，构图造形灵活多变，其参差跳跃恰到好处。十八名将军分居十八幢别墅，还有十八位年轻漂亮的姨太太穿梭其间，简直比天堂还要令人向往。因为每个主人的爱好不同，每幢别墅的建筑风格和命名也就不同，真真是各具特色。

太乙村建成后，饮誉海内外，许多要人慕名纷纷光顾村中做客。冯玉祥、蔡锭锴等人都曾在此小住。将庐山视为"夏都"的蒋介石，除了常往"美庐"驻足外，光顾别处最多的便是太乙村。只要来庐山避暑，便经常偕宋美龄来太乙村蹓跶。有时，蒋介石还拉着美丽的宋美龄，到密林深处，一尝野趣。

谁也没有想到，1931年夏天，这仙境般的太乙峰下，竟然血光飞溅，杀手

不要命地将枪对准了蒋介石的脑袋。

当时，王亚樵的势力在上海滩已经又有所发展，他的身边已聚集了许多仁人志士，其中以华克之、郑抱真等人尤为王亚樵所赏识。

华克之，江苏宝应人，1923年考入金陵大学，并参加国民党。他思想进步，机警伶俐，不为蒋介石所收买利用，因而遭到拘禁，后为吴稚晖保释。出狱后，他与蒋形同水火，势不两立。后与王亚樵秘密交往，很快成为王亚樵的左膀右臂。

郑抱真，安徽寿县吴山庙人，1924年在冯玉祥军中任副官。冯玉祥兵败后投奔王亚樵，很快成为王的左膀右臂。后来，郑抱真与王亚樵一起协助十九路军抗日，任十九路军军需部主任。以后，又回家乡寿县组织抗日自卫军，并于1938年率部加入新四军。建国后，他曾任合肥市市长、安徽省政府秘书长等职。

由于群英荟萃，王亚樵的暗杀集团，也已初步建立了系统的组织。这组织共分为三个部分：一是华克之部，有郑绍成、孙凤鸣、陈成、张玉华、贺坡光、肖佩伟等，多为投笔从戎的知识分子，他们既是杀手，也是王亚樵手下各种通讯社和小报的工作人员。二是龚春浦部，有刘刚、龙林、唐明、刘文成、彭光耀等。三是谢文达部，有许志远、黄立群、朱大刚、陶悬武等。

三部组织绝对秘密，单线联系内外不传，家室不传。且这些主力杀手都跟随王亚樵多年，久经考验无异志。

另外，对于各项具体日常工作，王亚樵也做了细致的分工。

郑抱真、洪耀斗负责联系、行动及武器保管；余立奎负责军事；余亚农负责政治；张文龙负责经济；华克之、龚春浦、谢文达的三个小组负责锄杀；戴豪如负责文秘。

6月4日，国民党三届五中全会召开前夕，王亚樵得到了蒋介石将赴庐山的情报，立即在上海蒲柏路大华公寓二楼的密室里召集会议，同华克之、郑抱真、孙凤鸣、陈成、赵士发等二十余人筹划刺蒋方案。

大家充分发表意见后，王亚樵决定：华克之等人设法进入太乙村，选择适当时机行事，因为蒋介石常住的别墅"美庐"有十分先进的警卫设施，不易下手，所以，太乙村成为庐山射杀蒋介石的唯一可行的地方。

三天后，华克之带领十几个人化装成游客到了庐山，通过关系，他们住进了太乙村外的"庐山仙人旅馆"。这批人是负责具体刺杀任务的，他们查看地形、熟悉环境，打探蒋介石行踪消息。但是，他们全都赤手空拳，没有任何人带武器。

当时，从上海到庐山，沿途关卡众多，特别是上海码头和九江码头搜查甚严，来往人员均遭搜身，连小孩襁褓、女人内衣都要检查，枪械无法携带。对此，王亚樵想了很多办法。

经过反复思考和模拟、试验，王亚樵决定买来十三只金华火腿，用利刃剖成两片并把当中挖空，再把枪支拆开，将零件和弹药用油纸包好，放进火腿中间，然后用雨针线缝合，涂上薄薄的盐泥，密封得天衣无缝。

枪械藏得万无一失后，王亚樵就让他的夫人王亚瑛和王亚樵的表弟媳刘小莲装扮成阔太太的模样，由两个部属扮成伙计，分别随同她们前往庐山。

一路之上，两位漂亮的女士举止高雅，娇态可掬，遇到盘查时态度安祥，但偶尔也露出不耐烦神气，大有名门淑女之风。至于她们带了十三只火腿，盘查人员以为是阔太太一同上山游览并向权贵赠送贵重礼物，一路放行，使王亚瑛二人得以从容进入太乙村，顺利地将武器送到华克之等人下榻的"庐山仙人旅馆"。

华克之等人一接到武器，立即扮成游客模样，分散在"美庐"至太乙村之间蒋介石可能经过的地方，密切监视蒋的行踪。

1931年6月14日上午，阳光明媚，山色叠翠，装扮成游客的杀手陈成，正坐在太乙峰下的一株古树下耐心等待杀机。忽然，他看到不远处崎岖的山路上，蒋介石正坐在一副滑竿上，悠闲十足地往山下太乙村方向而来。由于地势险峻，山路崎岖，虽有一个庞大的卫队跟着，但拥在蒋介石身边的卫士则只有六七个人。就这六七个人，在有些路段，也不得不散开来，依次成蛇行状而过，这就使蒋介石的身体不断地暴露出来。

陈成觉得这是天赐良机，为了绝对准确，他想，等这个秃头再走近些，我争取一枪叫秃头开花。不料这时从树丛里突然钻出了一个人，此人一边四处张望，一边往陈成的隐身之处而来。

原来，王亚瑛和刘小莲到庐山后，取出枪支埋在太乙峰前的竹林中，将火腿丢在附近。蒋介石的侦探在巡逻时，发现被丢弃的火腿，从中判断出有人夹带东西上山，或是炸药，或是武器，或是微型电台，总之，十分可疑。因此，蒋有行动时，卫队总是分成明、暗两个部分，除了蒋身边的人员，还有数十人在树林里暗中巡逻。

陈成见自己眼看就要暴露了，只好豁了出去。他从隐蔽处跳出，若他继续隐蔽，别人也未必能发现。这时他多少还有些不够沉着——跳到路旁举枪便打。由于不是计划内射击角度，而且时间仓促，不得从容，枪击未中。

子弹带着哨声从蒋介石的耳边飞过。抬滑竿的两位轿夫觉得坐在肩上的蒋介石身子猛地抖了一下，接着，"咕咚"一声放了个响屁。俗话说"响屁不臭，臭屁不响"，但蒋介石这个屁却是奇臭无比，差点让两个轿夫昏了过去。

后来，庐山脚下一老学究，专为蒋介石在太乙峰被吓得屁淌而做了首打油诗，以笑蒋介石丑态。诗曰：

> 太乙峰下枪声紧，
> 轿夫肩上雷鸣急。
> 图穷荆轲匕首见，
> 美龄差点泪别离。

一枪未中，陈成还想开枪，蒋介石训练有素的卫士已经飞奔上前用身体护住他，并同时向陈成开火。陈成根本无法还手，身中数弹，倒地身亡。从树丛里出来的那个卫士恐陈成还未死，又走上前对准他的脑袋开了两枪。

一个响屁放过，蒋介石脸色蜡黄，心中依旧如十五个吊桶打水七上八下，直到卫士来报，刺客已死，这才慢慢稳住神，故作镇静地将手一挥，示意继续前进。

蒋介石还想装出一副天裂地崩而依旧不惊不乍的大将风度，但轿夫们早已把他的惊慌神态铭记于心。

几个卫士将陈成身上的所有衣服都解开，仔仔细细地搜索一遍，除发现手枪外，别无他物。卫士向蒋介石报告后，蒋介石心中认真排查一遍敌手，谁都有可能刺杀他，但谁又都没有可能刺杀他，到底是谁？拿不准，他的敌手太多了，要杀他的人也太多了。

"把他深埋掉，不要声张，权当无事。"

当天，蒋介石就打电话找到戴笠，让他侦探是谁所为。戴笠一直在寻找，没有结果，但没想到却在这次因"米照捐"而缉捕王亚樵时发现是王亚樵所为。

庐山刺蒋未成，王亚樵把希望寄托在了南京的行动组身上。

南京行动组是由郑抱真带领的。他们一行四人住在余立奎的仙鹤街住宅内，伺机刺蒋。

蒋介石从庐山回南京后，出入更加严格守卫措施。但因为当时全国反蒋声势日高，很多反对派要求他下野，他又不得不常常在公开场合露面，装着关心民众，与民众一致的面孔，来为自己开脱，为自己辩白。

6月25日，蒋介石从庐山归来后已一个星期。来自全国各地的请愿的学生依然聚在南京，不愿散去。蒋介石在滔天的怒骂声中，只好答应在中央军校礼堂接见部分学生代表和新闻记者，并发表演说。

此时，郑抱真等四位杀手和负责总联络的王亚樵之妻王亚瑛都混了进去。

由于里面戒备森严，主席台又离人群有一段距离，王亚瑛觉得刺杀成功的可能性极小，就把头上戴着的白色太阳帽拿了下来，放作胸前。

王亚瑛是负责总联络的，她去掉帽子，就是告诉郑抱真等人"暂缓行动"，郑抱真等人只好停止行动。

"九·一八"后，全国反蒋呼声日高，蒋介石在12月25日的国民党四届一中全会上被迫二次下野。王亚樵只好抽回了南京的人马。

10
日本军部刺杀公使嫁祸中国

1931年7月24日。《申报》上刊载了一条惊人的消息：

"财政部长宋子文偕机要秘书唐腴胪及卫士六人，昨(23日)晨7时由京(南京)乘快车抵沪。宋等下车后出月台，入大厅，过讯问处，在候车室门前，突有暴徒多名抽出手榴弹、盒子炮、手枪向宋猛射，宋之卫士也拔枪还击，一时子弹横飞，烟雾弥漫，此站大厅忽变成战场。当时正值旅客出站，闻声后四散惊悲，秩序大乱。结果宋氏以身幸免，秘书唐腴胪则身中数弹，于昨日11时30分因伤重殒命……"

这就是震动全国的宋子文被刺案。

此事发生，舆论震惊，对这一要案的说法各不相同。确实，刺宋案就当时的情形说，含有不少谜，令人难以解释。

刺客为什么要暗杀唐腴胪呢？他在政坛上只是个默默无名的小卒子，充其量不过是一个美国哈佛大学的高材生而已，哪里用得着职业杀手兴师动众地到火车站行刺呢？

按说，刺客行刺宋子文才符合情理。当时，蒋介石在南京成立政府，汪精

王亚樵上海北站刺杀失败的宋子文

卫和孙科在广州也成立政府,一山不容二虎,他们正在做着生死搏斗。宋子文权倾一时,是蒋介石的"财神菩萨",又是大舅子,刺掉宋,等于断去蒋介石的手臂。然而,令人不解的是,到北站来行刺的职业杀手,都有百步穿杨的本事,可为什么不对人所共知的宋子文开枪呢?要知道,宋子文身材比唐腴胪高大,应更容易命中。

刺客是谁?受谁指使?要杀的究竟是谁?

蒋介石与宋子文认真分析一通,排除了政治谋杀的可能,认为是大亨杜月笙一手策划的。

不久前,蒋介石、宋子文和杜月笙谈成一笔买卖鸦片的生意,协议签好后,杜月笙付了六百万现金给蒋介石和宋子文。杜月笙回到上海把此事告诉了黄金荣。之后,杜月笙变了主意,不愿意再做这笔生意了,于是,他向宋子文讨还钞票。宋子文老大不高兴,但碍于面子又不能不还,就推托手头没有现钱,还给杜月笙六百万元政府债券。

这债券哪里抵得上现金?气得杜月笙恨不能一口吞了宋子文。他找来青红帮枪手"行刺"宋子文,但关照好子弹不能击中宋子文。

2008年宋子文密档照片首度公开

杜月笙目的是警告一下宋子文,所以,要了他的秘书唐腴胪的命。

戴笠着手缉拿王亚樵后,很快发现,这起案子又是王亚樵的杰作。当然,还有更深一层的内幕,戴笠当时也没弄清,直到五十年后才真相大白。

且说王亚樵庐山、南京连刺蒋未成功后,心中甚觉得对不起"西南派"的人。此时,王亚樵的故交、粤系国民党中监委萧佛成、马超俊又带来四万元,请王亚樵刺杀宋子文。

"倒蒋必先去宋,乱其经济组织,如同掐断蒋的血管。"萧佛成对王亚樵说。

王亚樵刺蒋未成,心中十分惭愧,现在听说需要刺杀宋子文,觉得倒也是一着围魏救赵之棋,并且可以杀鸡儆猴。当时,全国各地都有"蒋家天下陈家党,宋氏一门三部长"之说。宋子文官至行政院长兼财政部长并外交委员,又身为"大国舅",且与美国人关系十分密切,是地地道道的政府"一把手"。

王亚樵受领新任务后,当即在上海蒲柏路大华公寓召开骨干会议,秘密布置。

此次行动方案,依然是分两组同时行动。一组郑抱真指挥南京行动组住进

1945年宋子文及他的夫人和美国官员

仙鹤街余立奎家，二组上海行动组由王亚樵亲自指挥，租下了上海北站附近的天目路一幢三层楼房作为据点。

当时，宋子文家住上海西摩路141号，每逢星期天即自宁返沪，再于下周一自沪去宁办公。

郑抱真在离京呆了两个星期后，摸准了宋子文的行动规律。他和王亚樵认为在上海北站趁旅客上下车混乱时动手，然后施放烟幕弹撤退。

上海八仙桥附近有一家"和平米店"，是王亚樵出资八千元经费开的，专营淮北船帮贩运的大米，赚了钱作为新成立的"铁血锄奸团"的经费，郑抱真公开的身份即是此米店的老板。他的手下几名伙计中，有一名叫做"小泥鳅"，此人极为活跃机敏，已经打入蛇口的清帮之中，并与日本浪人秘密来往。

为了刺杀宋子文，郑抱真便派小泥鳅去购置烟幕弹。小泥鳅在清帮头子常玉清的兄弟的协助下，用八百元的代价从日本浪人手里弄来了一枚秘制烟幕弹。

在小泥鳅购烟幕弹时，发现还有二枚。经过小泥鳅伶牙俐齿的套近乎，得知这两枚烟幕弹是日本"魔法军人"田中隆吉雇佣常玉清在北站刺杀日本驻华公使重光葵时用的。日本军人谋刺其驻华公使，似乎有些令人不可思议。但五十年后，重光葵在其出版的《外交回忆录》中承认并揭露了这一事件，这是日本策划侵华战争中的一大阴谋。

1931年春，日本帝国主义垂涎已久的"满蒙"侵占计划已确定，进军侵略的纲领性行动文件《解放满洲问题方案大纲》和《一九三一年度形势判断》已下达，发动侵略的各项准备工作已就绪。但是，日本军方顾虑到：在东北、华北的中国军队数量远超过日本的军队，偌大的"满洲"在短期内怕一口吃不下，引来中国军队的驰援，因此在中国关内挑起事端，使中国军队不能拨足北上。

为此，日本军部将号称"魔法军人"的田中隆吉(此人后出任日本陆军省少将兵务局长)自华北派往上海日本领事馆，任务是挑起一场"假战争"，策应日本军部在"满洲"的行动。同时，他们还派了土肥原贤二去华北，拉石友三反张学良，使张学良的军队不能回防。

田中一到上海，通过军中反华好战派军官骨干组织"樱会"，要来了军中青年军官暗杀组织"天剑党"的宪兵大尉重蔚千春做助手，带领反华帮会"太平洋军团"和"在华青年同志会"密谋策划，拟在上海暗杀驻日公使重光葵，然后栽诬中国，以挑起军事冲突。

田中所以选中重光葵作暗杀目标，是觉得日本商人等不足以引起大震动，难以在日本朝野激起反华仇华狂热；另外，重光葵执行"币原外交"路线，主张以经济渗透方式巩固扩大在华的权益，反对使用武力，反对田中策划阴谋，因而成为日本军方计划的障碍。重光葵的前任佐分利贞男就是因为执行同一路线而被日军部暗杀的，现在无疑轮到重光葵了。

当郑抱真将买到的烟幕弹交给王亚樵后就来到南京，他买通了财政部的一名经济师，这名经济师每天都要向宋子文汇报外汇市场行情，宋子文每要出门总要向他打招呼，所以情报准确。

1931年7月22日，宋子文对会计说："刚才青岛来了电报，家母病重，我

王亚樵刺杀的日本外务大臣重光葵

准备今晚回沪打点一下，不日去青岛。有事可用电话和我联系。"

郑抱真得知后，立即密电王亚樵："康叔准于22日晚乘快车去沪，23日到北站，望迎接勿误。"

郑抱真发完电报，小泥鳅突然从上海赶来，迫不及待地向他报告："我买到烟幕弹后，探听到田中已收买常玉清在北站刺杀重光葵，然后嫁祸铁血锄奸团，以便在上海发动战争。"

小泥鳅还了解到，常玉清已知道宋子文23日到北站，届时趁宋子文和重光葵出贵宾门时行刺。

重光葵的基地在上海总领事馆，每周一到南京使馆办公，来往宁沪时间和宋子文基本一致。他在南京主要与中国的外交部长王政廷打交道，和宋子文也常往来，关系甚密，经常同乘一列尾部的花车回上海，所以田中和重蔚千春认为，这是行刺重光葵的最有利时机。

更主要的是，行刺得手后，也可施放烟幕弹掩护撤退，同时将写有"斧头党"的未响炸弹及武器丢在站内外，以制造栽诬王亚樵的证据。这样，中国就必须承担事端的责任，日本军部也就可以像第一次世界大战时的萨拉热窝事件一样，名正言顺地兴师问罪了。

至于行刺重光葵公使的人选，日本军部早就看上了清帮头子常玉清。

常玉清，大连人，早年在东北南满铁路给人理发。1927年他来到上海，从杜月笙走卒变成了"双观园"浴室的老板、清帮的头子。由于他投靠了日本人，所以在上海滩能和师傅杜月笙分立门户，分庭抗礼。

1939年后，此人到了南京，在夫子庙开妓院茶楼，替日本人服务。为独霸六朝胜地，他将所属清帮改为"安清同盟会"，彻底背叛了祖传的传统教义，成为敌伪的得力爪牙。抗战胜利后，这小子在南京被国民政府抓获，后被处决。此系后话。

郑抱真听过小泥鳅的报告后，感到问题极为严重：明天王亚樵刺宋子文，常玉清杀重光葵，届时二人必死无疑。但是，结果王亚樵正好为常玉清作了掩护，日本军方很容易将一切责任推到铁血锄奸团身上，推到斧头党身上。中日冲突骤起，王亚樵和铁血锄奸团就成了洗刷不清的罪魁祸首、民族的罪人。

当时，华克之和郑抱真在一起。他主张立即发一份加急电报，暗示情况突变，停止刺宋。但是，时间已来不及，且电文也难以说清楚，同时更要冒泄密的风险。郑抱真毅然决定，他和华克之搭乘当晚宋子文、重光葵的快车去沪，抢在宋子文和重光葵走出车厢之前下车，对空鸣枪发出警报，以威慑他们不敢离开车厢，对宋子文和重光葵实施"保护"，以破坏常玉清的行刺计划，也使王亚樵暂时下手不得，待说明情况后，再图他谋。

然而，郑抱真的这个计划未能实现。

1931年7月22日，宋子文和重光葵等人乘坐专车离宁驶沪，王亚樵在此之前已接到电报。

"宋子文，这下对不起了！"王亚樵拿出宋的照片看了一下，坚定地说。接着，他立即派上海组员按原定部署分别进入预定位置，准备战斗。

此时，王亚樵根本不知道日本人的阴谋和常玉清的行动。他仍按原计划部署：由孙凤鸣等七人守月台，由龚春蒲、刘刚、龙林、唐明等守候车室，由谢文达率第三组把守站外的天目路一带。

7月23日上午，宋子文所乘列车抵达上海北站。尽管站台上岗哨林立，警戒森严，而王亚樵的部署却均已各就各位，密切注视站内动向。

与此同时，常玉清一伙也进入各自的位置，做好了杀人的准备。

两股人马在互不清楚底细的情况下，都已进入高度紧张状态。王亚樵因两次刺蒋未成，此次为保一定成功，便亲自来到车站，现场指挥调度。铁血锄奸团的人员以旅客身份设了三道狙击线，确保万无一失。

当火车轰鸣着吐着浓烟进入上海北站时，一切都已经布置妥当。杀机在钢轨上、月台上跳跃着，令知情者微微有些紧张。

宋子文和重光葵乘坐的车厢是一节挂在列车尾部的"花车"，重光葵带着两名使馆书记官，宋子文带着六名贴身卫士和机要秘书唐腴胪。一伙人在车上交谈疲倦后都睡觉了。

从前，重光葵回沪都是车过真如站后，由列车员唤醒。这次，列车员竟鬼使神差看错了站，早早就把睡梦正香的重光葵叫醒了，重光葵一醒就再也睡不着，气得直发脾气。每次到北站后，他都是与宋子文一道下车。这次车刚停稳，他连招呼也不打，便气呼呼地下了车，随着人群出了车站，钻进了汽车。

宋子文随后在其秘书的陪同下，缓步走下车来，在众人簇拥下走出站台。这时，埋伏在候车室的第二杀手小组组长龚春蒲发出"准备伏击"的命令。

就在同一时刻，守在车厢中待机的郑抱真和华克之见宋子文已走近出口，眼看就要进入常玉清的枪击圈内，便不顾一切跳出车厢，紧急对空鸣枪，以示警告。

宋子文的卫士见状，立刻拔枪还击。王亚樵手下人看到郑抱真信号后还以为需要支援，便向卫士开枪。

一时间，车站内外子弹横飞，枪声大作。

这时，重光葵的汽车还没开，一颗子弹打到车框上，发出很大的响声。

"快开车！快！"

重光葵叫着，司机发动起了汽车，一溜烟出了车站。

宋子文和随身秘书唐腴胪都穿着一身白哔叽西服，戴白色拿破仑式帽子。唐夹着皮包，宋空着手。

杀手一组组长刘刚以为走在最前面的就是宋子文，便向唐腴胪开枪，其他组员也随之向唐开枪。

宋子文的卫士当场反击，并掩护宋子文躲避在一根大柱后面。

这时，车站警笛狂鸣，秩序大乱，旅客争先恐后奔向出口。

常玉清一伙，见枪战突起，如坠云雾之中，迷惑起来。但他们突然发现宋子文就在不远处，与他并肩走的人也身穿西服，但手中拿着大黑皮包，个子略矮，便认为必是重光葵无疑，遂发出"目标已达"的信号。所以，枪战开始后，他们也瞄准了唐腴胪，连连开枪。

可怜唐腴胪，小小一个秘书，既成了重光葵公使的替身，又代表宋子文部长领死。他到底是先丧命于王亚樵之手，还是死于常玉清的手下，如此谁也无法说清，只能是千古悬案了。

常清玉见"目标"已死，示意迅速撤退。此时，王亚樵手下的孙凤鸣也误以为宋子文已丧命，遂甩烟幕弹，让人马安全撤出。在孙凤鸣的烟幕弹的无意掩护下，常玉清一伙烟幕弹没扔，也安全撤走。走的当儿，他们乘着混乱丢下了栽赃物。后来，在排除栽赃物时，炸弹爆炸，还伤了三四个人。

混战过后，常玉清想不到这次行动如此顺利圆满。王亚樵一行也安全无虞，认为宋子文已死无疑。郑抱真则后悔不已，以为重光葵必死，日本将藉此发动战争，他们将成为民族罪人了。

待常玉清奔到虹口东华纱厂内的日本海军特别陆战队司令部以后，才知道击中的原来是宋子文的机要秘书唐腴胪，才明白有人要杀宋子文。田中隆吉不但不付给事先答应好的二万，而且还要找麻烦。常玉清连忙保证，再寻机会谋划。1932年1月18日，常玉清带领三个门徒，化装成三友实业社的工人，对五名日本和尚饱以老拳，并将其中的莲宗和尚打死，制造了所谓的"日本和尚事件"，对刺重光葵一案进行补救，为日本发动"一·二八"事变制造了口舌。

唐腴胪是宋子文极其信任的随身秘书，时年三十岁，自美国哈佛大学毕业归来不久，正值新婚燕尔，新娘美丽无比，尚未品足人生快事之乐趣，便遭此横祸。

当枪战开始时，唐腴胪首先是惊呆了，在出口处，他傻乎乎地东张西望，以一个标准知识分子所特有的木讷，欲找一安全之岛，但他万万没有想到，那么多的子弹，竟然全部冲着他射来，临死时，他不得不向自己发问："这是怎么回事？"

而宋子文见唐腴胪中枪后，腿脚一软，滑倒在地，就势滚到一根大柱子后面，体如筛糠一般。一名保镖见状，急忙上前，用身体护住他。待烟幕弹甩开

断一腿的重光葵代表日本政府、梅津美治郎将军代表帝国统帅部,准备在密苏里号战舰上签署投降书

后,保镖夹起他,跑进了站长室。

经过检查,宋子文连皮也没有蹭破一块,但是,一条裤子却湿透了。那是他因惊吓,而小便失禁的结果。白哗叽裤子湿透后沾上了些灰,变成了彩色的。

王亚樵得知内情,直埋怨郑抱真、华克之不事先通知他事情的变故,并一直以为唐腴胪是自己人误击,对唐之死,深感不安。

半个月后,唐腴胪的新寡之妻正在家里看着唐的遗像愣神,一个中年汉子走了进来。

"你是唐太太吗?"

唐妻点了点头。

"对唐先生的不幸,我深表遗憾。这是两千块钱,请你收下,略表一下我的心意。"

"这——我不认识你呀?"

"不要问了,我走了。"说完,那汉子转身疾步而去。

这个汉子就是王亚樵。

宋子文对这次风险内情一直不清楚。他不相信是王亚樵的斧头党所为,哪有那么傻的?自己作案,自己留下证据?他坚信是广州方面的对手干的。因为事前,老是有人警告他,广州方面将对他不利。以后的岁月里,只要出门,他都异常小心。谈到这件事情,他常常不由地浑身发抖。

而侥幸身免的重光葵事后很快知道了刺杀是向他来的,但他并不完全清楚,因为王亚樵这一层,他当时是不清楚的。他曾怀着"替我受难"的感激之情,去看望宋子文,又去唐府进行了慰问。当然,他没有告诉宋子文事情的真相,在那个时代,他的脑袋不允许他这样做。

重光葵得知事情的真相纯属偶然,"一·二八"事变中田中隆吉因有功而被天皇表彰,得意忘形间,他竟然向重光葵的书记官林出贤和盘托出了事情的真相,林出贤立刻报告了重光葵。以后的十几年间,林出贤一心要将田中暗杀掉。因为,当时林出贤就是跟在重光葵身后的两位书记官之一,一旦射击重光葵,他的小命也必将难保。但是,林出贤一直没有找到机会。

战后,一条腿的重光葵回到日本。田中隆吉作为一个罪人去拜访他,并向他道歉。当然,田中隆吉也叙说这件事情的每一个细节。到了1981年,重光葵出版了他的《外交回忆录》。

积年数件要案并破,且皆是王亚樵所为,蒋介石闻报,大怒。严令戴笠和上海军警机关合作,限期将王亚樵缉拿归案。

王亚樵的实力和手段,戴笠是知道的,要追捕他,绝非轻而易举的事。戴笠不敢掉以轻心,亲自率领大批特工人员,赴上海周密布置和坐镇指挥缉捕王亚樵。

一对昔日老友,两个拜把兄弟,一个号称"中国暗杀大王",一个号称"政治第一杀手",真在上海滩大庭广众翻脸杀将起来,鹿死谁手,恐怕没人知晓!

11
"王亚樵是日本人的大爷"

戴笠到了上海后,立即指挥军警及特工人员包围了已经掌握的王亚樵的几处住所,其中有王亚樵母亲及发妻王淑英在拉都路的住处。接着,对王亚樵弟弟王述樵的律师事务所以及大华公寓、亚洲饭店等地点,进行搜捕,结果全部扑空。

这一着早在戴笠的意料之中。

戴笠知道,王亚樵长期生活在险恶的处境之下,早已养成了谨慎、机警、多疑、善变的性格和作风,不可能这么轻而易举就束手就擒的。

的确,当时在上海,王亚樵仅秘密住所就有十几处,居住、穿戴、打扮、交通工具,一日数变,行踪飘忽不定。其确切行止,就连身边最亲信的大将郑抱真、龚春蒲以及妻妾王淑英、王亚瑛等人,也不能尽数掌握。往往只是在王亚樵到一处地方后打电话告知,而且通话全用暗语,外人虽然听到,也不疑有它。至于王亚樵的一般徒众虽多,但对王亚樵的情况却知之甚少。

戴笠当年在上海流浪时,由于曾有意向王亚樵靠近,就对王亚樵作过一番研究。湖州别动队时,他又从近处对王亚樵作了一番观察,并通过结交王亚樵

蒋介石与他的得力助手戴笠

身边的亲信心腹,了解掌握了许多王亚樵性格特点及活动规律的第一手资料。1931年秋,戴笠正式受命监视王亚樵的"安徽旅沪学会"的活动情况后,已经意识到自己迟早将与王亚樵发生一场恶斗,于是,他便开始从各方面调查、研究、掌握王亚樵及其斧头党的活动规律。

因此,戴笠对如何追捕王亚樵,心中早有预谋。

一曰围捕。戴笠报经蒋介石同意,统一组织上海的军警宪特机关严密封锁上海所有对外的海陆空通道,防止王亚樵逃出上海。尤其上海的太古码头是上海到香港及国外的海上通道,戴笠更是派出大批军警特务,对行人进行严密盘查。

戴笠认为,只要王亚樵这条大鱼始终被围在上海这口池塘里,无论池塘里的水多么浑浊,终有被捞到的一天。相反,如果王亚樵一旦溜出上海,就像一条大鱼游进大江大湖,到那时再捕捉就十分困难了。

二曰守捕。戴笠深知王亚樵一向神出鬼没,要捕捉他非一日之功,唯有放长线钓大鱼,骄其心志,使其逐步麻痹松懈起来,然后一举出击,以竟全功。

这也是孙子所说:"藏于九天之下,动于九天之上。"

戴笠命手下的便衣特务,对已经发现的王亚樵的各个密点,日夜监视,不得有一丝一毫之懈怠。对于王亚樵的母亲妻子,他全都没有抓,以用作诱饵,钓取王亚樵这条大鱼。

"再机警狡猾的鱼,总有抬头浮水的时候,关键是捕鱼人要有耐心,切不可心浮气躁,以致功亏一篑。"戴笠时常这么告诫手下人。

三曰诱捕。戴笠征得蒋介石同意,悬赏一百万元擒拿王亚樵;有通风报信,带领军警人员去捉拿的,亦赏十万元。这个赏格,是有史以来最高的。在当时,一百万元是个中型银行的全部资金,十万元也会使人成为上海十里洋场的巨富。

古人云:"人为财死,鸟为食亡。重赏之下,必有勇夫。"戴笠详知王亚樵手下虽然部属很多,杀手云集,但大都是乌合之众,其中也不乏见利忘义之人。只要给以重金引诱,就不怕没有人出来密报王亚樵的行踪。

四曰查捕。戴笠认为,王亚樵在上海活动了近十年,手下徒众有数千人之多,所谓核心亲信班子也有数十人。以他为首的斧头党虽然完全受他支配,具有强烈的反蒋及不与政府合作的倾向,但并没有政治纲领,也没有严密的组织纪律,行动散漫招摇。因此,无论他王亚樵神通多么广大,本领多么高强,变化多么莫测,总难免不在许多方面露出蛛丝马迹。只要广泛调查,善于搜集分析情报,一旦发现疑点,穷追不舍,一查到底。王亚樵就难有隐身之处。

戴笠调动大批军警特务人员,从凡是与王亚樵手下的亲信心腹或杀手有过接触的密点,甚至妓院也不肯放过。

这样,目标一个一个地被侦查发现,密点一处一处地被控制掌握,范围一步一步地被缩小收紧。

最后,戴笠还建立了一支快速反应的缉捕队伍,日夜处于戒备状态,只要一声令下,就能够立即出动,在很短的时间内呼啸而至对目标进行围捕。

戴笠的这个围捕方案初看起来也很寻常,有些地方甚至显得笨拙。但是,由于每一点都是针对王亚樵的弱点,而且在戴笠的督促监视下执行起来十分认真,因此很快发生了作用。

首先是王亚樵及手下一批心腹大将的活动受到越来越严格的限制,许多场合不能再出现,许多住处不能再使用,许多人不能再接触,许多渠道不能再联系。随着过去保密得不很严格的密点一个一个地被发现,活动范围越来越狭窄。

暂时还没有被发现的密点周围，也常常有三三两两可疑的人像猎狗一样到处转悠，嗅闻。

有时，王亚樵半夜刚刚转移到一个地方，人还没有躺下，军警特务们就跟踪而来；有时王亚樵从一处地方刚离开，后面的特务们就破门而入进行搜查。特别是王亚樵手下的队伍开始瓦解分化，一些人在高压下动摇，一些人在威逼下屈服，一些人在引诱下叛变，这使王亚樵的处境越加险恶莫测。

以上海之大，却难有立足之地。王亚樵这时才真正感到戴笠的分量。十几年来，他打遍上海无敌手，不单黄金荣、杜月笙、张啸林这些上海流氓大亨们对他心存畏惧之心，就连蒋介石这样领兵百万的一国首领，也对他另眼相看。

戴笠的确不是泛泛等闲之辈。1924年在湖州，自己初识他时认为此人夸夸其谈有余，实际能力不足，认识是不准确的。当时若是努力把他留在身边，或许是一员干将了。

其次，王亚樵的身价是一百万，如此高的赏格得之便是终身荣华富贵，受用不完。因此，见利忘义、见财起意的人一个个从隐处钻出来，自动去四处钻营打听，向戴笠告密。

这些人大都与王亚樵有千丝万缕的联系，如果掌握一两处重要的情报，这就足以对王亚樵构成致命的威胁。王亚樵有个安徽同乡叫柏藏香，因多少知道王亚樵的一点底细，钻营打听也就比别人少走了一些弯路。一天，他终于打听到王亚樵住进郊外赵主教路一幢秘密住宅，于是就向军警机关报告。

戴笠是十分精明的人，想拿赏金的人太多了，但王亚樵的头是那么好取的吗？若是好取，也就不值钱了。

戴笠派出特务，对柏藏香的背景进行了调查核实，知道他原是王亚樵的朋友。朋友出卖朋友，当然熟知底细，这是再好没有的。戴笠又打听到赵主教路的秘密住宅是前军长刘志陆的新建公馆，建成后常有一些神秘人物进出，而刘志陆与王亚樵素有交情。据此，戴笠命令不得打草惊蛇。

几天后，柏藏香领命，带领几名特务去刘志陆住宅周围布下监视网，然后集合大批军警人员待命出发。

经过十余天的连续监视，终于在一个深夜里发现王亚樵坐着一辆黑色轿车进了这所住宅。

不多时，数百名军警和特工人员在上海租界巡捕房的配合下呼啸而来，将刘志陆的住宅围困得结结实实,然后军警们破门而入。

这帮家伙搜了整个住宅的每个角落,却始终不见王亚樵的踪影,不过,被窝里还热乎乎的。

原来,王亚樵进了住宅后,没有立刻进屋,而是躲在大门后观察了一会。见有几个人影晃动了一下,他知道不好,立刻进了卧室,把一只装满开水的烫壶放进了被窝,把被子扯作刚刚有人爬起来的样,然后,他从另一间房子里跨上晒台,翻过栏杆,顺着下水管道溜下去。

这是公馆后面,建筑物的阴影笼罩着,王亚樵借着掩护迅速冲了出去。那夜,他溜进了一家医院,在医院太平间的死尸堆里美美地睡了一觉。

王亚樵的又一处秘密据点被捣毁,处境空前困难。他想:戴笠这小子用以静制动法来对付我,我不能处处设防。若处处设防,便一处被动处处被动了。不如反其道而行之,来个以动制静,一着走活,着着走活,让戴笠跟着我的屁股转。

主意想定,王亚樵便开始实施。第一杀手当然还是要杀人。不过,在沪的国民党要员自从北站宋子文遇刺后,比龟孙子都小心,轻易不出住宅。王亚樵想:小日本鬼子去年在东北制造了"九·一八"事变,今年又在上海制造了"一·二八"事变,在我国土地耀武扬威,嚣张一时,何不给他们一点颜色看看?一来好教训教训侵略者,二来,也好转移戴笠这小子的视线。

早在"九·一八"事变中,王亚樵就与上海的爱国人士沈钧儒、褚辅成、朱文桥、吴迈、李次山等千余人集会支援爱国将领马占山抗日。大家推举朱文桥为东北抗日义勇军总司令,马占山为副总司令,全面指挥东北抗日。王亚樵、李次山负责筹募经费,以财、物、人三方面全力支持东北抗日义勇军,并指派其部属盛渝去东北组织民众武装,配合马占山抗战。

"一·二八"事变爆发后,日军以十万之师压迫吴淞海岸,欲突破上海缺口向华东南推进,宣称24小时内占领京(南京)沪。蒋光鼐、蔡廷锴等将领率第十九路军英勇还击,顶住了日军的突然袭击,上海数百万军民投入抗战。大家有钱出钱,有力出力。

事变爆发的当天,王亚樵在桃园里40号召集斧头党成员紧急会议,宣布"全力以赴抗日"。他把手下人员编成二十个大队,命令肖佩伟、傅耀东、刘刚等人分任队长。这些队长带着人呐喊过街,分头组织工人、学生、市民参加抗日。

三天后，淞沪抗日义勇军成立，王亚樵任司令，蔡蹈和任参谋长，许志远任军事联络员。一日之间，义勇军集合了三千四百人，歌声嘹亮地开赴太仓。这里是前线，十九路军正在英勇作战。义勇军的到来，带来了新生力量。

当时，由于蒋介石一再强调"攘外必先安内"，消极抗战，十九路军的供给十分有限。他们虽然对王亚樵的抗日义勇军十分欢迎，但也不可能拿出更多的装备来武装这支新生的力量。十九路军尽最大能力，给了王亚樵四百余条枪支，包括少量机枪和轻炮。这点武装，对王亚樵手下三千多条汉子，无疑是杯水车薪。

战斗在激烈地进行着，王亚樵同蒋光鼐、蔡廷锴商量，动用上海兵工厂的枪支，但上海兵工厂厂长胆小怕事，致电南京请示，南京军需部立即回电："武器全部运往南京。"

"娘希匹！"王亚樵闻讯大怒。"蒋委员长是什么东西，老子抗日，他抗老子！有枪不给前线使，运往南京干什么？小鬼子炮利船坚，难道我们是来送死的？"

立刻，王亚樵叫来肖佩伟，让他带着二百多人赶到昆山，在火车进站时，将军火强行扣下。

战幕拉开后，日军的巡洋舰、驱逐舰、航空母舰纷纷抵沪增援，黄浦江口舰船云集，大有一口吞掉上海之势。此时，国民党南京政府顾虑重重，以保护上海诸多工业设施为由，对抗日采取消极态度，而连连向国际联盟哀求。

除了一纸冠冕堂皇的"共赴国难"的通电宣言以外，蒋介石一直不愿调兵遣将。但一些投降派却积极活动，决定迁都洛阳，想把南京也拱手相让。

后来，蒋介石又筹划与日本人签定停战协定。

暂时平静下来后，蒋介石听说王亚樵组织义勇军，自任司令，心中十分不满，连电蒋光鼐、蔡廷锴等人包藏祸心，竟让这个多次谋刺党国领袖的杀手组织武装，且支持他掌帅印，岂不是为虎作伥，纵虎添翼？

训斥过后，蒋介石又来一纸电文，令蒋、蔡解散义勇军，撤除王亚樵的司令职务。蒋光鼐和蔡廷锴虽然对王亚樵十分钦佩，但抗日之际，不敢违拗蒋介石的命令，便同王亚樵商量。

王亚樵当然清楚，蒋介石不能容自己，硬顶于抗日无益，手臂一挥，坚定

英武的青年蔡铤锴

地说:"国难当头,个人进退去留无足轻重。只是这支武装建立不易,于抗日有百益而无一害,断不能解散。"

"老头子就这种德行。"蔡铤锴说。

"我当然知道。我看,不如这样,把抗日义勇军改为抗日救国军,由余立奎任司令。这样,还是一支抗日的队伍。"

"这,亚樵兄,委屈你了。"蒋光鼐激动地握着王亚樵的手说。

"没关系,我还有其他的事要做。这样一来,两不误了,更好!"

王亚樵离开"司令"位置不久,继续领导起"铁血抗日锄奸团"的活动。

王亚樵亲自率众出击,针对汉奸、卖国贼、日本人开展暗杀、爆炸、绑架等活动。他们的动作十分诡秘,行无定踪,谁也无法捉摸王亚樵的行动规律。凡是日军驻上海的机关,不管大小,他都光顾,只要顺手白天杀、夜里也杀;躲在楼内的杀;走在大街上的杀;搂着老婆睡觉的也杀。就这样马不停蹄地杀,把日本人和汉奸杀得胆颤心惊。

2月9日那天,王亚樵经侦察证实日军设在虹口的司令部兵力空虚,经请示十九路军,由十九路军抽调部分兵力配合,以王亚樵的锄奸团为主力,于当日下午向日军司令部发动突然袭击。激战至傍晚，日寇伤亡惨重，弃司令部逃窜至"出云"号军舰。

当时，此事被称为"踩日本司令部"。

对此，日军极为恐慌。日军侵华早期，最高司令官植田大将曾咬牙切齿地把王亚樵说成是"支那魔鬼"。这个魔鬼给大日本皇军带来了极大的麻烦。植田曾下令谍报机关从日本浪人手中收买十多个武林高手，专门对付王亚樵。

且说这些日本浪人，个个自认武艺高强，听说对付王亚樵，全都显出一副不屑一顾的样子。

"支那魔鬼，只会欺侮没功夫的人，我们一到，定叫他和他的同党统统死了死了的。"

就在吹牛的当天晚上，有两个日本浪人毙命。他们全都左眼中枪。子弹从左往右斜穿过脑袋，从后脑壳飞了出来。

第二天晚上，又有两名日本浪人毙命。他们全是右眼中枪，子弹从右往左斜穿过脑袋，从后脑壳飞了出来。

第三天，同样有两名日本浪人死去，他们全都是眉心中弹。子弹不偏不斜从眉心穿过脑袋，从后脑壳飞出。

日本浪人们慌了，他们已找了三天，王亚樵的影子也没找到，但却丧了六条性命。正在他们惊慌失措时，有个日本浪人在自己的口袋里发现了一封信，一封画着斧头的信：

　　日本倭瓜，滚回你们的海岛上去，不然，你们还将陆续有人丧命。记住，下面的子弹该是从左耳朵眼射进去右耳朵眼飞出来了。

　　　　　　　　　　　　　　　　　　　　　　　　王亚樵即日

日本浪人们将信将疑，但他们一向自以为是惯了，谁也不愿先提出停止行动的想法。

就在这一天，又有两个日本浪人被毙，果如信上所言，子弹全是从左耳朵眼射进去，右耳朵眼射出来的。他们一个死在自己的家里，问佣人怎么回事，佣人说："半夜里听到一声枪响，我到客厅里一看，他已倒在地板上了。"另一个人是死在妓院里。当时，他正赤身裸体在蹂躏一个妓女，正在兴头上，门开了，他抬起头，回头看时，枪响了。血流在那个妓女的洁白的大乳房上，将两个乳房染得鲜红。

日本浪人们慌了。剩下的六个人在一起商量了一下，一致分析认为，前面的八位哥们之所以都那么奇怪而悄然地死去，纯粹是因为大家分散开来，各自为战，让王亚樵这魔鬼钻了空子，各个击破。要想战胜他，今后必须集中起来，一致行动。

计议停当，日本浪人们就没有再分开来。当然，他们也不敢分开。六个人当晚睡在一间房子里。

早春时节的上海城，寒意尚有些浓。中日双方交战的枪炮声从远处隐隐约约传来，令这些日本浪人们感到激动。他们都无法入睡，都在黑暗中睁大眼睛，静静地等待着。12点以后，夜很静了，依旧没有动静。又过了大约三个多小时，依然没有任何动静。"看来，王亚樵不会出现了。"黑暗中，有人小声说。

"不能大意，天还没亮。"

又过了一个小时，有一个家伙的尿憋不住了，不得不起身上厕所。就在他慌慌张张地尿完尿，正感浑身轻松时，枪声响了。子弹从他的右耳朵眼射进去，从左耳朵眼飞了出来。

其他人听到枪响，立刻摸起家伙冲出门。门外的走道上空荡荡的。他们走进卫生间，看到了尿尿的那小子，已经断气了。

已经是第九个了，今天还应该有第十个，该是谁？这五个小子面面相觑，人人都胆寒起来。

没有人敢出去追凶手了。这五个日本浪人像丧家之犬，又缩回了原来的房间。他们守着门，直到天大亮后，也没有人敢先跨出一步。

当天，这五个日本浪人连东西也未敢收拾，就一同跑上了黄浦江上的日舰，寻求起保护来。

从此以后，说起王亚樵，没有任何一个日本浪人敢与他斗了。

在开展锄奸活动的同时，王亚樵还想方设法进行抗战的宣传鼓动工作。当时，驻扎在南京小营马标一带的部队是国民党第八十七师第二六一旅。因该旅系蒋介石、何应钦的嫡系部队，他们不顾前方吃紧，坚令旅长宋希濂按兵不动。

宋希濂三十出头，正是血气方刚，手握兵权而无门报国，岂不气煞人也？

1月30日上午，二六一旅驻地出现了几个神秘的人影，为首的西装革履，戴着金边眼镜，俨然一副归国富侨神态。

中午，旅长宋希濂接到勤务兵送来的一封短信，信上说："十九路军正在浴血奋战，国人无不为之动容，知将军屡次请战未准，恐一片赤心为衮衮诸公埋没。政府仍无抗日决心。救中国人只能靠中国人自己，国际联盟外邦势力都是靠不住的……实不相瞒，余等正在贵部下层煽动，若继续按兵不动，恐部属将哗而散之……"

最后，信上说："为江山计，为民众计，为大上海计，敬请将军独立举义，汇入十九路军。余等民众武装，誓与将军并血战……"落款人竟是王亚樵。

宋希濂当时正为请战不准心急如焚，看完王亚樵的信，不禁击掌叹道："连一个偷鸡摸狗的杀手尚知忧民，政府竟何以如此懦弱。我部再坐视不动，恐怕连盗贼娼妓也敢耻笑了。"

下午3时，宋希濂来到三楼军政部见何应钦，陈述官兵请求开往上海参战的强烈愿望。

何应钦听后，不仅没有丝毫兴奋的表情，反而认为同日军打起来了，破坏中央的整个政策，并很难处理，你们还来要求开往上海参战，这是不行的。

宋希濂与何应钦争论了一个多小时，何应钦措词严厉，话说得不着要领，但依旧不同意。

宋希濂返回旅部后，当晚7时召集全旅连长以上军官开会。他把何应钦不答应二六一旅开往上海参战的情形转达后，大家情绪异常愤激，发言者甚多。

有人声泪俱下地说："国家养兵千日，用在一旦，今敌人打进大门来了，友军已奋起抵抗，上海的民众也组织起来，与日寇血战，我们何以劲旅自诩，反袖手旁观，岂不是让国人心寒，令将士心碎？"

当晚8时，宋希濂率领营长以上军官三十余人，乘坐一辆大卡车闯进南京鼓楼斗鸡闸一号的何应钦住宅，向何再次请求开往上海参战。

何应钦万万没有想到半夜里突然会来这么多的人，感到十分尴尬。

一开始，军官们还是很有礼貌地向何应钦陈述官兵的抗日要求，请他准许二六一旅开往上海支援十九路军作战。

但何应钦仍然拒绝，且态度顽固地说："日本现在是世界上头等强国，工业发达，拥有现代化的陆海空军。我国没有自己的工业，机枪大炮都不能造，一切要从国外买来，国家还没有真正的统一，各地方军阀口头上拥护中央，实际上各自为政，又有共产党到处捣乱，这样的国家，这样的形势，怎么能同日本人打呢？"

何应钦的这一套亡国谬论，激起了众军官的义愤，纷纷向他质问。

黄埔六期生王作霖营长说："我是部长的学生，也跟部长当过参谋，听过您多次的讲话，您总是勉励大家当军人的要保卫国家，爱国爱民，才算克尽了军人的天职。但是，'九·一八'事变丧失了整个东北，我们采取不抵抗政策，全国人民都骂国民政府丧权辱国，骂我们军人无耻。现在，日本人打到大门口来了，我们还不起来抵抗，这同部长平时对我们教导的话，实在是太不相称了。难道我们的老师（何应钦任过黄埔军校的总教官、教育长等职），作为我们的长官，竟要我们甘心当亡国奴吗？我们是绝不愿意当亡国奴的！"

一席话说得何应钦哑口无言。

随后，大家纷纷发言，一致表示抗战的决心。

僵持到深夜一点多钟，何应钦看到大家情绪激昂，言之有理，知道单纯用高压手段是不能解决问题的。

于是，他站起来，用和婉的态度和语调对众人说："现在南京空虚，明天一大早你们就开到幕府山、狮子山、下关一带，对江面严密警戒。我即调第二五九旅从徐州开回来，等第二五九旅到达后，视情况的发展，如有必要，再派你们这个旅开往上海参战。"

宋希濂等人这才同意返部。

到了旅部大门口，只见暗夜中有上千民众举着标语牌和旗幅，上面书着"十万民众与二六一旅同在"、"忠臣谋国，百折不挠；勇士赴难，万死不辞"。

宋希濂顿感振奋，同时无限欣慰。这几句话，是他在前不久勉励部下时说的，没想到已流传民间。

这个场面是王亚樵精心布置的。许多年以后，宋希濂一提起这段往事，还由衷佩服王亚樵的心计。

不久，张治中、宋希濂等开赴上海前线。王亚樵组织上海居民对其热烈欢迎，并积极帮助其从事后勤、补给工作。

2月26日,"铁血锄奸团"成员、曾经为王亚樵当过司机的胡阿毛,在执行任务中连车带人被日军截住,强迫他把一辆满载的卡车开往日军阵地。

胡阿毛经过仔细观察,发现车上拉的竟然是军火。他立刻用做暗记的形式,在路边的一石凳之下向王亚樵做了报告。

时间很紧,敌人催得很急,阿毛想,王亚樵得到情报后,这车军火肯定早到日军阵地了,再采取什么措施也不行了。这可是军火啊,日本人就是用这些东西来屠杀中国人的,无论如何也不能让它们进入日军阵地。

经过短时间的考虑,胡阿毛佯装应允,掉转车,将一车军火连同押车的日军一起埋葬于波涛滚滚的黄浦江中。

胡阿毛殉国后,各界人士举行了隆重的公祭大会,中共上海地下组织负责人陈赓也秘密派遣地下党员陈养山、安娥等前往吊唁。

会上,王亚樵亲自朗诵了自己为英雄作的祭文,泪流满面,泣不成声。其祭文为:

阿毛阿毛,泉台相望。
铁臂锄奸,赤胆心肠。
飞车黄浦,杀倭身亡。
春秋义名,忠国何殇!
哭君弱冠,妻别离肠。
慈母倚闾,血泪沾裳!
哀哀孤儿,戚戚惶惶。
一门孤苦,冥冥无疆!
哭居西台,酹酒一觞。
忠毅阁部,史册传芳!
人荒有感,魂梦西厢。
君骨有灵,享璃蒸尝!

事后,王亚樵又写了篇《祭阿毛》的文章,追述胡阿毛生平事迹,登在报纸上。他意在以胡阿毛的壮举感召民众,唤起抗日激情,激发爱国斗志。同时,王亚樵又从私人积蓄中抽出一笔数额很大的款子交给胡阿毛的亲属,并表示对胡母终生奉养。

胡阿毛的牺牲，将王亚樵和"铁血锄奸团"对日本人的仇恨推到了极点。三天之后(即3月29日)，王亚樵的目光就落在日本海军第三舰艇旗舰"出云"号上。当时，淞沪之战已进入炽热阶段，日军进攻频频受阻，三易主帅。最后，日军又换一任主帅为大将白川义则，这家伙的最高指挥部就设在"出云"号上。

2月29日晚，白川义则在"出云"号上召集高级将领会议，研究对十九路军再度发起强烈攻击的部署。

王亚樵得到消息后，便带领助手到江边码头探听虚实，果然看见许多日本军官乘交通艇纷纷登上该舰。王亚樵和助手立即找到已担任十九路军补充团团长的余立奎，经过计议，由十九路军协助，从高冒庙兵工厂取得三百磅炸药。

龚湘龄此时担任王亚樵部的敢死队长，王亚樵命令他选拔七名水手进行训练，再从这七名水手中选出两名，一个叫罗海跃，一个叫曹水鬼。这两人水性极好，能在海中沉浮几天几夜，由他们担任这次爆炸任务最合适。

罗、曹二人受命后，在十九路军翁照垣旅的保护下，选择在高冒庙附近下水，冒着严冬刺骨的寒冷，轮流推动炸药潜水十余里，连续工作了九个小时。

但是，由于江水流速过猛，已经定了时的炸药在炸前几秒钟被冲离舰体五米。爆炸后，"出云"号仅负轻伤，罗曹二人以身殉国。

这次炸舰行动，虽然未对"出云"号造成致命打击，但在日军中引起超级大震动，连日本本土也感到震惊。并且命令所有日本战舰，尽量开出黄浦江面，离开王亚樵的是非之地，同时在停泊处四周布下电网。

12
炸死了日军侵华总司令

美国人西奥多·怀特和安娜·雅各布两人写了一本名为《风暴遍中国》的书，这本书写于1946年，主要是写中国的抗日战争。在写到日本战败举行投降仪式的时候，作者这样写道：

> 六个日本人走上了"密苏里"号的船舷，但为了便于人们记住这个将具有历史意义的场面，只有两个出头人物——梅津将军和政治家重光葵。梅津将军穿着军礼服，身上的勋带闪闪发光，而他的眼睛却黯然失色。人们可以看到他脸上棕色的疤痕随着感情的波动时鼓时瘪。重光葵头戴丝织高帽，身穿黑礼服，仿佛正在出席婚礼或丧礼。他的一条腿是假肢，走起路来一瘸一拐。为了到甲板上去签和约，他紧握绳索，忍着无限的痛苦和不安，费力地向上攀登着。其他人都幸灾乐祸地看着，谁也没有伸出手来扶一下这位跛腿的老人。……

重光葵是日本的外交官，此时是日本外务大臣。美国人书中说："他的一条腿是假肢",这是为什么呢?我们还是回过头来看看历史吧。

1932年初的淞沪之战,由于国民党内部权力斗争激烈,上层消极应付,中国军队投入只有六七万人,而日军达十万之多,且还有飞机、坦克等现代化武器。为了避免被敌军包围,3月1日以后,他们不得已撤至嘉定、黄渡一线。国民党政府被迫签署了丧权辱国的《淞沪停战协定》。淞沪之战就这么不伦不类地暂时停止了。

日本侵略者在中国连连得手,兴高采烈。他们决定在"天长节"——日本天皇诞生之日,在上海日租界虹口公园举行盛大的"祝捷"大会。一小撮谄媚的汉奸们也抓住时机,绞尽脑汁讨好日本人。他们从上海物色了数十名美女,拟在"祝捷"大会上献花助兴。

日军侵略中国,还要在中国的土地上"祝后来居上",岂不是他妈的强盗逻辑?消息传来,人们义愤填膺。王亚樵顿足发誓:"操你妈的东洋鬼子,老子一定要叫你尝尝中国人的厉害!"

此时,京沪卫戍总司令、十九路军最高长官陈铭枢也怒不可遏地来到上海,邀请王亚樵密商破坏日军的"祝后来居上"大会事宜。

当晚,王亚樵回到住处,和弟弟王述樵商量起来,他们决定要下刀就狠杀一刀,让侵略者嚎叫一番。于是,他们决定拿侵华日军最高司令官白川义则大将开刀,让他在"天长节"上西天。

但是,日本人作贼心虚,十分害怕中国人民间的骁勇之辈,规定祝捷大会只许日本人和朝鲜人参加,中国人一概不准入内。兄弟俩商议一晚上,决定请朝鲜人动手。他们选中住在霞飞路宝康里40号的朝鲜独立党党员安昌浩担此重任。

朝鲜自清末被日本人侵占后,一批又一批的朝鲜爱国志士始终没有忘记自己的责任,自己的国恨家仇。安昌浩多年来一直从事反日活动,并在1930年秘密成立了一个"太洛太"的组织(即武工队),其主要成员有尹奉吉、安昌杰、金天山等人,这其中还有一个女性,叫李东海。

当王亚樵向安昌浩等人提出用炸弹谋炸白川时,这帮朝鲜义士当即应允。安昌浩说:"日本人是我们共同的敌人,为了对付日本人,付出任何代价都在所不惜。"

大家商定,采用定时炸弹。王亚樵对安昌浩说:"你们请放心,炸弹和所需

尹奉吉在行刺前，手握炸弹、手枪，胸挂誓词

要的费用由我来负责。"

次日，王亚樵即派王述樵送去两枚体积小、威力大、携带方便的定时炸弹，同时，还送去了四万元的活动经费。

安昌浩接到炸弹和钱后，连夜在他的寓所召集尹奉吉、金天山、李东海等人开会，商定具体的行动方案。

结果，他们将两枚炸弹分别放在特制的水瓶与饭盒里，由尹奉吉和李东海扮成一对日本情侣，预先到虹口公园侦察了大会检阅台的位置，并选定了在左台十米处投弹的地点。

一切准备就绪后，暗杀执行人尹奉吉和李东海在其组织"爱国团"团旗前庄严宣誓："齐心协力，勇往直前，粉身碎骨，誓杀日酋。"

4月29日清早，细雨蒙蒙，大上海如同置身于烟蒸霞蔚之中，一切都显得扑朔迷离。虹口公园从门口到深处，到处都是林立的岗哨，戒备十分森严。

在出入口和公园中的主干道上，到处张灯结彩，但由于细雨蒙蒙，一切都

王亚樵在上海刺杀的日军驻华最高司令白川义则

给人以沉重之感，节日的气氛显得有几分怪异。一群从舞场、学校和剧院挑选出来的美女们扭动着妖冶的腰肢，令人想入非非地不断走进会场。

许多日本侨民和朝鲜人身着盛装，带着干粮、水瓶等纷纷向会场集中，那些日本侨民个个眉飞色舞，为自己身处异乡之族却能在古老的华夏招摇过市而沾沾自喜。

安昌浩亲自开车送尹奉吉和李东海来到公园。

按原定计划，尹奉吉是和李东海用打情骂俏的方式混进会场的。但到了门前，他们发现公园内外的戒备较他们想象的要严得多。李东海体质很弱，举事后若不能脱身，会坏大事，安昌浩果断改变计划，由尹奉吉只身一人进入，李东海则在园外接应。

上午8时，二十四岁的尹奉吉身穿和服，提着有炸弹的大热水瓶，肩挎方便饭盒，同安昌杰、金天山一道，挤在日侨中昂首走进会场。安、金二人进场后即在左右两侧的最后座位坐下，以便策应。尹奉吉则大摇大摆地各处观看，等到11时左右才挤到预先选定的位置，带着热水瓶径直走到讲台前面，顺手把热水瓶放在讲台下面,返身坐在第一排座位上。过了不久,会场里已陆陆续续地坐满了人。日本侵华军总司令白川大将、日本驻华公使重光葵等二十余名高级官员也在这台上依次入座。

约在11时40分左右,日军头目演说完毕,全场齐唱日本国歌。就在侵略者们忘乎所以之时,尹奉吉走到主席台前装着倒开水的样子,把水瓶里定时炸弹的开关扭开,随即悄悄地离开会场。金天山、安昌杰遥看尹奉吉已经得手,也迅即离开会场。

两分钟后,讲台突然迸发出一声惊天动地的巨响。随着这声巨响,讲台猛塌,血肉横飞,白川大将被炸得血肉模糊,奄奄一息。手下人立刻把他送到医院,但他被炸得太狠了,尽管医生们千方百计,还是未能挽救他的性命。第四天,白川义则带着万分的痛苦与无奈,死在了医院里。

日本驻华公使重光葵被炸断一条腿。

日本租界商会会长岗村洋勇被摔下讲台七窍出血而亡。

其他十几个日本人死的死、伤的伤。

当时,台上、台下哭声、惊叫声响成一片,白川的"祝捷"大会成了哭丧

日军驻华最高司令官白川义则在棺材里

大会。消息传来，大快人心，上海人民奔走相告，中国人民奔走相告。

白川被杀，犹如一场地震，撼动了日本朝野，并引起了世界舆论的强烈关注。正在日内瓦召开的裁军会议上为讨论东亚问题的政治家们也受到强烈刺激。

白川被杀，也使蒋介石为之震动和关切。他觉得能策划和实施此案的人，决非一般，如果此人能为自己所用，中国还有什么政敌不可除去呢？蒋介石立刻命令戴笠，查询这次谋杀案系何人所为。

戴笠经过几番调查，确认此案系王亚樵所为。于是，他急忙来到委员长官邸说："报告校长，据学生的调查，谋杀白川一案，系我们正在追捕的要犯王亚樵所为。"

"王亚樵？"蒋介石迟疑了一下，"真的是他，你有没有搞错？"

"报告校长，我已经亲自调查过，的确是王亚樵干的。"

蒋介石沉默了好一会，说："你以前向我推荐过他，我没愿用他，看来，是一个失策，他是一个有能力的人！"蒋介石想，要是有了王亚樵，那些与自己作对的人，就会被一个一个地干掉。

"你要与他积极联系，并向他转达我对他的敬意，告诉他，以前的事，纯粹是误会。今后，我会重用他。"

戴笠立刻说，"是！"

"从财政部领四万块现洋，交给王亚樵，就说我说的，是对他的奖励。"

戴笠领了钱，立刻找到胡抱一，让胡抱一去上海寻找王亚樵。

胡抱一几经辗转，终于在上海同王亚樵会面。结拜兄弟寒暄一阵之后，胡即转达了蒋介石的表扬，将四万块钱取出交给王亚樵，并要他写一封信给蒋表示感谢，希望以后能为政府效力。

王亚樵接过钱，不屑地说："这钱我留下了，可惜太少。他蒋光头拥兵百万而不抗日，我们百姓抗日，饭总是要吃的。这钱也不是他自己的，取之于民，用之于民，我凭什么要谢他？至于为他的政府效力，纯粹是放狗屁！"

话不投机，胡抱一只好悻悻而去。

蒋介石一计不成，又生一计，他找到胡宗南，让胡写信给王亚樵，提出由胡宗南、王亚樵合组安徽省政府，以诱王亚樵上钩，但王亚樵依然回绝。

连出两招，均不灵验，蒋介石想：戴笠、胡宗南早年均落魄于王亚樵门下，虽说拜过兄弟，但王亚樵毕竟曾是司令，现在是不是有不愿屈居当年部下之下，也未可知。

不久，蒋介石又找来杨虎，让他去找王亚樵。杨虎也是安徽人，曾与王亚樵一起参加辛亥革命，时任淞沪警备司令。杨虎找到王亚樵，说："蒋委员长厚爱九哥，欲加你陆军中将之衔，掌执一个师的军队，你看如何？"

王亚樵虽然和杨虎是同乡，又一起参加过辛亥革命，但政见一直不同。杨虎说过之后，王亚樵微笑了一下，抬脚跃上杨虎面前的一张椅子，隔着桌子狠狠抽了杨虎两个嘴巴子。因为杨虎较高大，王亚樵较矮，不站到椅子上，隔着桌子抽不到他。杨虎这位握兵千万的司令被抽得眼冒金星。

"你回去告诉蒋介石，这个世界，有他无我，有我无他，休想让我替他卖命。"

蒋介石听了杨虎的汇报，嘴里照例说了两声："很好！很好！"

但他的心里早已下定决心：此人既不能为我所用，就必须坚决铲除，不然，将来他真有可能杀了我。因此，他又找来戴笠："无论用什么方式、什么代价、什么手段，务必要除掉王亚樵。"

再说王亚樵收到那四万块钱后，马上叫人转交了安昌浩，并叫余立奎在圣母院路庆顺里买下了"公道印书社"，让安昌浩及其战友作为栖身糊口之所。事后不久，安昌浩及其同志先后被捕，受尽酷刑，但是，他们始终未供出王亚樵，一口咬定是朝鲜人所为。

后来，安昌浩等人被引渡到汉城处死，安昌浩的另一战友金天山（金九）受王亚樵保护幸免于难，但不少朝侨受到株连。王亚樵与金天山密商，以金的名义书写《虹口公园炸弹案之真相》一文，声明："由金九一人所为，与他人无关。"他们把文章译成英文，由外地寄给在沪日军以及各报报馆。

虹口爆炸事件，震惊了日本军部，也轰动了日本本土，但"祝捷大会"事先有"中国人不得参加"的禁令，所以尽管损失惨重，日本军部也只好敲掉牙吞进肚子里，不好对中国人采取什么行动。

事隔不久，日本驻南京的特务组织机关终于侦察得知：整个谋杀事件的幕后操纵者是王亚樵。为了报复，日本人没有声张，却悄悄地制定了杀死王亚樵的计划。

一时间，上海滩上特务乱窜，无论是国民党的，还是日本人的，他们有一个共同的目标，那就是干掉王亚樵。

一场鲜血淋漓的刺杀战，在30年代的上海滩风起云涌。

日本人侵占东北后，国民党蒋介石政府不是抵抗，而是一再呼吁国联出来主持公道。

1932年4月，国联派英国前驻印度总督李顿率五人调查团到中国调查，考察中国领土被侵占情况，以便形成世界舆论压力。

但是，李顿是个典型的殖民者代表，本身极其蔑视中国，认为中国人愚昧而野蛮。他曾在一次非正式讲话中说中国人是劣等民族，中国的政治家只要有官做，可以舔英国人或者美国人甚至是非洲黑人的屁股，都会感到津津有味。中国的官员们为保住乌纱帽，常常把白的说成是黑的，把狗屎橛说成是麻花。为了讨上级的欢心，下级官员们会把自己的老婆和女儿拿去让上司轮流着睡。

这些话很快传到了王亚樵的耳朵里，王亚樵勃然大怒。他说："中国人再落后，再愚昧，也是中国人自己的事，岂能由一个外国佬来信口胡言？再说，那些丑恶的事都是当官的干的，与堂堂中华民族有什么关系？李顿这个英国佬，有朝一日我要叫你舔中国人的屁股，而且是刚刚拉过稀屎的中国人的屁股。"

李顿在华期间，不思主持公道，只想去游逛中国的名山大川。他本是出身于贵族家庭的花花公子，作风极为腐化淫荡，对于"落后民族"的美女，这位洋大人并不蔑视，而且兴趣极高。

"东方的美女就和东方的宝石一样迷人。"一踏上中国的土地，他就这样对同伴说。

再说日本人得知李顿一行来到后，立刻投其所好，让伪满洲国派出宋瑞蕊充任其翻译，为其壮行。

宋瑞蕊化名丁香叶，其父是满清旧臣，日本侵占东北后，又在伪满军中任职。

丁香叶天生丽质，肌肤如雪，系有"雪美人"之称。对于男人，哪怕是患严重阳痿病的男人，一颦一笑，一嗔一怒也能让他欲火焚烧，追命夺魂。在国外期间，她被一日本间谍引诱破瓜，加入日本间谍机构。"九·一八"前夕被派遣回国。伪满洲国成立后，她便成为其中的一员。

这个是戴笠讨厌的陈果夫

在谍报工作中,丁香叶自命手段高超,对其他人一概不正眼瞧,甚至连大名鼎鼎的川岛芳子也看不起,她认为川岛芳子是个"土包子",尽管会附庸风雅,但免不了画蛇添足,土气难除。

丁香叶初次与李顿见面,即眉目传情。李顿是情场老手,与英国女郎、法国女郎、西班牙女郎和丰腴的印度女郎全都多次操练过,一见到丁香叶这美人坯子,即大喜过望。原本,他是准备施展一番功夫,将她揽入怀中,但没有想到这妇人竟然自己送来。鱼儿投网,焉有不收之理?李顿当即用目光盯住丁香叶的眼睛,不停地往她那一对丰满的乳房上示意。

岂知这"雪美人"不是一般的鱼儿,她是负有重要使命的,她的刺儿硬得能扎破李顿这个英国佬那肥厚的肚皮。

丁香叶当了翻译后,对李顿尽倾姿色,白日伴游,夜晚陪睡,床笫之间丧尽国格,极尽贬低祖国而吹捧日寇之能事。李顿夜夜趴在丁香叶的雪白的肚皮上,快活得如神仙一般,对丁香叶的话,听来自然句句悦耳。

最后,李顿竟然一句公道话也不说,反而发表"东北原是满洲国,不一定属于中国版图、中国的奴性根深蒂固,只能生长皇帝、绝无民主政治,让外国人帮助治理也许会更好"等等无耻言论。

李顿的这些话,激起中华举国之义愤,上海各界群起而反对,沈钧儒、褚辅成、朱文桥、许世英、吴迈、李次山、许冀公等各界人士借四马路大中华饭店集会,讨论对付李顿国际调查团,或言电国联抗议,或言诉诸世界舆论,或言当面质问。

王亚樵更是怒不可遏,拍案而起,说:"世界上只有强权无公理,只有诉诸武力,锄杀李顿。"

会后,王亚樵回到大华公寓,立即召集所属人员计议。

王亚樵说:"李顿小贼,欺我中华无人。此贼早除一天,我多活一天,此贼多活一天,我少活十年。我杀了半辈子人,还没遇见比此贼更当杀的人。如此畜邦异类,我必亲手杀他,寝其皮,食其肉,用其头颅当夜壶。"

得知李顿要到上海,王亚樵立即做好准备,命令龚春蒲率领二十四名杀手守候在调查团下榻的外滩华懋饭店周围,准备锄杀李顿。为了行动方便而准确,王亚樵买通了饭店的两名侍应生,随时提供情报。

根据情报,王亚樵决定计划在1932年11月10日晚在大观园舞场趁乱行刺。因为李顿身边警卫森严,在华懋饭店内难以捕捉到机会。

一切准备就绪,就等着好戏开演,但情况却发生了变化。11月7日晚上,一名负责跟踪的手下突然向王亚樵报告说,逛了半天大世界的李顿今晚没有回华懋饭店,而是在大世界附近的亚太饭店包租了两个房间,其警卫只有两个人。这位手下来时,李顿正在丁香叶的房间内,估计一时半时不会出来。

简直是天赐良机,王亚樵觉得,此时行动,时机最妙。他叫上赵士发等人,驱车前往亚太饭店。由于时间仓促,王亚樵只带了三个人。

到了饭店,王亚樵让赵士发及一名手下在大门外接应,他要亲自动手,除掉李顿。赵士发不同意王亚樵冒险,但是王亚樵说:"用不着争了,你难道不知道,我决定了的事,不会改的。"

赵士发只好同意。

王亚樵带着报信的那个手下进入饭店,不料,在楼梯口却突然遭到了两名彪形大汉的盘问。

原来,一心仰仗国际联盟的蒋介石对李顿的上海之行极不放心,除派戴笠手下的特务公开保护之外,还让陈立夫派人在暗中保护。李顿没有回华懋饭店,白天跟随的特务自然不肯离去,发现可疑人员,宁可错杀,也绝不放过。

当下,两名特务手持子弹压上膛的手枪,厉声喝问:"干什么?"

王亚樵瓮声瓮气地说:"找老婆!"

特务不信,说:"半夜三更,这里哪有你老婆?"说着就近前搜身。

王亚樵不慌不忙,用眼睛向报信的手下示意了一下,报信的门徒赶紧说:"阿六是对我说的,她现在正在上面和人家睡觉呢!"

王亚樵说:"不会错吧?"

"怎么会呢?房间是阿六开的。"

王亚樵走上前,向特务陪着苦笑说:"让二位老兄见笑,贱内生性风骚,与人私通,今晚得信,特来捉奸,万望二位千万不要声张,以免打草惊蛇。"

"少啰嗦,我管你老婆跟谁睡,我是在这里执行任务,你要上去,必须搜身。"特务们说着就走了过来。

就在特务靠近之际,王亚樵和手下同时动手,以迅雷不及掩耳之势,将两名特务的喉咙卡住,一声不响地拖到楼下一间水房里。特务们全都昏迷,王亚樵与手下又将他们的头闷进水里,直到他们彻底死去。

从水房出来后,王亚樵说:"看来防备甚严,楼层内还有人把守,我们不如攀墙从楼外进去。"

主意一定,二人就从水房旁边的窗户翻出去,攀着窗沿,向四层东头靠近。到了倒数第二个房间,王亚樵果然从窗帘的缝隙内发现了丁香叶。此时,她已经洗完澡,正趴在茶几上修指甲。王亚樵估计,李顿正在洗澡间内。

由于窗户关闭严密,又怕玻璃声响惊动屋里的人,二人只好耐心等待,等李顿一从洗澡间出来,就开枪打死他,然后滑下楼逃走。

可是,他们左等右等,就是不见李顿的踪影。

过了好一会,丁香叶也爬起身来,脱掉浴衣,换上紧身内衣,当她脱掉浴衣时,她那雪白的身子令王亚樵浑身发烧。几年后,当他把这位雪美人压在身下时,立刻想到了眼前的这一幕。

丁香叶换上紧身内衣后,叽哩哇啦地向洗澡间说了一遍洋活,又坐在梳妆台前抹开了口红。王亚樵的部下见状,以为她要出去,忙对王亚樵说:"坏了,李顿不在这屋。"

王亚樵说:"现在还不能最后确定,再等等看。"

过了一会,王亚樵又说:"你到东边看看。"

谁知那个部下手攀窗沿久了,体力渐渐不支,听说王亚樵叫他去东边看看,左手刚抬起,眼前便一阵发黑,失手掉了下去。

"啊!"他的惨叫声响彻了夜空。

王亚樵情知不妙,但他依然沉着地守在窗口,等着李顿露面。

这时,楼道里已乱哄哄地响成一片,咕咕咯咯的脚步声也渐渐逼近。房间里的丁香叶也大叫起来,随着叫声,王亚樵见她一跃而起,扑向开关。瞬间,屋内一片漆黑。

王亚樵知道,丁香叶这是在掩护自己和李顿逃跑,遂举枪一阵猛扫,扫完之后,他从下水管道上滑到楼下,然后借着一棵梧桐树攀上院墙跳出。此时赵士发已将汽车开过来,打开车门,王亚樵进去,汽车飞驰而去。

事后,王亚樵才知道,算李顿走运,有惊无险。丁香叶在拉灭电灯后,即冲进洗澡间,将李顿按住不动。因此,王亚樵的那一枪子弹,只起了吓唬的作用。

此事立刻轰动了上海,蒋介石严令戴笠,要不惜一切代价,确保李顿等人的安全。而英国佬李顿经此一番惊吓,虽然怒火万丈,但也一下子老实起来,处处夹着尾巴,小心翼翼。同时,李顿也不敢再要"雪美人"丁香叶跟在自己的身边。他觉得,这个妇人是祸水,差点要了自己的命。

丁香叶呢?差不多也已完成了自己的使命,不陪李顿,也行了,倒也不介意,她离开国际调查团,独身一个人住进了亚太饭店。她想寻找王亚樵,她想看看,这个著名杀手,到底是一个什么样的男人!她总是对那些独特的男人感兴趣。

13
王亚樵曾经的把兄弟戴笠

王亚樵的以动制静，打破了戴笠的以静制动所取得的战果，许多隐蔽在暗处负责监视斧头党活动的特务的身份纷纷暴露，这些人挨打的挨打，丧命的丧命，令戴笠无可奈何。

一时间，南京国民民党政府内部、日本领事馆中，甚至连声名赫赫的杜月笙也怀疑自己身边混进了王亚樵的耳目，真是从国家元首到下层官吏，人人自危。正如美国的弗雷特·安娜女士在《中国的民间力量》一书中所言：

> 在中国抗日战争（指"七·七"事变以前的局部抗战）和国共两党争斗的这段历史中，这个非常奇特的人物是不能忽视的，很难明确地说，是那个时代造就了王亚樵还是王亚樵在戏弄那个时代。他绝不同于西方的那些黑手组织以嗣造恐怖作为生存方式，也不同于中国古老土地上的传统土匪杀人越货谋生。他既非政治家也非军事家，然而他又有相当深沉的政治头脑和精湛的军事常识。同时还保留着一种桀骜不驯的匪性……他似乎同所有的政治家为敌，似乎要面对全世界而唯独显示他个人的力量，无疑，王

亚樵的出生就意味着对中国领袖们提出了更严格的要求，他本人简直就像是武装的国会，他贯彻意志的方式不是提出动议提交讨论，而是用枪和炸弹。尽管他的原则是杀恶扬善，而在实际操作过程中，有些好人也被他杀了。

这个身著马褂戴着旧式眼镜的先生，看起来就像一个潦倒的穷秀才。他的确是个有学问的人，他对于中国政治史有一套粗鲁而新鲜的见解。也在兴致盎然施行谋杀的同时，绝没有忘记自己是个读书人。他几乎在每次组织团体时，都要办上一份报纸，作为自己的舆论工具，并常常亲笔赐文，文采十分精美……据不完全统计，他至少同二十个女人睡过觉。他对女性似乎有着与生俱来的同情、爱怜和亲近的愿望，一言以蔽之，他属于比较喜欢女人的那种男人。除了他的权威以外，他的风格和胆魄委实十分具有魅力。设想他要是到了美国，受到美利坚女郎的青睐及至追逐是完全有可能的。

王亚樵这匹桀骜不驯的黑马，令戴笠伤透了脑筋，什么办法也没有。当自己的部下一个一个地被杀手们当作点心随意"吃"掉时，戴笠不由地咬牙切齿！

戴笠是个聪明的人，他不会因为仇恨而发昏。为了进一步对付王亚樵，他坐下来，细细回忆当年自己与王亚樵在一起时，王亚樵到底还有哪些弱点，三天后，他想到了女人。

似乎极为令人不可思议：王亚樵那么凶残，却又是那么多情，没有任何人能像他那样去享受女人、渴望女人的温馨了。也许，这就是中国传统哲学里所说的：阴阳两极、相辅相成。

想当年，戴笠投奔王亚樵时，抛发妻毛从秀于家中，难免饥肠辘辘，再加上囊中羞涩，虽然酷爱风流、酷爱耕耘，却也只能偷偷摸摸地跑到妓院里去偷欢一刻，沾沾腥气。

有一次，戴笠从妓院回来，被王亚樵得知，王立刻当众讥笑地说："宁吃鲜桃半口，不拣烂杏一筐。而你血气方刚，该攒劲成家立业，即使倚翠偎红，也得讲究品格。这江南烟柳之地，淑女名媛甚多，何以独钟那些让别人吃过多遍

一张戴笠标准照

的臭肉?好不容易挣到几块光洋,都扔进妓院,实在有损儒士之风。"

戴笠苦笑道:"大哥真是饱汉不知饿汉饥。大哥如今已是一方名士,小弟则寄人篱下,淑女名媛整天围着你转,而我碰碰她们的手她们都不愿意,不找妓女,我找谁?"

一番戏言,惹得王亚樵哈哈大笑,当即给戴笠一百块钱,让他到湖州中学附近转转,看能否遇见那些年轻漂亮的女学生,捣弄出一出风流史来。

在以后的特务生涯中,戴笠在女人堆里身经百战,深知女人重要。此时,上海滩的局面又已变得对王亚樵有利起来,戴笠决心在围捕、守捕、诱捕、查捕的同时,对王亚樵这颗情种使用女人。戴笠对手下的女特务说:"绝不要认为王亚樵是个好哄骗的买主。王亚樵看中的女人是有讲究的,必情之所至,此情不是亚情,乃是王亚樵的奇情,但凡同他有关系的女人,绝伦之美是必要条件,但光靠姿色是远远不够的,奇善奇恶奇智奇毒都能引起他的注意。他尤其喜欢可怜巴巴的女人。他对女人从不动武,以前在湖州,有个女人骗他,他只是把她撵走了事,这可是我亲眼所见。"

鉴于屡次抓王不着,为了避免更大的损失,在此后的几年对王亚樵的追捕中,戴笠频频派出姿色美艳而且"身怀绝技"的肉弹,对王亚樵展开了连续不断的女性攻势。

每当派出一名新的女特务，戴笠就会对她说："对付王亚樵，要想封住他的嘴巴，就得抓住他的鸡巴。现在，就看你的功夫了。"当然，这些年轻美丽的女特务首先都早已和戴笠云雨几番了，对她们裤裆里的功夫，戴笠是清楚的。美国人弗雷特·安娜女士说：

> 利用美色作为诱饵，勾引在战场上无法征服的将军或骑士，在谍战中以肉体换取情报或接近秘密对手，无论是在西方还是在中国，都有着悠久的历史……然而在戴笠同王亚樵的角逐中，女性的把戏则被玩到了出神入化的地步。我们并不否认王亚樵对于女性有着特殊的爱好，但大量事实证明，关于他至少同二十个以上的女人睡过觉的传闻是极不可靠的。从我们所掌握的材料上看，与王亚樵发生过肉体关系的女人绝不会超过十六个。用中国民间"自古英雄爱美人"的观点看，这实在算不了什么，甚至可以说是微不足道的。倒是那位决心运用女性武器对付王亚樵的戴笠先生，则实实在在可以称之为情海枭雄。我们实在无法统计出具体数字，但我们知道，除了大名鼎鼎的电影明星胡蝶女士以外，戴笠先生还拥有为数不少的"工作太太"，他可以利用工作之便同她们同居，这些"工作太太"大都是他的部下和学生。

弗雷特·安娜的这段话，为我们找到了戴笠用"肉弹"向王亚樵进攻的理由，也让我们看见了戴笠这个表面上道貌岸然的家伙的淫乱的一面，这里，我们不惜多书几笔，后话先说，看看戴笠的私生活。戴笠在私生活的主要特点是"四不"、"五好"。"四不"是不喝茶、不吸烟、不照相、不讲究衣着；"五好"是好高级轿车、好豪华住宅、好洗澡、好喝酒、好女色。

戴笠不喝茶的习性大概缘于十年的流浪生活的磨炼。在当时居无定所、食无定时的情况下，当然不可能有品茶的悠闲心情和条件。当上特工头目后，出于安全考虑，戴笠在外面也极少喝茶。

戴笠不吸烟，但是却备有名贵烟或女人烟和鸦片烟，名贵烟是招待客人用的，女人烟是讨好夫人小姐用的，鸦片烟是用作招待杜月笙等一班三山五岳的江湖朋友及为他治疗性病的张简斋医师所用。

出于神秘的特工生活及安全考虑，戴笠一般也不照相，无论哪个训练班的毕业典礼，不准合影，不准有同学录。戴笠从不把照片送人，许多军统大特务都没有见过他的照片，中小特务往往只是听其名，不见其人。

有一次，中央社记者把他与蒋介石在一起的情景照上了。事后，他派人通知中央社把他的相片取消，不准洗印出来。

1940年，华北日本特务机关和各伪满警察机关，出了一张布告，宣布缉获蓝衣社特务头子戴笠奖赏二十万元；送信因而缉获者，奖赏五万元。可是，由于没有照片，谁也说不出戴笠是什么模样，这使日伪特务机关都感到很遗憾。

戴笠的上等衣料很多，但是他的衣着很普通。穿的最多的是中山装，大都是藏青色、灰色或黄色的卡其布料，偶尔穿一套便装，很少穿西装。

戴笠中等身材，壮实而有力；长方形脸，显得轮廓分明；嘴巴又宽又大，满脸络腮胡须，每天刮完后，脸色铁青，加上两道又粗又黑的剑眉和炯炯目光，给人一种干练果断又望而生畏的感觉。平时，他留着长发，梳成大背头，一般不戴帽子，一口浙江官话，但因患严重的鼻炎，而使说话带有瓮声。

戴笠处处争强好胜，唯有一只鼻子不争气，常使他在一些庄重风雅的场合斯文尽失。他的鼻炎之严重顽固，也算得上是一绝，无论春夏秋冬，总是隔不多会儿，就要擤出一大块浓浓的粘液。

因此，戴笠发迹后，外出时有两样东西是必备的，一是一大箱洒满香水的手帕，一是从美国进口的洗鼻工具。

由于鼻子不行，嗅觉很差，戴笠常常香臭不分。这倒也使他身边的特务少挨了许多骂。

一般情况下，戴笠喜怒不形于色，性情很难捉摸，有时还使人感到和蔼可亲，平易近人；有时则声色俱厉，满脸杀机，令人不寒而栗。

戴笠生性好动，走路很快，在室内则喜欢来回踱步。外出坐车，则喜坐在前排。军统特务们都认为给戴笠做警卫工作比给蒋介石做还难。他爱到处乱跑，一会儿上汽车，一会儿下车步行，他走得相当快，有时他在前面，忽然举手叫人，你就得很快站到他面前，否则就要挨骂。

戴笠爱看京剧，有时一人在房中听留声机，也喜欢哼上几句。由于生就一副马脸，且信奉面貌之动物大贵的命相说法，故喜欢徐悲鸿画马的画。他不信教，不信佛，不求仙，却迷信风水、麻衣相命。

这家伙平时吃得特别好，山珍海味，名贵特产，应有尽有。许多物品都是从越南、香港、印度等处进口。抗战中期以后，又转向从美国进口。

戴笠特别喜欢轿车，这当然既是享受，也是特工活动的一种需要。他拥有十多辆轿车，大都是英美等国出产的新产品，并且同一规格型号色彩的总要备上两部，以防不测。

在重庆期间，戴笠所占有的豪华住宅，大概在重庆府中是无人能及的。即使是蒋介石，由于矫情自饰，也故意不住惹人注意的住宅。在重庆期间，蒋介石驻留的官邸，仅上清寺官邸和黄山附近的山洞园林别墅这二处。但是，戴笠仅在重庆一处地方，就有公开和秘密的公馆十余处，除了公开办公会客用的曾家岩中四路151号公馆、缀丝石杨家山公馆外，另有罗家湾19号局本部公馆、松林坡公馆、神仙洞公馆、上清寺康庄3号住所、浮图关李家花园寓所、嘉陵新村半山坡公馆等。

除重庆外，戴笠在上海、武汉、香港、兰州、天津、西安、南昌、成都、贵阳、北京以及苏州、郑州、福州、杭州、厦门等许多大中城市都占有公馆。戴笠一生中到底有多少处公馆，这大概除了他身边负责管理此事的亲信秘书王汉光之外，就连他自己也一时说不清。

戴笠的公馆装饰大多豪华，从办公室、会客室、卧室、起居室、会议厅到餐厅、卫生间等，全部俱备。因为洗澡是戴笠的一大爱好，只要有条件，每天早、晚要洗澡，有时中午也要洗澡。因而，洗澡间装修得十分讲究，从墙壁到地面上都要铺有雪白的釉面砖。

这家伙好喝酒，而且酒量极大。茅台酒、白兰地，每次可饮二瓶左右。在一次圣诞节的晚宴上喝黄酒，最多一次连饮一百六十杯，仅有稍稍醉意，发表长篇讲话亦无失言。在场的美国特工个个被惊得目瞪口呆，接着连喊：奇事！奇事！

戴笠的"五好"中，尤以好色为先。受戴笠蹂躏最多的当数军统特训班的女学生或女特务。叶霞翟、赵霞兰、余淑恒等女学生都是长时间被戴笠霸占玩弄的著名女特务。

军统的许多女特务素闻戴笠是个色魔，往往谁也不敢到戴笠身边工作，甚至戴笠想在寓所里安装电话小总机，连女话务员也找不到。他从自己的侄女、女佣，到特务家属、朋友妻女，只要能找到的，无所不玩，重庆的许多公馆也是他的淫窟。在公馆工作的除警卫、勤务特务外，还有从江山县特招来专门服侍戴笠起居的年轻女佣。

戴笠认为，家乡人都有根可查，老实可靠，且以同乡感情进行笼络，易于控制掌握。1940年，戴笠就命妻舅毛宋亮从江山县招去四名年轻女娃，分别把她们安排在神仙洞、杨家山、曾家岩等处公馆作女佣。这些女佣除了要为戴笠洗澡时擦背，睡眠前捏脚，给戴笠穿衣、折被外，还要供戴笠蹂躏。

特务的家属如果被戴笠看中，不但要被其糟蹋，而且有被丈夫抛弃的危险。军统局人事处科长李修凯平时很受戴笠宠爱。后来，他把家属从乡下接到重庆，就在戴公馆附近找到一处住所居住下来。

一次，戴笠的轿子从李修凯门前经过，发现李太太长得有几分姿色，回去就派专为他"拉皮条"的秘书王汉光把李太太请来，强制她在戴公馆过了一夜。

李修凯下班，听两个孩子说妈妈被戴笠找去，如五雷轰顶，一夜也不曾合眼，一直坐等到第二天早上。

李太太被蹂躏了一夜，第二天一早跟跟跄跄地刚进门，李修凯就拿出一把剪刀，不由分说将太太的满头青丝剪去。从此，两人感情破裂。

李修凯一肚子怒气无处发泄，不觉大病一场。不久，他把太太送回原籍，横竖不予理睬，接着又另娶了一个老婆。

可怜李太太，不但被戴笠强奸，羞辱难当，又遭丈夫抛弃，苦不堪言。

随着戴笠地位的不断提高，其生活上也更加放荡。1942年3月，戴笠到西安主持"查缉干部训练班"第一期毕业典礼。会后，他听说西安开源寺妓馆有个妓女叫妹妹，在当地嫖客中颇有些"如雷贯耳"的名声，一时色兴大发，就带上给他负责警卫的西安警察局侦缉队队长马德皋，化名河南的王姓商人，找到17号房中的妹妹胡混了两夜，给了六千元钱，另买了四件上等衣料。

这个妹妹从戴笠的气度、出手上只知道他是个大官，却不知道他是名震天下的特工头子。

为了能讨女人的欢心，戴笠不但花钱十分慷慨，而且考虑得非常仔细。给女人的东西，大到钻石戒指，小到内衣内裤，无不精通。

至于他渔猎女性的手段，更是无所不用其极。

一次，戴笠到第三战区看望第十集团军司令王敬久，在宴席上遇到上海大学的女学生萧明、夏文秀。萧明是浙江省政府主席黄绍竑的义女。黄有意将她介绍给王敬久做妻室,故萧约了夏文秀一同到江西上饶与王敬久相见,发现王敬久是个不学无术的粗坯,与理想中的抗日爱国儒将夫婿相去甚远。几天后,她们就以回湖南原籍为借口,要辞别王敬久他去。

戴笠了解原委后,又听说萧明擅长京剧青衣,是北平名票友,夏文秀会唱花旦,就心生一计,对她们说:"委员长听说你们京戏唱得很好,特派我来接你们到重庆演出。"

第二天,不由分说,戴笠派人用汽车将两位年轻漂亮的女大学生送到重庆关进望龙门看守所,继而又关进白公馆;戴笠回到重庆后,又派人用两滑竿将她们抬到杨家山戴公馆,供戴笠蹂躏。以后,他就把她们一直关在监狱中,想玩时就把她们带出来。直到戴笠死后,这两女大学生才被释放出来。

还值得一提的是女特务周志英。对周志英,戴笠并不值得动情,只是偶尔需要,逢场作戏罢了。但周志英不识相,仅仅同戴笠睡了几觉,便以为戴笠情所独钟,可以名正言顺地当"老板娘"了,由于她经常找戴纠缠,戴一气之下,把她囚禁到息烽监狱关了两年才释放。

这女人委实痴情,释放的第二天便擦脂抹粉去找戴笠。谁知到了戴公馆,戴笠不愿见她,让警卫撵她滚蛋。周志英好不悲伤,放声大哭,戴笠以为不雅,叫进去大骂她无耻,白日作梦,要她死了那条心。

而周志英绝不甘于死心,表示宁死也不离开。戴笠气极,拿起鸡毛扫帚打她,她一声不吭,任其死打。

当时,沈醉也在戴笠的办公室,周向沈诉说她如何地爱上了老板,哪怕当姨太太小老婆都愿意。

趁周志英与沈醉说话之际,戴笠想溜走。她发觉后,立即抱住戴笠的腿,任凭戴笠的皮鞋踢来踢去也不放松。沈醉便吆喝另一特务用力拉开,随后将她送往白公馆又关了起来。不久,这个女特务就得了精神病。

军统二处处长何芝园的夫人毛同文为救其弟毛烈一命,不惜以身相委,结果戴笠正在她那洁白的肚皮上,变着花样揉她的乳房时,毛烈的脑袋落地了。事后,毛同文嚎啕大哭地咒骂戴笠是"骗子",何芝园也是赔了夫人又折了小舅子。

戴笠自原配夫人去世后,初有意于女特务叶霞翟,并着意培养,后又送美

特工头子戴笠和电影皇后胡蝶

国深造"镀金"。不久,重庆外训班学生余淑恒又被戴笠看中,戴笠认为余在色相、气质、才气、应酬、伶俐等方面都比叶高出一筹,于是又将续弦之意寄托在余淑恒身上,把她留在身边工作一段时间后,又步叶霞翟后尘,送余到美国留学。

恰在两位美人出国将归未归时,电影皇后胡蝶于1942年11月24日到达重庆,戴笠再次改变主意,开始着力追求胡蝶。

胡蝶本是戴笠心目中久已崇拜的一座偶像。早在20年代中期,戴笠还在上海流浪时,胡蝶已在沪上影坛声名鹊起。到20年代末30年代初,戴笠重返上海开展初期的特工活动时,胡蝶已红遍大江南北,成为中国电影界的"天皇巨星"。

这个时候,戴笠只不过是个鬼鬼祟祟的小特务,与胡蝶相距之遥,不可以道里计。虽然他也是个忠实的胡蝶迷,十分羡慕胡蝶的美色与演技,但是,不用说无缘与胡蝶结交,就是一睹芳容也是很难的。

戴笠完全没有想到昔日可望而不可及的电影皇后会有一日落入自己的掌握之中，成为自己的猎物。

原来，上海失陷后，胡蝶与丈夫潘有声同去香港，继续活跃在影界拍片。香港沦陷，胡蝶初想继续滞港偷安，不料日本人找上门来，邀她赴东京拍一部《胡蝶游东京》的影片，宣扬所谓"中日亲善"思想。胡蝶这才意识到问题严重，决定逃回大陆。

行前，胡蝶夫妇将历年积存的财物装成三十箱，托当时在港秘密负责接送工作的杨惠敏女士代运回国。杨惠敏原是淞沪抗战时冒枪林弹雨之险向四行仓库八百孤军献旗的女童子军，后由国民政府赈济委员会派到香港做接运爱国抗日人士到大后方去的工作，与胡蝶夫妇颇有交往。不料，当胡蝶夫妇爬山过西贡，步行至淡水，然后抵达广东曲江（韶关）时，却得到了三十箱财物在东江被劫的消息。

胡蝶失宝，极为伤心。特别是行李箱内有胡蝶欧游时各国名人及朋友的照片、题字，她在香港拍《孔雀东南飞》时特制的衣物以及许多宝贵首饰、纪念品等，均是无价之宝。痛心之极，因而滞留桂林大病一场。

此事由胡蝶在上海时好友杨虎、杜月笙得悉，立即告知戴笠。戴笠喜出望外，慨然应允帮忙，并立即电告桂林的军统机构为胡蝶提供两张机票。胡蝶夫妇到达重庆后，应邀先住进范庄杨虎家中。

戴笠知道，自己手中虽操生杀予夺的大权，但对胡蝶这类世界名人，却只能智取，不能强夺，否则必会弄巧成拙，引起舆论公愤。

戴笠设计一步一步地征服胡蝶。

第一步，就是设法为胡蝶破案，据说胡蝶在戴笠面前哭诉，硬说杨惠敏抢了她的行李，戴笠说："请放心，我立刻派人找回丢失的财物。"接着，戴笠就派员前往湖南株洲，会同当地军统组织，把杨惠敏及其情夫赵乐天押解到重庆，关进石灰市稽查处看守所，不久又转押息烽集中营。这一关就是好几年，直到1946年1月，杨才被"无罪"释放。

戴笠抓过杨惠敏后，另派干员赴广东东江一带，组织侦破此案。但凭戴笠有通天之能，此案也无法侦破。戴笠眉头一皱，计上心来，按胡蝶开列的丢失珠宝、衣物和账单，派人从国外购置，然后谎说是追回一部分财物。

胡蝶什么世面没见过？一看这些"追回"的珠宝、衣物虽不是原件，但款色更新、价值更好，于是心领神会，已对戴笠先有了一个好感。

戴笠第二步是把胡蝶夫妇从范庄接出，安排住进中四路151号公馆，这里从家具、卫生设施到衣、食、住、行的各种物品以及勤杂、服务人员等，一应俱全，免费供胡蝶夫妇享用。胡蝶本是落魄之人，但又是享受惯了的，现在终于过上了自己久违的熟悉的生活，自然对戴已有了三分情意。

戴笠稳扎稳打，步步为营。

胡蝶旅途劳顿，又伤心过度，玉体病后恢复欠佳，故戴笠第三步是不但延请中西名医为胡蝶疗治，赠送贵重药品，安排调养滋补等等，还从百忙之中，每日登门照拂，和胡蝶聊天解闷。各种土特产、鲜花水果等，更是每日不断地派人送到公馆。

这些，都使胡蝶自觉于心不安，欠了戴笠一份"厚债"却无从报答。因而心中对戴笠感激、报答之情日深。

戴笠的第四步就是利用手中权力，为胡蝶的丈夫潘有声谋取了一个财政部广东区货运专员的肥缺，只身去昆明赴任。

潘有声本来就是商人，乐得到外面做官、发财、享福。至于夫人将要交戴笠照应。他也觉得无所谓，外面十八九、二十一二的大姑娘有的是，比三十多岁的胡蝶鲜活水灵多了，只要有钱，一晚上玩十个也行。于是，他便愉快地上任去了。

戴笠在他前脚走后后脚就把胡蝶转移到乡下的杨家山公馆，以避人耳目。从此，金屋藏娇，秘密同居。不久，又为胡蝶专门建起神仙洞公馆，以供自己和她快活逍遥。

胡蝶是上代红星，人极漂亮，上银幕是美人，不上银幕也是美人，性格柔顺，聪明伶俐，又极善体人意，柔情万种，绵绵不绝，居然把一代魔王戴笠"调教"得循规蹈矩，勒马收缰起来。从此以后，戴笠不但解开了系在叶霞翟、余淑恒身上的袅袅情丝，而且一改过去到处追逐女人、渔猎美色的行为。

胡蝶的魔力所在，正如著名鸳鸯胡蝶派小说家张恨水所言："胡为落落大方，一洗儿女之态，性格深沉、机警、爽利而有之，如与《红楼梦》人物相比拟，十分之五六若宝钗，十分之二三若袭人，十分之一二若晴雯。"

戴笠虽是一代超级混世魔王，但是，由于出身低贱，内心深处又有一种自卑感，现在又是理想中的绝代佳人胡蝶屈尊俯就于己，确是心满意足，心理深处的不平衡感得到校正，从而演出了一幕特工皇帝与电影皇后的风流史。

王亚樵与戴笠虽然都喜欢女人，但王亚樵对待女人却与戴笠有本质的不同。为了显示这种不同，我们从王亚樵历史中找出一件事，前话后说，来充分显示。

那是1909年秋天，王亚樵的少年同窗于连介在合肥县教书，同时兼任城关镇伍岐山的家庭先生。

伍岐山是合肥一霸，家中开设布坊、米坊、油坊、染坊、豆腐坊五大作坊，腰缠万贯，财大气粗。五大作坊里的伙计除劳作经商以外，还供伍岐山驱使充当家丁打手。

伍岐山一年有多半时间带着小老婆在外跑码头，家中只有续弦朱蔻和前妻所生的七岁女儿碧珊。那朱原本小家碧玉，深恶伍岐山油肠肥脑，羡于连介知书达礼文质彬彬。趁伍外出之际，她常拿话撩拨于连介。

朱蔻二十多岁，是一个熟透了的绝艳美妇，丰彩照人，就是古稀老翁见了也难以平静，于连介哪有不动心之理？一来二往，两人渐入佳境，云欢雨爱，鱼谐水和。

岂知，好景不长，不到半年，东窗事发。

有天晚上，于、朱二人正在云涛雨雾之中忙得大汗淋漓时，声称已去芜湖的伍岐山突然从天而降，将两只野鸳鸯赤裸裸地捆在了床腿上。

打，自然是少不了的。

打完之后，伍岐山问："公了还是私了？"

于连介已被打得眼冒金花，忙问："公了如何？私了又如何？"

伍岐山说："公了，拖你这个野种去见官，孔子门生勾引良家妇女该当何罪？小贱人有夫之妇养汉子通奸，辱没门庭，该剥光衣裳骑驴游乡。"

于连介吓得魂不附体，除了磕头求饶竟说不出别的话来。

伍岐山于是提出私了的条件："你睡我女人半年，按两晚上一次算，少说也有百把次，这我没有多算吧？你不是也有个没过门的媳妇吗？黄花鲜货，还是洋学生，那才够味，我伍岐山只睡一次，我们之间就了结了，怎么样？"

无论是公了还是私了，对于于连介来说，都不吝是钻心乱箭。

伍岐山给他三天时间考虑，三天不回话就按公了办。

于连介回到学校后，茶饭不进，神情恍惚，犹如大病一场，闭门不见任何人，几次寻死不忍。在绝望中，他想到了同窗好友王亚樵。

王亚樵听说这件事后，连骂几声畜牲，骂伍岐山也骂于连介，骂完之后，他摸出一壶酒，自斟自饮。饮完三杯，他忙问于连介："那娇妇对你是真情还是假意？"

于连介忙说："真情。她说她恨不得毒死伍大牙，一辈子都跟我。"

王亚樵又问："那你要她做事，她肯不肯？"

于连介叹息了一声，说："我二人已是一根绳子拴着的两只蚂蚱，跑不了我，也跑不了她。如果能够救急，她是绝不会不肯的。"

王亚樵放下酒杯，沉吟片刻，哈哈大笑，一指桌子说："私了！"

接着，两人提着那壶酒，来到一个小酒馆，在一僻静角落坐定，边喝酒，边说出私了的办法。

起先，于连介很不情愿，但他又别无良策，再加上王亚樵主意已定，他不敢违拗，只好答应了。

按照王亚樵的吩咐，于连介从酒馆出来就去找伍岐山商量。

伍岐山听说私了，也暗自欢喜，美滋滋地等着尝鲜。于连介自己找的学生妞丁佩华是合肥县城一支鲜花，系省城安庆新学堂毕业，也在城关学校教书，处处追求新潮，连县太爷的公子想摘也没有摘到手。今晚，她这个鲜花一般的洋学生就要供他做美餐了，更为令他兴奋的是，是他伍岐山要在这朵鲜花上开第一炮，心中自然豪迈无比。

当天下午，伍岐山悄悄地溜到城关学校，将丁佩华居住的那间教员宿舍观察了一番。一边看着窗上那湖蓝色的窗帘，伍岐山一边想象着他晚上将如何动作，丁佩华又如何呻吟，洁白的床单上点点处女之红。

到了约定的时间，于连介哭丧着脸对伍岐山说："此事万不敢向丁小姐明说，今晚我将门叫开，故意失手将灯碰翻，此时我出你进，趁黑换人，你万不可出声，强行下手便是了。她以为是我，估计不会狠命挣脱，完事之后你出我进，我就说是我一时猴急，做出这等禽兽勾当，那时木已舟成，一则她顾及脸面，二来她有情于我，谅不至于酿出后果。"

最后，于连介流着泪说："丁家小姐好歹也是花胎玉身，我以前多次起意，都未忍施强，今天是我不耻害了她，乞求伍先生手下留情，不要太伤小姐身体……"说到这里，他泣不成声，转身嚎啕大哭。

伍岐山说，"老弟不必如此，我虽比不上你风雅，但也多少有些怜香惜玉，岂能不知道对丁小姐温柔，让她觉得和男人在一起无比快乐？"但他心里却想，你于连介纯粹是放狗屁，趴在我老婆身上，还不知你用多大力呢！

行动的那天下午，伍岐山特意让手下人快马至皖西，买来一条虎鞭，煮在砂锅里，炖化后，晚饭时吃下。

夜幕降临后，伍岐山朝气勃发地跟在于连介身后来到丁小姐的住处。

于连介先进到屋里，伍岐山立在门外等候。不一会，他看见于连介在里面气喘吁吁地说："佩华我爱，我再也不能等了，我们来一次……不要声张，千万不要……"

"啪"的一声，灯灭了。

伍岐山又听见于连介说，"我去闩门。"

接着，于连介走出来，伍岐山立刻冲了进去。

伍岐山来到房中，上前将坐在床铺上的"丁小姐"按倒，并将事前准备好的手帕捂进她的嘴里，然后凭着一股无法阻挡的排山倒海之势，三下五除二扯掉了"丁小姐"的衣裤。

那"丁小姐"大约是自幼娇惯太狠，受此惊吓，竟然手无缚鸡之力，动也不能动一下，哪里抵得住伍岐山的雷霆万钧之力，只挣扎了两下，浑身在伍岐山的手下便酥软起来。伍岐山借机发力，一往直前，"丁小姐"此时浑身哆哆嗦嗦，嘴里呜呜不已，任凭吃了虎鞭一身虎气的伍岐山纵情驰骋。

大概是那条虎鞭威力催人，伍岐山驰骋了一个多时辰，才依依不舍地下床离去，出门时，于连介依然守在门口。

"到底是洋学生，味道就是不一样。有这一次，也就不虚此生了。"

其实，天昏地暗，又是欲浪滔天，耕云播雨中伍岐山何尝真是品出味儿了？自欺欺人罢了。那个被他强奸的"丁小姐"，其实就是他的老婆朱蔻。

见伍岐山走了，于连介心放回了肚里，但是，他的麻烦跟着又来了。

原来，丁佩华得知于连介与朱蔻云欢雨爱的事后，十分生气，立刻决定和他一刀两断。

"佩华，别这样，千万别这样。"

"你用不着这么低三下四，原来那个瞎眼的丁佩华已经死了。"丁佩华对跪在地上的于连介说。

丁佩华与于连介断绝关系后，马上找到王亚樵，对王亚樵表白了自己对他的爱慕之情，希望与他结成百年之好。

"不行。"王亚樵说，"我的确很看重你，但是我们不能在一起。你应该属于连介，我王亚樵不能夺人之所爱！"

丁小姐有些失望地说："王先生真是坦荡君子，但我和于连介，已经不可能了，我该走了。"

"丁小姐要去哪？"

"闲云野鹤，浪迹萍踪，走到哪里是哪里吧。"

后来，丁佩华只身去了南洋。

王亚樵喜欢女人，见到应该属于自己的女人，他会不顾一切地去追求，哪怕为她牺牲自己的性命也在所不惜，他就是这么一个掷地有声的人。

1917年，王亚樵与原武昌起义中的"女子北伐光复军"成员丛蕴钰相识。

丛蕴钰出身富豪之家，容貌美丽，身段迷人，早年曾留学日本，学过武术，是一个文武双全的奇女子。第一次相见，王亚樵就深深地爱上了她。

王亚樵的发妻王淑英当时也跟随王亚樵住在上海，但王亚樵丝毫也没有向丛蕴钰隐瞒，他落落大方地对丛介绍了王淑英。

在一次聚会结束后，王亚樵单独送丛蕴钰回住处，他对她表白了自己的爱慕之情。

"这些年来，我一个人闲云野鹤，天马行空，独来独往惯了，也不想给自己套上一个枷锁。"

王亚樵说："不是这样，蕴钰，我们应该在一起，两股钢缆缠到了一起，力量会更大的。"

"有时候，我的心常常很硬。"

"那就让我的热情之火来融化它。"

"你打算和淑英姐离婚？"

"不，她很贤惠，很善良，我也很喜欢她。我不会和她离婚的。"

"那我嫁给你，算怎么一回事？"

王亚樵哈哈大笑起来："算我的妻子，难道不是吗？我的爱是博大的，是宽阔的；我的臂膀是结实的，有力的，我有信心，也有能力，让我的熔岩般的热情去烫暖我爱的每个女人的心，蕴钰，你要相信我，也要理解我。"

"现在，大家都在讲平等、博爱、自由、人权，都崇尚欧人风气，呼吁实行一夫一妻制，可你竟然还这样。"

王亚樵激动起来，"有的男人，就一夫一妻，而未必能给她带来幸福，而我，即使有十个妻子，我也能保证她们每一个人都很幸福。蕴钰，不要犹豫了，嫁给我吧。"王亚樵紧紧地把丛蕴钰搂在了怀里，热烈地亲吻起来。

王亚樵和丛蕴钰基本上确立恋爱关系后，心中十分兴奋，但是，麻烦也跟着找上门来。

丛蕴钰原先有个恋人，叫作杨湘，是武汉洪帮武圣堂的三当家，武艺高强，相貌堂堂。辛亥起事中，武圣堂也起来打击清朝的军队，杨湘冲杀英勇，深得丛蕴钰好感。但随着交往的深入，丛蕴钰很快发现，他不是自己心目中理想的人，便与他分手了。

杨湘此时早已被丛蕴钰迷上了，他曾当着武圣堂的众位弟兄发誓："此生不娶丛蕴钰，誓不为人；谁要敢打丛蕴钰的主意，叫他身首异处！"

当丛蕴钰从武汉来到上海后，杨湘也从武汉来到了上海。几年来，每每有男人走近丛蕴钰，杨湘就出来警告别人。他已与上海滩的黄金荣等帮会势力取得了联系，以保证上海帮会的货物在武汉码头万无一失为代价，换取了上海帮会势力对他极大的支持。

王亚樵狂吻丛蕴钰的第二天，杨湘就知道了这件事，他如丧考妣，痛苦万分，决心除掉王亚樵，以解心头之恨。

中秋时节，王亚樵携丛蕴钰一起乘小火轮到普陀山游览，杨湘立刻得知了这一情形："简直是天赐良机，王亚樵，你命休矣！"

中秋节傍晚，王亚樵和丛蕴钰在一块崖头上偎依着，他们在等待月亮的出现。这时，身后走来了五条汉子，为首的正是杨湘。他带着四名帮会杀手，准备要王亚樵的性命。

王亚樵何许人也？听见脚步声，他立刻意识到不妙，立刻对丛蕴钰耳语了几声，就地一滚，两人分开来。

"王亚樵，你色胆包天，今天，杨三爷可是要你上西天！"

"杨湘，你太放肆！"丛蕴钰说。

"我放肆？他敢勾引我的女人，还说我放肆。"

"谁是你的女人？"

"你，你们说是不是？"他回过头问那四个手下。

"就是，谁不知你是杨夫人。"

"放屁！给我滚，你这个不要脸的。"

杨湘说："今天，我可是把什么都准备好了，把王亚樵给砍了，再拉你回去成婚，弟兄们，给我上。"

"且慢！"一直未开口的王亚樵说话了，"杨湘，我听说你还是什么武圣堂的三当家的，就这点屌本事？这么多人来对付我一个？要是有种，你就和我单打独斗，打败了我，我绝不会让你动手，我自己就从这崖头跳下去，你敢不敢？"

杨湘原本一条莽汉，立刻拍着胸脯说："老子大江大海什么没遇见过，就你这条泥鳅能怎么样？"

两人交起手来。

那杨湘，仗着自己走南闯北多年，会过许多高手，便势如猛虎一般，一招比一招紧。而王亚樵此时仿佛注定要失败似的，节节败退，七八招下来，他扑到了悬崖边，眼看没有了退路。

杨湘得意起来，他猛地腾空跃起，来一个恶虎扑食，想一下子把王亚樵推下悬崖去。

就在杨湘扑来的那一刻，王亚樵往地下一躺，接连两个腾空飞腿，击中杨湘的下盘。此时，杨湘顿时显得头重脚轻，浑身控制不住，往前一冲，整个人掉到崖边。正在他想努力站稳之际，王亚樵在他背后轻轻一碰，他整个人便落入崖下。

此时，皓月已从海中跃出，大海仿佛睡着了，沉静万分。杨湘一声惨叫，响彻海空，令人觉得有些悚然。

王亚樵正欲转身，身后的枪声响了。原来，杨湘的四个手下见杨湘坠海，便纷纷拔出手枪，要击毙王亚樵。王亚樵立即伏在一块岩石后面，与之对射。

双方刚交火，对方的后面响起了枪声，王亚樵见杨湘的两个手下倒地身亡。原来是从蕴钰从他们背后开枪了。

另外两个家伙一分神，王亚樵立刻结果了他们。

消灭了敌人，丛蕴钰冲上前，倒在王亚樵怀里："九哥，你没事吧？"

"没有，你呢？"

"也没有。"

"我不放心，让我摸摸看。"

"你坏。"

月色如银，海天一色，海涛阵阵轰鸣，大自然壮美异常。

回到上海，他们立刻在一家酒店举行了婚礼。

婚礼过后，丛蕴钰改名叫王亚瑛。从此，这位武昌起义中的"女子北伐光复军"成员成了王亚樵最亲密的伙伴和最得力的助手。在些后与王亚樵相濡以沫的近二十年岁月里，每一次刺杀顽敌，她都和王亚樵站在一起。

王亚瑛不但在事业上竭力相帮丈夫，生活上也无微不致地关心他。1929年，王亚樵已四十岁时，王亚瑛见自己和亚樵的发妻王淑英都已年长色衰，床笫之欢不能让亚樵尽兴，遂多方奔走，将年轻美丽的十八岁的女学生李淑贞小姐迎娶进门，让王亚樵一享人间春色。

翻开这段历史，不能不让人感叹，为人妻如王亚瑛者，真是古今中外少有，为人夫如王亚樵者，真是九天仙人不能比也。

14
女特工成了红粉知己

  1932年4月6日,王亚樵从李少川家返回住处的途中,看见一幅惨不忍睹的景象:一个牛高马大、满脸肉疙瘩的汉子在霞飞路中段追打一位年轻女子。那位女子二十一二岁年纪,明眸皓齿,秀发如云,是个鲜活水灵的美人胚子。王亚樵审视了一番,觉得她不像一般的贫民女子,但也不像富家小姐和夫人。
  大汉将那女子抓住后,拖往路边,揪住她如云的秀发往电线杆上猛撞。那女子不停地挣扎,但因头发被揪住,动弹不得,被撞得直嚎。
  向来眼里揉不进沙子的王亚樵目睹此景,十分气愤,忙叫司机停车,上前劝阻道:"这位先生,看你这牛高马大的汉子,青天白日下如此凶残地殴打一弱女子成何体统?这位小姐,你不要哭,你告诉我,他为什么如此凶残地打你?"
  被打的女子抬起头来看着王亚樵,眼睛里扑闪着惊疑的目光,似乎想说什么,可又没说,又低头嘤嘤哭泣起来。
  此时,那大汉目露凶光,一脸震怒,满嘴吐粪地指着王亚樵说:"嗑瓜籽嗑出来一个臭虫,什么屌人?奶奶的,谁的裤裆破了,露出这么个乱扯蛋的!是不是皮作痒了？大爷告诉你，这是我们陆老板家的舞姐，偷了太太的首饰想逃，被大爷在此抓住，正要扭送警察局，你他妈的也不是马路警察，管得宽干吗？"

王亚樵一脸和蔼之态，似乎没听见大汉的污言秽语，轻声问那女子："这位先生所言当真？"

那女子仍是呜咽不语。看着她那万分委屈的样子，王亚樵明白，她是不敢说出真相。

于是，王亚樵喝令手下人将那大汉挡住，将年轻女子带进汽车盘问。经过再三宽慰，那女子终于放下心来，诉说起自己的不幸遭遇。

"我叫林玉姣，家住在哈尔滨，我是个大学生。'九·一八'日本侵占东北后，我只好逃难来到上海。因找不到工作，不得已，才到玫瑰园舞厅做了舞女。干了一个多月，谁知陆老板手下的这位大总管不安好心，见我是外乡难女，孤立无援，便打我的坏主意。这段时间，他时常拿话来挑逗我，令人肉麻的污言秽语常令我恶心得要吐。昨天晚上，我因腹痛难忍未去伴舞，这家伙就假意来看，见我体力不支，竟然跑到床上来，对我非礼。我拼命握着被角护住身子，拼命反抗，但他力气贼大，很快将被子挣开，把我的睡裙撕开了。这时，有二位姐妹伴舞回来，总管才咽着口水住手。"

"面对二位姐妹的质问，总管竟然说我偷了太太的银镯子，他是受命捉赃的，所以才掀被子、撕睡裙找赃物。这副银镯其实是太太去美国临别时留给我的纪念品，现在太太不在，我一身是口也辩不清。"

"受不了这窝囊，这就想去另谋生路，却又被这无赖跟踪到此，当众凌辱。天下之大，独不容我一个弱女子，这世道怎么变成这样了？"

言罢，又泪雨纷纷："我真想，不如一死了之。"

王亚樵一听林玉姣的叙述，心中不禁大怒，青天白日之下，朗朗乾坤之间，竟然有这等伤天害理之事，这世道真是太不成样，看来，就是抱着机关枪扫这些害人的东西也难以扫尽。

再看看玉姣小姐，虽然身材单薄，却也亭亭玉立，那俊俏的脸蛋上，明眸皓齿，楚楚动人。而眉眼间的悲戚，又让人万般爱怜。

王亚樵想了一会，吩咐手下人说："来，把那个狗屁总管带来，给我打，把他打个金鸡独立，让他记住，以后不再欺负人。"

那位总管此时感觉不妙，想跑，已经来不及了，只好硬着头皮迎上。王亚樵的手下上前没头没脸地饱他一顿老拳之后，问："下次还敢不敢欺负人了？"

"不敢了，不敢了。"

"你要记清楚。"一个手下从怀里摸出一把斧头，另两个人上前把总管接住，拿斧头的人对准总管的膝盖狠狠地敲了一下，把总管的膝盖骨敲得粉碎，从此，这位大总管成了"拐爷"。

处理好总管后，王亚樵对林玉姣说："你放心，有我在，你什么也别怕，告诉你，蒋介石的脑袋都在我手里悬着，我王九光出面，上海滩这帮流氓不会敢怎么你的。你现在带路，我们一起去玫瑰园，把你的行李搬出，另找一份工作。"

说到这里，林玉姣又忧愁起来。她说："我只身一人来到上海，就好像掉进狼窝之中。今日有幸得大哥相助，真不知怎样报答。"

王亚樵说："四海之内皆兄弟，何谈报答？只是离开玫瑰园后，小姐将要去哪里？"

林玉姣说："大哥救我到此，恩深情切，下一步该怎么走，我还没来得及想。我本飘零之人，既然背井离乡，就以四海为家，我有一双手，还读过十几年书，总不至于没有口饭吃。况且，这世上还有大哥这样的侠肝义胆之人，我想，我能活下去。"

王亚樵见这个女子谈吐不凡，秉性刚烈，又加容貌美丽，举止典雅，便颇为心动，沉思良久，他叹息道："既然如此，不如跟我走吧。我看姑娘不像平庸之辈，跟着我，或许有一方施展之地。"

林玉姣闻言，泪水立即夺眶而出。她立刻站起身，向王亚樵深深地鞠了一躬。

几天后，王亚樵了解到，林玉姣的父亲是哈尔滨一家银行职员，母亲早逝。日本鬼子占领东三省后，林玉姣参加学生运动，反对日本入侵，遭日伪驱赶拘捕。于是，十几个同学一道，搭火车到了北平，后又辗转到了上海。

林玉姣谈吐思路清晰，对很多问题见解很深，且写得一手娟秀的小字，实在是一个不可多得的才女。此时，王亚樵派戚皖白、杜敬伦办起了《上海闷葫芦报》宣传坚决抗战的道理。林玉姣就一边兼任王亚樵的秘书，一边做编辑。

事实上，林玉姣其名其事其经历都是事实，但有一个最根本的事实她隐瞒了。

早在北平期间,她就怀着一腔抗日报国的热血报名投考了国民党中央学校,后被发展成为特务。由于她勤勉刻苦,训练成绩在同期女生中遥遥领先,学校特许她提前毕业,介入特务活动。

林玉姣曾经冒充吴佩孚的孙女与日军女间谍川岛芳子接触过,并成功地窃取过日谍机关的一份情报,很受上司器重。不久,她因功被破格提升为中尉。那天街头被殴,是美人苦肉二计并施,那位莽汉,就是上海区特别行动组的李阿大。李阿大和林玉姣都受上海行动组组长赵理君指挥。

早先,上海这一块的特工工作主要由赵理君负责指挥。但缉捕王亚樵一直未成功,戴笠便派沈醉带领一个特别行动组进入上海,专门对付王亚樵。

赵理君见地盘有别人插手,忿忿不平,立刻找到戴笠,要求独立行动。他将派林玉姣、李阿大打探王亚樵行踪,然后再将下手的方案报给戴笠后,正巧与戴笠寻找女杀手对付王亚樵的方案不谋而合,便又重新计划一番,然后实施起来。

林玉姣开始行动了。她的确是一个有谋略的奇女子,第一步,她先把自己关进了监狱,那座监狱里关着王亚樵的一名旧属。放风的时候,林玉姣和那名旧属接触了几次后,便从他的嘴里得知了一些王亚樵经常出入的场所。掌握了这些情况,林玉姣和李阿大终于在王亚樵的必经之路上演了一出美人苦肉计。

林玉姣潜伏到了王亚樵的身边,戴笠十分高兴,他通过暗线传手谕给林玉姣,让她耐心等待,待时机成熟,万无一失地干掉王亚樵。为了保障杀手顺利,戴笠让赵理君在王亚樵住处三百米的一个米行内安插了四个特务,随时随地听候林玉姣的调遣。

林玉姣进了《上海闷葫芦报》报社后,除编稿之外,大部分时间和王亚樵在一起。凡有重大活动,他都随王一道参加,吃住均在一起。王亚樵与王亚瑛住在公寓二楼东侧,中间隔了两间保镖住房,若想刺杀王亚樵,不选择一定的时机,是万万不可能的。

林玉姣以最大的耐心等待这一时机的到来。

世间的事情有时相当奇怪,一些结局往往出人意料。林玉姣虽然是铁着心刺王亚樵而来的,却渐渐地动摇了刺杀王亚樵的决心。

分析其中的原因,这一切并不奇怪,林玉姣当初积极报考国民党中央学校,是因为噙着满腔热血，欲誓死报国的，她认为，她所做的一切，都是为了报效国家，报效民族的。

她追踪刺杀王亚樵，是因为戴笠说王亚樵已由一个老同盟会员堕落成为一个大汉奸，整日网罗一帮小汉奸们刺杀党国要员、破坏抗日救国，早该千刀万剐。但是，林玉姣在王亚樵的鞍前马后跟随了一个多月后，越来越深地陷入了困惑之中。王亚樵往来的人，全为各方社会名流，或学识渊博，或慷慨激昂，或嫉恶如仇或大呼抗日；王亚樵所筹集的资金，不是用于抚恤死难者家属，就是用于抗日捐赠，从不中饱私囊。更有甚者，王亚樵妻妾成群，个个美丽，但人人爱他，无论他晚上到哪个房间睡觉，其他人均没有丝毫争风吃醋的表示。

在这众多的困惑之中，她拿不定主意了。迟迟未能下手，她就屡次向上司报告，说王亚樵防备甚严，不易下手。她是以此来拖延时间，以便细细观察的。

1932年5月16日，戴笠因为林玉姣迟迟未下手而十分恼火。蒋委员长因王亚樵一直在活动而脸色阴郁，戴笠每每见到，总是不由地有些发抖。16日上午，林玉姣从霞飞路"赵七"药店里得到指令："姑息养奸，当以奸论处。"与指令同时到手的，还有一包烈性毒药。

由于林玉姣的关系，戴笠已探知王亚樵将于18日晚乘轮船去崇明岛，遂令林玉姣在岛上下毒。岛上有一位刘姓的渔商将前往配合。事成之后，二人乘橡皮舟转移到另一艘由特务们控制的货轮上去。

18日晚，林玉姣跟随王亚樵前往崇明岛。整个晚上，林玉姣魂不守舍，心慌意乱。她的表情引起了王亚樵的注意。

"林小姐，你怎么啦？"

林玉姣忙镇定了一下神情，说："我的老毛病又犯了，腹痛。"

当时，轮船航行在长江之上，王亚樵说："要不要请大夫，船上有大夫的。"

"不用，这毛病，大夫也看不好。"

"你什么毛病？"王亚瑛走过来，摸着林玉姣的手说。

"肚子疼。"林玉姣有些不好意思地说。

"是痛经？"

林玉姣点了点头。

王亚瑛唤来随行的赵士发说："士发，你去小卖部看看，买些红糖和红枣来，熬碗红枣糖茶让她喝下去。"

不一会，赵士发把红枣糖茶端进来。王亚瑛侍候林玉姣喝了下去。

上了崇明岛，王亚樵让林玉姣躺在一家旅馆里休息。第二天一早外出活动时，林玉姣仍在旅馆里休息。

19日上午12时左右，王亚樵带领保镖返回临时住处，各回房间午休。午睡之前，王亚樵照例要饮二杯蛇胆酒。这种蛇胆酒，是王亚樵自己根据祖传秘方配制而成的，能够壮胆明目。每天中午和晚上睡觉前，王亚樵都要饮上两杯。为了保证这种酒不被别人从中做手脚以加害王亚樵，这酒平时专门由赵士发保管。这次，因林玉姣在旅馆休息，酒就丢在了她的身旁。

当王亚樵把酒倒好后，突然听到有轻微的敲门声，遂持枪开门。原来，林玉姣站在门外面。

"林小姐，身体好些了吗？"

"好……好，不，还有些痛，我想喝杯酒压一压。"

王亚樵马上把倒好的酒杯递给她："喝吧，这种酒有很多作用。"

林玉姣接过酒杯，双手不由地颤抖起来。突然，她一失手，酒杯掉在了地上。

王亚樵微微一笑，说："林小姐，你病得不轻呀，连拿杯子的力气都没有了。"

说完，王亚樵又倒了杯酒，举到自己的唇边，说："我喝了这杯酒后，叫人送你去医院。"

林玉姣慌了，高声叫道："这酒不能喝！"上前一步要夺酒杯，王亚樵一抬左臂将她挡住了，问："林小姐，这是干什么？"

林玉姣再也无法装下去，泪水夺眶而出："九哥，我对不起你！"她扑到王亚樵怀里，双手搂住了他的脖子，小河淌水一般哭了起来。

王亚樵抚摸着林玉姣如云的秀发，抚摸着她滚圆的双肩，感慨万千地说："好宝贝，我没有看错，你不是寻常之人，你是我所需要的，我所钟爱的奇女子！告诉你，这酒是无毒的。"王亚樵一饮而尽，林玉姣把头从他的胸前抬起，眼睛瞪得差点要裂开来。

只见王亚樵平静地收好酒杯，坐下说："林小姐，你不是一个好特工，但你是一个好女人,特别是一个能够深深打动我心的好女人。你看我表面上像个文弱书生,但是实际上呢,我不知有多少次是挂着脑袋杀开一条血路冲出来的。戴笠这捕那捕尚且奈何我不得,何况你这个弱女子呢?你恐怕不知道吧,你来到我身边仅两天,我就发现那天你演的是一出苦肉计。"

林玉姣有些愕然了。

"到这里来的第二天,你和亚瑛闲谈我,竟然无意间问起我小时候在家乡用兔子练枪的事,我觉得,你对我已有些了解了,你为什么要了解我?是出于一个流亡学生在舞厅里当舞女的需要吗?显然不是的。第三天,我到你的房间里去,见你把被褥叠得有棱有角,我更加开始怀疑起你的身份来。为了证实我的怀疑,我又安排了一场戏。那天散步,我故意诱着你快步前行,你不知不觉地与我走成一线。假山背后的赵士发突然恶作剧地高喊:'委员长到!'你在那极短的瞬间,欲立正敬礼,一愣神,然后又依然如前。但是,我已经看出来了,你是一个受过严格的军事训练和政治训练的人,肯定是戴笠派来的。"

这一刻,站在王亚樵面前的林玉姣,仿佛是在大庭广众之下被人一件一件地剥光了衣服,灵魂在受着煎熬,恨不得用金刚钻在地上钻个洞钻进去。她清醒了,巍然屹立在她面前的,是一座坚实而神秘的大山,它的深奥与智慧,让她永远也无法全部读懂。要想毁掉这座山,即使有愚公移山的精神也不够奏效,它太坚硬了,也太有力了。

王亚樵点燃起一支雪茄说:"当然,你是被官方蒙蔽的,他们说我是暴徒,是土匪,破坏抗日,做亲者痛、仇者快的事,但你和我接触后,觉得全然不是那么回事,所以,你下毒之后,又一下守在门外窥探我的动静。待我端起酒杯时,你的良心战胜了你的理智,迫使你又推门进来,佯装手抖并打掉酒杯,这进一步说明,你是个有道义有主见的人,只是入错了门。尽管这酒我早已调过包了,但我对你的这份情还是万分感谢。林小姐,今天,我们把话摊开说,一、我不杀你。戴笠不是说我的刀砍不动女人的眼泪吗?当然我更砍不动一个不忍杀我的女人了!二、何去何从自便。想回去,我为你制造一个机会,使你能自圆其说,顺利交差。若想留下,我设宴款待,正式收你入门,加入'抗日锄奸团',还当我的助手。"

"九哥,我不走了!我要跟着你,跟一辈子!"林玉姣又扑进王亚樵的怀里。

"你真的愿意？"

"真的愿意。"

"不后悔？"

"绝不后悔。"

"那我今夜又要做一回新郎啦？"

"但愿我这个新娘能够令你销魂、沉醉。"

当年的崇明岛，环岛全是渔村，没有一丝一毫的都市的影子。王亚樵令赵士发等人买来大量的淡水鱼蟹和海鲜，交旅店里老板收拾成一桌全鱼宴。

宴席散后，王亚瑛亲自把林玉姣送进王亚樵的房间。

房间里早烧起了两根大红蜡烛，虽然只略事布置，却也喜气洋洋。

这一年，王亚樵已四十有三，在男女之事上，已经春风数度，此中的情，此中的景，潮起潮落，自然是了如指掌。而林玉姣小姐二十有二，在学校时，即被戴笠看中，但是，为了让她成为一颗出色的肉蛋，戴笠强忍着口水，未有动她，所以，她虽已熟透，但尚未开苞。

一身大汗淋漓过后，王亚樵如同腾云驾雾一般。他跳下床，奋笔疾书道：

浅酒人前共，
软玉灯边拥，
回眸入抱总含情，
痛痛痛，
轻把郎推，
渐闻声颤，
微惊红涌。

绿云枕上拢，
巧手被下哄，
甜津入口更添景，
快快快，
玉臂紧缠，
力劈华山，

娇江涛涌。
——调寄《醉春风》

林玉姣原本才华横溢，今晚初试云雨情，快活异常，又见王亚樵填词一首，把与自己的初夜之情抒发得淋漓尽致，不觉文思泉涌，激动得跳下床来，夺过王亚樵手上的笔，一挥而就：

海棠枝上试新红，
喜中半掺愁。
奴好似狂风吹折嫩柳腰，
郎爱风流不顾奴年少。
忍痛含羞随他来颠倒，
弄出一点红，
滴在白绫际。
不怀羞丑拿到灯前照。
新郎见娇红，
心中多欢悦，
说奴正黄花，
喜笑在眉梢。

一夜狂欢，两首艳诗，虽说不上有多么高超，恐怕也登不得大雅之堂，但出于天下闻名的两位杀手，不能不让人啧啧称奇，不能不说是民国不可多得的一段风流艳史。

夏天已经来到，王亚瑛等人先回上海去了，王亚樵与林玉姣带着两个保镖，继续在崇明岛上消夏。傍晚的时候，他们常常一起去长江里游泳。浪中击水之时，他们两位常常长时间地望着东面，那里是江海交际处，遥想人生，思潮澎湃。

可怜的戴笠，万万没有想到，他派去刺杀王亚樵的女杀手，竟然成为王亚樵的红粉知己。

1932年8月中旬，在崇明岛度过了一个甜美而动人的夏天的王亚樵和林玉姣一起回到了上海。

此时，林玉姣已经怀孕，为了让她有一个安宁的生活环境，王亚樵给了她八千块钱，让她去美国留学。

8月22日，王亚樵与林玉姣在黄浦码头分手。

到美国后，林玉姣生下一个男孩。她原本想毕业之后，带孩子从美国回来的，但后来，王亚樵死了，她便断了回国的念头。

到了20世纪60年代，林玉姣的儿子已成为旧金山唐人街上最了不起的黑手党头子。后来在一次与别的家族争夺毒品市场的交战中，他被一个意大利西西里岛的枪手杀害。

林玉姣活了八十多岁，1992年5月，在纽约的一家养老院死去。

生前，她向美国女作家弗雷特·安娜提供了大量的有关王亚樵生活的第一手资料。

15
与共产党的交情

戴笠的美女行动计划没有奏效，心里十分恼火。他想杀掉林玉姣来解气，但林已远走高飞，去了美国。

此时，蒋介石把戴笠找了去，狠狠地训斥了一顿。因为有人向他报告，王亚樵已和共产党搅到一起了。这家伙原本就让他常感到脊梁沟发凉，又和最厉害的共产党搞到一起，岂不是成心与蒋某人过不去吗？

其实，共产党是不搞暗杀的，也从不把政治问题的解决，诉诸于暗杀手段。对于王亚樵的反蒋、抗日行动，共产党表示赞赏，因而是把他当作可争取的朋友的。

1931年，上海地下党人陈悯子找到王亚樵手下的大将华克之说："家里（指党组织）有个难题，拟请你们帮忙。"接着，他说明了所谓难题的内容。

原来，上海英法两租界的印刷业一致同意，告诫所有的员工，两个租界当局和南京政府合作，在夜间突击检查所有的印刷厂，如有偷印共产党的《红旗》和其他亲共刊物者，一律查封，没收其财产。参与的员工，一律由两个高等法院依法惩处。结果，《红旗》没法印了。

共产党中央认为,《红旗》停刊,喉舌断了,是一个很大的损失。上海党组织指示陈悯子,先找华克之商量办法,然后向王亚樵求援,自办或顶进一个印刷厂,自己印刷《红旗》,不受敌人牵制。

陈悯子当时二十多岁,多次参加学生运动,思维敏捷,言语犀利,王亚樵十分欣赏,常在经济上接济他,但他与华克之系宝应同乡,两人的关系更为密切。他对华克之说:"我毕竟年轻,虽然承王厚爱,常予照顾,但忽然伸手要他出这笔大钱,而且一定条件之下,还要承担政治责任。自省和他关系不够,一旦拒绝,势必影响其他的往来。我思来想去,还是请老兄独任艰巨,比较有把握,进退适宜。"

华克之觉得陈悯子说得有道理,便一口答应。当天晚上,他约请王亚樵一起去郑抱真家吃晚饭。

王亚樵手下的一帮得力干将,一向情同手足,与反蒋有关的事,从不用拐弯抹角。

所以,在饭桌上,华克之单刀直入,谈了这件事:"悯子的老板(指组织)要悯子带一个信给我们,现在全上海的印刷厂老板都接到捕房通知,全沪禁印《红旗》,如果突击查出来,财产充公,人要判罪。《红旗》是中央的喉舌,革命家指路的明灯,万不能停刊。高级领导方面,深知先生慷慨好义,见善勇为。这次,我为他们向先生求援,希望送给他们一个印刷厂,规模不论大小,能印《红旗》即行……"

王亚樵生性豪爽,憎爱分明,凡是反蒋抗日的人,他都视为朋友,更何况共产党这个反蒋抗日最坚决的组织呢?未等华克之把话说完,立即回答说:"现在一个钱也没有。"华克之的心一下凉了半截子。他又继续说:"我虽非文化分子,只有一份《上海闷葫芦报》要印,但在共产党方面,宣传是一件大事。我在三天以内作具体答复,总不至于使他失望,可惜,我的能力有限,三天以后,仍在此地晚餐作复。"

华克之这才放下心来。

三天后,当华克之走进郑家客厅时,王亚樵早已坐那里恭候了。未及数语,即掏出一张上海商业银行的支票来,数额七千五百元,上面是英文签字。

华克之暗忖,王亚樵不懂英文,这支票显然不是他的。为了这笔钱,不知道他又去求了哪些人。

支票当晚递到了陈惘子的手里。

组织上用这笔钱，顶下法租界圣母院路庆顺里1号、2号上下两层的房子，十九个工人的旧印刷厂一座，顶费恰好七千五百元。

紧接着，对房子进行了装潢、油漆，并添置设备。这一切又需要二千五百元。王亚樵知道后，立刻又设法筹到了这笔款子。"索性凑了一万元的整数吧。"

不到一个月，一家新的印刷厂——公道印刷厂重新开业了。

陈惘子和华克之曾一起邀请王亚樵去参观，王亚樵说："不必了，我无须知道它坐落在哪条街，我只希望那些到处乱转的狗子（暗探）也不知道。祝它长寿！"

公道印刷厂的十九个人中，有三个党员，都是印刷工人。新经理是一个住在中国的朝鲜人，姓郑，名东悟，和陈惘子、华克之都是好朋友，他的思想正在急骤地从克鲁泡特金主义向马列主义转变。他的觉悟，还是可以信任的。

这个印刷厂来之不易，组织上命令那三位党员工人同志对它特别加以爱护，只印《红旗》及党中央批准的东西，其余是印刷社会上一般的文件。印《红旗》时，多在半夜，外边派人巡逻，印后所有的纸版立即作废，以免疏虞。

约莫半年左右，蒋帮及捕房见到《红旗》又出现，十分紧张，马上加强突击检查。

三位工人党员中的一位同志在印刷一份中央机要文件后，爱不忍释，将纸版收藏，大概是准备复制的。就在这期间，遭到法租界捕房夜半检查，查出这个纸版，立即将经理及大半数工人逮捕监禁，该厂立即查封。

次日晨，华克之听到这个消息后，立即与惘子商量，先找律师彭希民进捕房调查内容，初闻情节严重，将由法院处理云云。随后，陈惘子和华克之派人访问被捕人员家属，告诉他们不知是谁抵触了法律，牵连大家，麻烦经理。经过说明，大家平静下来。

花了些钱上下打点，半数来自王亚樵，半数是华克之陆陆续续筹得的。由于律师对捕房熟悉，一个月后大多数工人释放了，少数嫌疑较重的留在捕房里边。

不久，又得律师的回答，厂是封定了，一切动产充公，因此，用项越来越困难了。所幸有几个比较聪明的工人，把后门弄开，将那些钢模、钻字和铸字机偷了出来,卖了些作了十几个工人的遣散费。

由于多方打通关节,关键人士运用得法,经理和那三位共产党员不久也被释放出来了。那剩下的设备都被捕房草草处理了。

王亚樵对这个失败一点也不感到奇怪,初谈这件事,他只是笑笑,声称这是意料中的事,他不无幽默地说:"我们的生意经结果大多如此,算不了一回事,只要人口平安就行了。"

因为他的态度好,后来上海的党组织仍然通过陈悯子、华克之的关系请他帮助过几件事情。

约在1932年秋冬之交,悯子对华克之说,组织上有人拟请王亚樵拿些钱出来,开个米店,穷同志可以欠账,免于饥饿;出狱的免于找"铺保"为难。当年中国各地,自然也包括上海,犯人出狱,必须交铺保,随传随到。一般说来,共产党人出狱找铺保是最难的。仍然是由华克之向王亚樵说项,择定在法租界辣漾德路茄勒路口开了一个"和平米店"。

忙了一个月,米店开张了。按照规矩,开张的第一天须廉价出售,开门如市,即日损失数百元。半年结账,除去房租、人工等开销,尚有盈余,总算是件喜事。

可是,为时不久,悯子告诉华克之,有两个同志被人告发,但查无实据,关押多时,现须铺保,保证随叫随到。这正是和平米店"营业"项目之一,当然应照办。过了一段时间,设在法租界的高等法院第三分院,突然通知米店传嫌疑犯某某、某某(便是悯子让保的那两位),按时到庭候审,不知早已人去楼空。提传不到,所有责任均由保证人"和平米店"负担。结果是勒令停止营业,免于封门,留些面子。

一天,陈悯子又奉组织之命,托华克之向王亚樵筹集一笔较小的款子,约莫一两千元(包括流动资金)开一个小小的书籍编辑部,既可以作三四个文化人的宿舍,又可以编书托书店出售。他们租了法租界蒲石路高福里(沿马路面南的房子)某号三楼,挂牌开张。

一日,书店在《申报》上刊登了一张广告,在这张书籍预告中,有新转变的哲学教授李石孝的新著《辩证法和唯物论》,法捕房认为,这是宣传马克思列宁主义、共产主义。一个捕头带了两个武装巡捕指令取下"春申书店"的招牌,勒令停业,否则封门捉人。这个编辑部又胎死腹中。

事后，华克之对王亚樵又作道歉，表示由于管理不够，又给他造成经济损失。

王亚樵对华克之笑笑说："老弟，我弄过多少金钱？只有我们这几次用得最为正当，也可谓是用得其所了，这何足挂齿。"他又对华克之笑笑，意味深长地说："当年吴稚晖说过：'三民主义三十年成功，马克思主义三百年成功，安那琪（无政府）主义三千年始成功。'所以，我才挂出这个牌子。你老弟曾笑我安那琪。在哪里，我就相信安那琪主义，他们必定千方百计把我捉去杀头，早已不能追随诸公之后了。这样也有可能协助惘子他们做出更多的事情！"

华克之听了，情不自禁地笑了起来。

王亚樵在上海混了十几年，有好几个法律顾问，有时由他暗示，为共产党人义务辩护。

1932年12月，宋庆龄、蔡元培、杨杏佛等人发起建立中国民权保障同盟，杨杏佛任执行委员兼总干事，主持同盟的日常工作。

杨杏佛早年参加辛亥革命，曾任孙中山先生的秘书、孙总理治丧筹备处总干事、国民党上海市党部委员、南京国民政府大学院副院长、中央研究院总干事，是一位极著名的民主斗士。

中国民权保障同盟的宗旨是援救"九·一八"以来因爱国抗日而受到迫害的政治犯，争取人民的言论、出版、集会、结社等项自由，调查监狱的状况和公布国内剥夺民权的事实，以唤起舆论的注意，反对到处盛行的监禁、酷刑和处决的制度等，这就触犯了蒋介石的大忌。

因此，从一开始，蒋介石就把中国民权保障同盟视为心腹之患，决心伺机加以根除。只因宋庆龄是同盟主席，蔡元培是副主席，而且鲁迅、胡适亦在上海和北平分会中，名人贤达荟萃，一时难以下手。

促使蒋介石杀杨的直接原因，是杨杏佛1933年的华北之行。

1933年1月，长城战起，华北动荡，杨杏佛代表中国民权保障同盟赴北平视察。他在华北期间到处发表演讲，参加示威游行，抨击监狱黑幕，呼吁抗日救国，要求民权自由，揭露腐败政治等等。一时间，平津等地的抗日民主爱国运动沸沸扬扬，打乱了蒋介石在华北抱定"一边抵抗，一边交涉"方针的贯彻。何应钦对此抱怨不止，戴笠亦将杨杏佛在华北的所作所为密报蒋介石。

更使蒋介石恼火的是，杨杏佛同宋庆龄4月5日亲赴南京，要求国民党政府立即释放被关押的省港大罢工领导人罗登贤和一切政治犯。宋、杨还以"中央委员"的名义要求停止内战，国共合作一致抗日。这就触动了蒋介石政治神经中最为敏感的部分，使蒋到了忍无可忍的边缘。

5月14日，国民党政府与租界当局合谋，绑架了进步作家丁玲和史学家潘梓年，并杀害了应修人。全国舆论沸腾，国民党政府却矢口否认。杨杏佛经过深入调查，掌握了重要证据，扬言要予以公布。民权保障同盟和杨杏佛的此举使国民党政府极为尴尬，这一事件如果暴露，无疑给国民党政府脸上扇了一记耳光，这是蒋介石所绝对不能容忍的。

5月间，蒋介石召见戴笠，指令他要采取严厉手段，对"同盟"有所儆戒。考虑到"同盟"都是由名人贤达组成，在国内外深孚众望。下手轻了，不能起到震慑作用；下手重了，影响所及，又会在政治上引起很大的麻烦，难以收场。因此，蒋介石进一步叮嘱戴笠，要注意杀掉一个"适当"的人来"惩戒"同盟。他要戴笠亲自到上海拟出方案，供其选择，然后实施。

戴笠受命后，亲赴上海，召集心腹特务们进行分析研究。他认为，"同盟"领导人中，宋庆龄地位特殊，杀之顾虑颇多；蔡元培在"同盟"中不甚活跃，杀之价值不大；鲁迅、胡适地位稍低，杀之不足以摧毁"同盟"。唯有杨杏佛地位适宜，且极其活跃，杀之较为合适，可以起到敲山震虎、杀一儆百的作用。戴笠把分析结果报告蒋介石批准，当即到上海周密布置此次行动，不得让"同盟"抓住把柄。

戴笠首先指挥上海区法租界情报组特务，把杨杏佛的住址及生活特点、行动规律、来往接触人员等调查得清清楚楚。这其中，有两个情况引起了戴笠的注意。一是杨杏佛原住霞飞坊5号，一年前与夫人赵志道离婚后，寄寓在亚尔培路331号中央研究院出版品国际交换处。这个地方属法租界，租界巡捕房的巡逻警车与执勤巡警每日来回流动警戒，防卫很严；二是杨杏佛喜欢骑马，并在大西路养了两匹良种马，雇有马夫，专事饲养。如无特殊情况，每天清晨必去大西路、中山路一带，这属华界，治安归国民党政府管理。

根据掌握的情况，戴笠制定了两套行动方案。第一套方案是在大西路、中山路一带进行狙击，在此时、此地下手机会多，把握性大，得手后易于行动人员撤出，便于处理善后事宜等等。第二套方案是在中央研究院附近进行布置，在此时、此地下手的机会也多,把握性亦大,缺点是一旦被租界巡捕发觉,行动人员较难撤出,有一定风险。

戴笠虽然比较肯定第一套方案,认为此案易于成功,但他又是个很细心的人。见蒋介石时,又把第二套方案放在口袋里,以防不测。多年来,他对付蒋的办法就是当第二道菜没有备好时,决不把第一道菜送上去。蒋考虑问题,历来有出人意料之处,其人心机诡谲,不可测度。戴笠应变在先,因而被蒋视为鬼才,受到信任。

果然,当戴笠信心十足地把第一套方案报上去后,当即被蒋介石否定。他认为:大西路、中山路地区属华界管辖,在这些地方发生了如此大案,必然要被国内各界舆论追究,到那时,案子破与不破都不好交代,徒然自相惊扰,自找麻烦;同时,"同盟"的领导人大都居住在租界以内,在租界以外地区杀杨,亦达不到敲山震虎、儆戒宋庆龄等"同盟"领导人的作用。只有在租界内执行,特别是在宋庆龄寓所附近下手,才能起到一箭三雕的作用,既可以杀一儆百,又可以显示特务们的力量,还可以不负破此案的责任。

戴笠听到这里,用手抹去额角上渗出的细密汗珠并从口袋里掏出第二套行动方案,双手呈送上去。蒋介石看到亚尔培路331号距宋庆龄寓所较近,点头说:"很好!你们就照这样去干吧!"

行动方案确定后,戴笠亲自挑选赵理君、王克全等人组成行动组。

赵理君是四川人,黄埔五期毕业,特务处成立之初就在上海负责行动工作,为人心狠手辣,果断干练,每遇重大行动,能临危不乱,指挥若定,王亚樵的许多秘密据点,就是他给一个一个敲掉的。这一次,他被任命为行动组长。

王克全是安徽人,原系中共江苏省委负责人,被捕叛变后加入特务处。此人考虑问题周密细致,办事机警敏捷,亦富有暗杀、绑票经验,故被委以副组长,协助赵理君指挥行动。

组员李阿大、过得诚等人均是上海滩上杀人越货的惯匪、手辣心黑的"老枪"。尤其是李阿大,为上海苏北帮的著名杀手,枪法很准,胆量极大,在缉捕王亚樵的每一次行动中,他都是王的劲敌。

戴笠还规定,在整个行动中每个行动人员都必须使用化名,并严守秘密,父母妻子以及"团体"内的同事,甚至直接领导都不得与闻;要做到"不成功便成仁",如不幸被捕,应即自杀,不得贪生怕死,泄漏机密,否则将按"团体"纪律给予严厉制裁。

为了便于指挥和联系，戴笠指定法租界迈尔西路一幢三层楼房作为行动组的集合地点，由王克全率领行动组人员居住进去；法租界霞飞路中段巷内德丰俄国大菜馆楼上的寓所作为一线指挥所，由赵理君指挥；法租界枫林桥附近的一幢两层楼寓所作为总指挥所，戴笠亲自坐镇指挥。

戴笠在布置暗杀计划的同时，亦曾动过不少脑筋，企图使杨杏佛不战自退。

第一步，戴通过国民党南京市党部"书面警告"杨杏佛，攻击他为"政治犯"争民权，乃是"为反动张目"，造谣"同盟"的活动是"保障反革命及共产党要犯"，请最高当局下令"解散该团体"。

第二步，戴通过发动国民党的报刊喉舌大肆攻击"同盟"是"由杨杏佛献策"、由宋庆龄组织起来，"专抱国际共产党的粗腿"的组织，其成立"根本不合民运法规"，应予取缔等等。

第三步是通过国民党政府通知杨杏佛，表示要给一个名义让他出国考察，以脱离国内的政治运动。

岂知杨杏佛软硬不吃，不退反进。公然联合文化教育界三十八位知名人士领衔签名，要求南京政府行政院、司政行政部释放政治犯，保障民权等等。蒋介石闻知大怒，下令戴笠抓紧布置，对他进行制裁。

为此，戴笠于6月初从华北赶回，亲赴上海坐镇指挥整个行动。他先让赵理君发出了一封最后通牒式的恐吓信，信封内装有一颗子弹头，信上威胁他必须退出"同盟"，否则将采取断然处置。

杨杏佛接信后为之一哂，毫不动摇，竟把特务的行径在报纸上揭露公布，这更使戴笠恼羞成怒。经报请蒋介石同意，戴笠下令于6月17日晨行动。

这一天已是星期六，杨杏佛照例起得很早，赶到大西路、中山路去跑马锻炼。赵理君和王克全已预先赶到中央研究院附近占好地形，准备下手。岂知，当杨杏佛出现时，法国巡捕房的一辆巡逻警车恰好从中央研究院门前经过，赵理君耐着性子等这辆警车开过后，刚要行动，又有一队换班巡警走过来。于是，机会尽失，行动人员只得撤回向戴笠报告。

戴笠研究了当时情况，认为租界巡捕房并没有掌握这次行动的任何消息，意外情况的出现只是偶然的巧合，于是下令于6月18日星期日的早晨继续进行狙击。

6月18日早晨6时左右，赵理君、王克全已按照戴笠的布置，按时进入预定地点守候，戴笠则在枫林桥寓所专心等候消息。8时左右，杨杏佛带长子杨小佛从院中坐车去大西路马厩。

当杨杏佛的纳喜牌汽车缓缓驶出中央研究院大门时，守候在四周的特务们从四个方向同时拔枪射击，司机身中两弹，杨杏佛身中三弹，杨小佛腿中一弹。赵理君见目的达到，立即下令撤退。

这时，四周响起了尖厉的警笛，特务的汽车已开动，而过得诚因起初跑反了方向，此时尚在汽车之后数丈之外。赵理君见情况紧急，立即向过得诚甩手一枪，指挥汽车逃离现场。过得诚因赵理君的一枪未击中要害，跟跄几步，眼看四周巡捕包围上来，只得按戴笠交代的誓言，向自己颈部开了一枪，一下子昏死过去。

戴笠在枫林桥指挥所得到杨杏佛已被击毙的消息，心中很高兴。后听说过得诚仅受伤被捕，并说出化名，大为震怒。他当即通知安插在巡捕房的内线范广珍，用毒药将过得诚毒死。6月20日晚，戴笠把上海的事情处理完毕，并对赵理君行动组的人员论功行赏，发给奖金。接着，戴笠返回南京，向蒋介石报告了杀杨的具体经过。蒋介石连连点头，说："很好！很好！"

杨杏佛之死，震动上海，波及全国。宋庆龄、蔡元培、何香凝、沈钧儒、鲁迅等各界知名人士及孔祥熙、吴稚晖、俞鸿钧等政府要员亲往万国殡仪馆吊唁；行政院长汪精卫、上海市长吴铁城也派代表前往；宋子文、陈公博、朱家骅、李石曾、陈铭枢、李烈钧等名流均赠挽联及花圈致哀。

王亚樵对杨杏佛的人格极为敬重，曾多次与其探讨国事。"一·二八"沪战中，两人曾并肩携手做了大量的抗日工作。杨杏佛对王亚樵也始终视为同志，二人交情极厚。

闻杨杏佛惨遭特务毒手，王亚樵悲愤滔天。此时，他在上海的处境已极为艰难，他的手下已有四十多人被戴笠的特务抓走。但他依然深深地责备自己，为什么没想到特务的枪口会对准杨杏佛呢？他呼唤民主、反对暴政那么积极，蒋介石根本不可能放过他。可自己竟未想到这一层！若是想到，设法侦察一下，不会得不到一点消息的。悲愤之中，他亲书一幅挽联：

滚滚洪涛，何处埋君骨！
　　茫茫寰宇，哪里是吾家？

　　王亚樵书罢此联，派人潜赴福建厦门鼓浪屿，将挽联寄上海"杨杏佛先生治丧委员会"，意在用声东击西、金蝉脱壳之计迷惑戴笠。果然，特务们惊惶不安地很快将挽联送到戴笠手中，戴笠一见哈哈大笑，不禁惊喜地说："今天竟然想到用这种雕虫小技来引开我的注意力，谋求脱身，说明他已到了山穷水尽的地步。"

　　于是，戴笠进一步收紧围捕之网，对王亚樵所有的熟人、朋友、亲眷和有可能藏身的场所进行更加严格的监视。军警特务们稍一懈怠，即遭严厉制裁。

16
一颗人头给沈醉当早餐

蒋介石下令暗杀杨杏佛,主要目的在于恫吓宋庆龄等"同盟"领导人,但效果恰恰相反,宋庆龄仍然积极主持"同盟"的活动,揭露蒋的独裁统治。

在无奈的恼怒之下,蒋介石交代戴笠要继续研究对付宋庆龄的办法。

为了加强上海的特务力量,戴笠将其手下得力干将沈醉提拔为上海法租界情报组组长。上任之初,戴笠就特别交代,除了对付日军和共产党,上海情报组还有两项重要任务。一是要严密监视宋庆龄和一些民主党派人士,二是要除掉王亚樵。

沈醉在戴笠亲手培植起来的特务中,以其聪明灵活、枪法准确和特工手段全面而倍受戴笠器重。他当上情报组组长后,专门派了六名小特务,成天在租界内游荡,把寻找王亚樵当作一项长期的任务。

戴笠曾命令沈醉,一定要设法派人打进宋庆龄的住所。沈醉领命后,立刻派了一名女特务去和宋家的女佣往来。因为沈醉明白,女人交友其实很简单,有时候,为了对一件衣服有共同的评价,就能一见如故。

这名女特务在菜场很快便与宋家女佣搭讪上了。可是没过多久,这个女佣

搞特工时期的沈醉

就不再搭理女特务了,因为她已经知道了女特务的身份。

原来,是王亚樵摸清了女特务的身份,打电话向宋公馆进行了说明。

这次没有成功,沈醉又想了一个办法。那位女特务在与宋家女佣接触时,得知她刚与流氓丈夫离婚,沈醉就派了一名脸蛋儿漂亮、年轻的男特务去勾引那位女佣。

女佣并不知道这位潇洒的男子是特务,见他殷勤,终于上钩。很快,二人火热起来。这位男特务接受了教训,表面上从来不打听宋家的情况,以图长久之计。谁知还没容他进一步行动,宋家女佣便拒绝与他来往了。

女佣的拒绝,使男特务莫名其妙,也使沈醉莫名其妙。一调查,又是王亚樵捣的鬼。

沈醉一连失手,皆因王亚樵,恨不得生吃了王。虽然王亚樵在上海的处境很艰难,活动大受限制,但要想抓到他,还是十分困难的。堡垒最容易从内部攻破,沈醉找到戴笠,两人一合计,觉得从内部收买人,暗算王亚樵是唯一行之有效的办法,应继续实行。

王亚樵的同乡柏藏香，已经向戴笠提供过情报，但他的手下却没有抓住王亚樵。此时，戴笠又找到柏，要他利用同乡关系，与王亚樵的不少部下熟悉的这一优势，收买他手下的人。

由于风声日紧，王亚樵的行踪也越发诡密了，他的三位妻子中，除了最受宠信的王亚瑛能准确知道他的住处外，其他的妻子和司机都很难知道他的住处。他常常是前门入，后门出，一夜转几个秘密住所。

这年夏天，王亚樵的同窗许习庸因思友心切，独自从安庆秘密去了一趟上海，几经周折，才得以和王亚樵见了一面。

许习庸先生到上海之后，住在一家不引人注目的弄堂小客栈内，辗转找到王亚樵手下一个叫黑三的亲信门徒。黑三见到许习庸，惊喜交集地说："大爷，您怎么到上海来了？民国十八年《长江晚报》的案子，大家都为您担心啊！"

1929年，余亚农在安庆起兵反蒋，许习庸在安庆的《长江晚报》上也著文反蒋，后被国民党军事法庭判处死刑。

许习庸回答说："别提了，差一点让老蒋给杀了头，后来改判了一等有期徒刑十五年。现在已经假释了，没事了。——你能不能带我去见一趟九爷？"

黑三面露难色，似乎又有些狐疑。许习庸正色道："黑三，我跟老九是割头不换的患难之交，你把我的话传到他那里就行了。你就说大胡子想他了，特地到上海来跟他见见面。我是避开了刘镇华的耳目，冒险到上海来的。"

黑三说："我们这些手下人也很难见到九爷，戴笠的人追得太紧啊。不过，大爷，您放心，我尽力而为，把您的话传到九爷那里。"

许习庸带黑三到自己下榻的小客栈坐了片刻，说了一些和王亚樵分别后的情况。黑三说："您等我的回话吧。"就告辞了。

第二天，黑三来到客栈，对许习庸说："九爷到香港去了，三五天内回上海。我们几个九爷手下的人，觉得不能让大爷住在这种又脏又小的地方，想请大爷换个像样的旅馆，先在上海玩两天，等九爷回来。"

黑三提上许习庸的旅行小皮箱，在账房先生那里结算了房费，到弄堂口喊了两辆黄包车，一人坐一辆，由黑三带到一处比较有点气派的旅馆开了一个房间，请许习庸住下。黑三当面交代旅馆的安徽籍老板："许先生是我们同乡，吃住记在我们账上。请多关照。"

当晚，许习庸吃罢晚饭，回到楼上客房，刚展开当天报纸，忽然有人敲门。许习庸打开房门一看，门外是一位衣冠楚楚的青年。这人也不等主人相请，就跨进门来，掩上门，摘下礼帽一鞠躬，小声说："许先生，请跟我上汽车，九爷派我来接您。"青年人温文、严谨、真诚的表情，容不得人有半点怀疑。

许习庸随他下楼到门外，一辆黑色的云飞车行出租汽车已停在那里。青年人上前一步打开车门，请许习庸坐在后座，自己则和司机并排坐在前座。刚关上车门，司机就发动引擎，汽车风驰电掣而去。

起先，车窗外还是西藏路、南京路的繁华夜景，霓虹灯闪烁不停，舞厅音乐盈耳，行人熙熙攘攘，正是夜市热闹时分。汽车走了一会，窗外渐渐寂静下来，灯光也越来越暗，最后连路灯也没有了。很明显，汽车已经开到郊外，但不知道是什么地方，甚至连方向也辨别不清了。

汽车又向前开了一程，前方远远出现了车灯，迎面开过来一辆深色轿车。双方司机不约而同放慢了速度。当两车交会就要擦身而过时，同时戛然而止，两车后座门刚好相对。这边前座青年立即跳下车，把两车后座门同时拉开，向许习庸说："大爷，请换一部车了。"不由分说，他连扶带拉，把许习庸请到对方车子后座，又立即关上车门。两部汽车同时启动，用全速背道疾驰而去。

许习庸刚坐定，身边一个熟悉的声音说："大胡子，别来无恙乎？"接着，一只温暖的手伸了过来。

许习庸借着车内微弱的光线定睛一看，正是王亚樵。他急忙紧紧握住对方的手说："哎呀，老九，你这不是在绑我的票吗？"

两位老友相视哈哈大笑，并肩沉浸在久别重逢的喜悦中。

许习庸先生因两颊布满浓密的络腮胡子，故侨辈多以"大胡子"绰号呼之。至于王亚樵被朋友们称为"老九"，被手下人呼为"九爷"，倒并不是他排行第九，实际上他没有那么多昆仲，而是因为他别字"九光"的缘故。

1935年刺汪（精卫）案发后，京沪各报均以显著地位刊载王亚樵生平，连续跟踪报导事件始末。上海《时事新报》有一则题为《刺汪案之要犯王亚樵生平》的背景材料，副标题说他："赋性阴鸷，专以暗杀为生涯。"文中云："王行九，故亦称王老九。党羽颇众，遍布各地。凡重大暗杀案，王辄与其役，盖专以暗杀为其生涯者也。"

说王亚樵"赋性阴鸷"，即生性阴险毒辣，那是完全错误的。说他排行第九,更是可笑的臆测。至于"凡重大暗杀案,王辄与其役",倒确是事实。

两位老友见面后,汽车放慢了速度,在郊区公路上平稳前行。

许习庸问:"昨天黑三跟我说你到香港去了,有三五天耽搁。你怎么这么快就回来了?"

王亚樵说:"我哪里也没有去。我现在只能在上海跟老戴手下的人捉迷藏。黑三他们不跟你说真话,想必你也不会见怪。我这颗人头送到蒋先生那里,是值一百万元现大洋的。"

许习庸说:"兄弟呀,千万要多加小心!一百万在蒋介石不算什么,你老九这个人对吾辈反蒋派可是重如泰山!"

接着,两人又回忆了交往中的许多旧事。童年时代在张秀才家的同窗共读,匆匆三十余年逝去,似乎别梦依稀;而弱冠之年在撮镇组织"正气学社"时与社友们指点江山、激扬文字的书生意气,则仍历历在目,清晰一如昨日。

以后是民国元年(1912)两人在家乡建立中国社会党安徽支部;民国九年(1920)两人在安庆宣传孙中山先生的三民主义,组织"安徽民权协进会",在工、商、学各界发展会员逾万人。

民国十三年(1924)王亚樵衔浙江督军卢永祥之命在湖州练兵,就任浙江别动队司令,许习庸在司令部任军械处长;民国十五年(1926)王亚樵受广州革命政府委派,任安徽副宣抚使,在苏北高良涧秘密建立副宣抚使署,宣传鼓动广大军民拥护、响应北伐,和许习庸在合肥参加领导的吴山庙武装起义遥相呼应。

民国十八年(1929)他们又一同与安徽省主席方振武反蒋,方振武被骗到南京软禁。后来,许习庸因《长江晚报》反蒋案被捕,差点杀头,王亚樵再次回上海蛰居。

自1929年安庆一别,两位老友又有四年多没有见面了。回首前尘,都觉得未改参加辛亥民主革命之初衷,差堪自慰;但言及当前时事,眼看国事蜩螗,内忧外患交迫,又不禁感慨系之。

王亚樵说:"内除国贼,我意已坚。而今往后,我只能是义无反顾了。"

许习庸说:"过去中山先生对你曾有过指示,主张唤起民众,而反对暗杀。但人各有志,老朋友们都理解你,望你好自为之……"

两位老友谈兴正浓,忽觉前方灯光耀眼,迎面又开来一部小汽车。王亚樵说:"我们该分手了。各自保重,后会有期。"

许习庸紧紧握住挚友的手,热泪夺眶而出:"老九,为国珍重,为家珍重!"

这时,两部汽车已经同时停下,王亚樵匆匆打开车门,立即跳上另一部汽车,在浓重的夜色中开走了。

回到旅馆之后,许习庸在上海旧地重游,盘桓数日,看望了其他几位老朋友。

临行前,黑三来说:"上次没跟大爷说真话,因有纪律在身,还请大爷多包涵。这回九爷真的要去香港了,英国人帮的忙。"说着,取出一笔现款交给许习庸:"这是九爷让给大爷的五百元盘缠,除了买车船票,他说余下的给大娘和少爷们买点衣料糖果什么的,算是九爷的一点心意。"

许习庸接下钱,不觉悲从衷来。一阵不祥的预感突然袭上心头,他觉得,今后也许再也见不到王亚樵了。

王亚樵的行动越来越难了,会见一个老朋友,都要费那样的心机,这在他浪迹上海滩的一二十年间,是绝无仅有的。

柏藏香也很难,戴笠让他办的事,他实在难以找到突破口。王亚樵身边的那帮安徽老乡,全不买他的账。但柏藏香后来却找到了一个苏北人,此人叫陈立新,把刺杀王亚樵的重任放在了他的肩上。

陈立新原是军阀白宝山手下的一名排长,一次因故同连长争执,被连长扇了一耳光。当夜,他潜入连部将连长杀死,后畏罪潜逃到了上海。

通过孙凤鸣的介绍,陈立新参加了王亚樵的"斧头党"。几年相随,枪林弹雨出生入死立下不少功劳,后被王亚樵任命为领班(小队长)。

舞刀弄枪久了,陈立新渐渐感到厌倦,加上十里洋场香风弥漫,一腔血气便被耗掉了许多。1933年初,陈在大世界剧场外结识了"风月楼"的高级妓女苏婉,一夜风云变幻,始悟人生妙处,于是经常泡在风月楼。

起先,陈立新倒也按时付款,但渐渐囊中羞涩,于是欠债行云播雨。到后来,他索性板起面孔赖账,"老子是斧头党,你识相点!"他不仅白嫖,而且在早晨起来后持枪对鸨母说:"昨晚苏婉像是八百年没吃过肉似的,把我这玩意含了一夜,什么都被她掏去了,你得付我劳务费!"

王亚樵知情后,立刻找到他:"你个混蛋,打着斧头党的旗号去抢银行不更好？"

陈立新知道不好，正想编套瞎话，王亚樵却说："从今以后，你不要做领班了，老实呆着。"

到了这一步，陈立新对王亚樵极不高兴了。

柏藏香找到陈立新时，陈立新并没有答应。他虽然气王亚樵，但还未想到过要他的命。可当柏藏香说出一百万元现大洋时，陈立新动心了。一百万块，白花花的多大一堆？世上有几个人见过那么多的钱？有了那一百万，他王亚樵还算什么？就是白嫩而丰满的苏婉也不算一回事了，上海滩美女有的是，有了那一百万，什么样的美女找不到。干！为什么不干？

陈立新终于同戴笠的特务接上了头，但慑于王亚樵的凌威，他自己是断不敢下手的，他只是不断向特务提供王亚樵的行踪。于是，王亚樵的一些秘密据点又被特务捣毁，行动更加困难。

1933年夏，王亚樵在上海居住的密点只剩下赫德里王亚瑛的住处没有被发现。但戴笠通过陈立新的多方打听和手下人对王亚樵亲信人员的多次跟踪，终于确定赫德里有一处密点。于是，他通过警察局对这一带的住家逐户进行秘密调查，终于很快清楚确切地址。

戴笠下令，不准惊动王亚瑛，而是以王亚瑛的住处为中心，在周围撒下一张大网，专等王亚樵钻进来。

一天清晨，趁着黎明的黑暗，王亚樵机警地闪进赫德里。在确定周围没有什么异常情况时，他从后门上了楼。

王亚瑛既是王亚樵最宠爱的妻子，又是王亚樵手下的一名重要杀手。她机警、智慧和勇敢不让须眉，很多紧急关头，王亚樵都是在她的保护下而化险为夷的。

多日以来，王亚瑛一直为王亚樵的处境提心吊胆，现在见他安全归来，惊喜交集。未及问候，她先习惯地撩起窗帘对弄堂里的行人和动静观察一番。不看则已，一看之下，她连呼："不好！"

弄堂里隐约出现几条行动可疑的人影在注视这所房子。王亚樵一看，果然是。

情急之下，王亚樵用目光扫了一周屋内，当他看见屋角的菜篮子时，马上生出一计。

"快，把你身上的外衣脱下来。"王亚樵对王亚瑛说。王亚瑛立刻明白了。

王亚樵把王亚瑛脱下的外衣穿在自己身上，王亚瑛拿起一方头巾扎在了他的头上。经过一番化装，王亚樵提着竹篮，快步下楼。此时，天已微明。王亚樵来到弄堂中，尾随着清晨买菜的几位娘姨，低头敛眉，从特务们身边擦肩而过。

刚出弄堂口，几部汽车已风驰电掣般呼啸而来。王亚樵再一次破网而出，脱险而去。

王亚樵脱险后，细细想想，觉得自己的内部定然出了奸细，不然，情况不会变成这样。

农历七月十五日中元节，民间又谓之鬼节。

这天晚上，王亚樵召集了部分在上海的门徒共赏明月。由于戴笠的不停追杀，这些人很久以来没有聚会过了。听说聚会，大家不免兴高采烈。但是，历来大家只听说过中秋节赏月的，哪有鬼节赏月的？众人不免又觉得有些纳闷。

人到得差不多后，王亚樵说："诸位，今晚月色虽好，但不是良辰佳境，只因为我们内部出了鬼，所以才请大家来，借鬼节月亮的神异，让他的影子显出来。"

众人一听，顿时紧张起来，大家我看看你，你看看我，谁是鬼？很多人不停地在心里发问。

王亚樵又说："人有千算，天只一算。"

众人屏声敛气，焦急地等待下文。

王亚樵不慌不忙，在月下踱着方步说："用不着兜圈子，我今晚把话挑明说。若是哪位弟兄以为我办事不公，亏待了你，可以摆到桌面上论争，说错了也不要紧。但是，有人却暗中作鬼，向特务告密，对我屡下毒手。我王亚樵放个屁，远在南京的戴笠都能闻到，是谁做了犹大？我已经清楚，犹大就在你们之中。"

与会的门徒炸营一般嚷嚷开来。"杀死他！"

"清除内奸！"

"有种的自己站出来！"

王亚樵摆摆手："都是自家兄弟，不要肝火太旺。人要是见利忘义，势必成为祸害。告密的人只盯着那一百万大洋，可悲可叹啊！殊不知，敌中一向有我，今日我中有敌，我岂能不清楚？现在，你们面前每人放有一杯酒，心里无愧者大胆喝下去，心里有鬼的听清了，你那杯里有毒，念你我弟兄一场，留你一条生路。不过，这酒的配方独特，能使人变哑变聋，终致瘫痪。你不是喜欢女人吗？我要让你空长个鸡巴不能用！"

王亚樵的目光迅速扫过了在场的每一个人，而陈立新与他的目光一接触，浑身顿时一震。

接着，王亚樵率先举杯，喝令众人："干杯！"

众人愣了一下神，片刻，纷纷举起酒杯。

"慢！"王亚樵又喝了一声。他的目光从众人举起的手臂上来回扫了两遍，发现有五个人举着酒杯的手在打哆嗦。他走过去，将这五个人单独排成一排，又说："我已断定，奸细就在你们中间。有人已动邪念，但尚未行动，姑且宽恕，但毒酒只有一杯，只在告密人手中。没有向特务告过密的，只管喝下去。"

就在王亚樵的逼视下，这五个人强打精神，又将酒杯举起，其中四个人硬着头皮喝了下去。最后，只剩了陈立新一个人，手越抖越厉害，惊恐的眼光左顾右盼。

"陈老弟，你喝呀？"王亚樵冷笑一声，径直站到了陈立新的面前。

此刻的陈立新，已是脸色惨白，额上大汗淋淋，目光中充满了哀怜和绝望。

突然，陈立新手中的酒杯当地一声落地，暗红色的汁液四处溅开，如黑血一般。他再也无法支撑了，扑通一声跪倒在王亚樵面前，声嘶力竭地大哭大叫："九爷，我不是人，我是畜牲。九爷，看在高堂老母弱妻幼子的分上，饶了我吧！放我一条生路，为你做牛做马……"

王亚樵冷笑一声："我估计是你，果然是你。你也太不争气了，就为了那一百万大洋就出卖手足。你睁开眼好好看看，我这颗头上，悬着几十条人命，岂止一百万！一百万太少了！你去跟老蒋再要个价，一千万。如果他答应，我自己就把头送给你，保你五代富贵。我王九光从来都是有情有义的。"

"小的不敢，九爷，我原是一时糊涂，现在再也不敢了。还望九爷高抬贵手，放我一条生路！"

王亚樵不再理他，转过身问众人："怎么办？"

"剁了他！"众人一致高呼。

"我是下不了手啊。"王亚樵长叹一声,回到座椅上,微闭双目脸上露出一副既怜悯又痛恨的表情。

"九爷,交给我们吧。"

王亚樵仍不表态,站起身,摆摆手说:"随天意吧!"说完,他扬长出门。

众人见王亚樵已走,呐一声喊,蜂拥而上,乱拳将陈立新打死。

第二天清晨,沈醉的厨师上灶执勺,拉开电灯后,吓得一屁股坐在了地上。原来,在案板上,搁着一个大托盘,托盘上放着一颗睁大双眼的人头;人头旁边放着一张纸条,上面用楷字写道:"献给沈组长的早餐。"

17
王亚樵、戴笠，再见面已非兄弟

1933年5月12日，戴笠升任国民党军事委员会调查统计局第二处处长。虽然升官，但日子并不好过，因王亚樵屡次走脱，蒋介石在升戴笠官的同时，又把他找到南京中央军校官邸大骂了一通。

回到上海，戴笠苦思良久，决定把王亚樵的亲信一个一个地抓起来，彻底斩断他与外界的联系，逼迫他从地下钻出来。王述樵、洪耀斗等人先后被捕。

王述樵是王亚樵的胞弟，当时已是上海的公开挂牌律师，在法律界小有名气。洪耀斗则是王亚樵的得力干将，追随王亚樵十几年，一直是左膀右臂。

戴笠此举，激怒了王述樵的恩师、全国律师公会会长沈钧儒先生。沈先生分别以全国和上海律师公会名义在报纸上发表抗议声明，"王亚樵犯罪，其弟王述樵何罪之有？兄有罪不应罪及其弟"。

沈钧儒先生是中国法学界一代大师，在国际国内均享有盛誉，桃李满天下。老先生一言既出，四方响应，全国律师界的名律师纷纷通电声援，一时间，神州大地纷纷扬扬。

一些民主党派人士甚至写信质问蒋介石，对其效仿封建连株制表示极大愤慨。

蒋介石面对全国一片哗然的舆论，有口难辩，当然也辩不出什么道理，无奈之间，又把戴笠叫到南京中央军校官邸："你怎么老是添乱子？"

戴笠毕恭毕敬，说："学生是想断绝王亚樵对外的一切联络，没想到他弟弟还有这番背景。"

"千万要慎重。对有些人，不要随便碰他。如果不能置于死地，就不要沾惹。"

"学生明白！"

"你马上去上海，叫他们放人，尽快平息事态。"

戴笠立刻来到上海，对于蒋介石要他迅速放人的命令，他决定执行，但要灵活执行。因为要杀王亚樵也是他蒋介石的命令，抓住王述樵是为了引出王亚樵。不是刀架到脖子上，他是绝对不会轻易撒手的。

见戴笠置全国舆论于不顾，仍将王述樵、洪耀斗二人囚禁狱中，沈钧儒更是义愤填膺，遂号召法界同仁为此奔走。沈钧儒在那段日子里，常常去看守所看望王述樵。

为了安慰王述樵，稳定其情绪，沈钧儒还将自己的一张近影照片送给王述樵，在上面亲笔写道：

> 公冶长在缧绁之中，孔子以其罪而嘉之，苦读论语为之感动。今述弟缉押，自问无他，天必佑之无疑矣。铁窗岁月，正可借此休养身心，以作印证，述弟存之。朝夕如相对晤也。美髯公赠。

戴笠之所以死死扣住王述樵不放，自然有他的道理。

1933年7月，戴笠邀集胡宗南、胡抱一一同由庐山飞往上海，要和王述樵、洪耀斗分别谈话。

这三个人同行，颇耐人寻味，当初湖州八雀寺结义，王亚樵老大，胡抱一老二，胡宗南和戴笠同生于1896年，但胡宗南生于春而戴笠生于秋，胡比戴大月份而名列第三，戴笠为四弟。如今，小兄弟三人均在委员长手下奔走，个个春风得意。唯独老大我行我素，专门与小兄弟三人的东家过不去，实在不够兄弟情分。今日三人同行，一来人多主意多，二来人多面子大。撕破了这一张脸,还有那一张,你唱白脸时,我就唱红脸。不信三张脸皮王亚樵连一张也不看。

其实,他们表面上是来与王亚樵和解,援救王述樵和洪耀斗出狱,实际上是想回首往事,以此来感化王亚樵。

果然,戴笠很快向王述樵摊了牌,他对王述樵说:"我等同令兄也是结拜兄弟,说起来,亚樵兄的弟弟也是我们的弟弟。上海的这帮家伙真是胡来,竟随便抓人,我马上调查,叫他们向你赔罪。"

王述樵知道戴笠是在演戏,让抓人的是他,做好人的也是他,于是冷冷地说:"我们本来无罪,白白坐了几个月牢,岂是赔罪就能解决问题的。不知道是哪个丧尽天良的畜牲出的坏主意,将来,不是被火烧死,就是被水淹死。"

十余年后,王述樵的话竟然应验了,不知是巧合还是天意,戴笠乘的飞机在大雨天在南京戴山失事,烈火熊熊,又暴雨滂沱,真真是水深火热。

戴笠明知王述樵话中讥骂之意是冲他而来,但并不在乎。他对王述樵说:"不愉快的时刻很快就会过去,老弟不必过于耿耿于怀。我们三人此次前来,一是希望与大哥等叙兄弟情谊,二是希望大哥与我们携手共进,共谋国家大事。可是,大哥行无定踪,还望述樵弟从中斡旋。"

王述樵和洪耀斗当即答复:"我们现在身为阶下囚,无力奔走此事。"

"二位贤弟不要意气用事嘛。"戴笠说:"抓错了,我让他们马上放人。上海站要赔偿损失,拿出一点钱为你们补养身子。"

经不住戴笠、胡抱一、胡宗南三人的再三纠缠,王述樵最后说:"如果你们真有诚意,可以找常恒芳出面联系,只有他能与王亚樵联系上。"

戴笠等人只好去找常恒芳。又费了几番周折,在常恒芳的牵引下,终于通过郑抱真、张文龙等人同王亚樵对上了话,并得以在耀东医院同王亚樵晤面。

几年的风风雨雨,杀场上狼奔豕突,你追我赶,原来的兄弟情谊早已面目全非,那场"历史性的会面",场景一时显得十分别扭。

王亚樵昂首挺胸,目不斜视。戴笠先微躬身致礼,然后立在一旁,显出不卑不亢的样子来。胡抱一则喋喋不休,反复回忆当年别动队生活。胡宗南无法插话,则始终对王亚樵微笑着。

戴笠说:"这几年来,欲与大哥合作,但屡遭拒绝,且反复惹祸,如当众唾我面,让小弟实在不好做人。"

王亚樵说:"休提兄弟之情。你还认得大哥吗?你把大哥的人头像印得满世界都是,悬赏百万捉拿,杀了我你就好做人了是不是?趋炎附势,不惜砍断手足,连弟弟也抓了起来,意欲斩尽杀绝,你还算人?"

戴笠说:"各为其主,小弟也是不得已而为之。若大哥能体恤小弟之苦,弃放追杀领袖,以党国利益为重,我等通力合作,岂不是如虎添翼?通缉捉拿之事自然不复存在。"

"少扯那些废话,你有什么花花肠子,都抖了出来吧。"王亚樵点上了一支雪茄。

戴笠说:"我奉领袖之命,劝说大哥到南京国防部工作。"

王亚樵狠狠地吸了一口烟,慢条斯理地说:"好哇,给官做当然好啦。多年以来,我与当局发生龃龉,决非我个人之事,是代表了一腔民族之气。现在困难日急,我诚愿化干戈为玉帛。就我目前情况,你们必须答应我提出的条件。如果当局和介公能予采纳,亚樵当束手自缚,赴京向介公请罪,刀俎汤火在所不辞,如介公不纳,亚樵当我行我素,一息尚存,决不低眉俯首也。"

戴笠以为王亚樵终有所动,马上说:"大哥有什么条件尽管说,小弟一定面呈委员长。"

"那好,你转告介公,必须答应我三件事。一、立即释放关在南京、上海、苏州监狱里的我的弟兄;二、发给一百万元,安排我手下人的生活出路;三、如要我洗手不干,介公也必须停止暗杀活动。"

说完这三条,王亚樵便仰首阖目,等待戴笠的下文。

戴笠想了想,说:"这三个条件,断无余地么?"

王亚樵说:"你应该知道,我不是那种讨价还价的人。"

戴笠说:"大哥要价太高,委员长也出不起这个价。"

王亚樵猛地扔掉雪茄烟头,一拍桌子说:"既如此,那还谈什么屁判,告辞了!"说完起身要走。

胡抱一、胡宗南赶紧起身相劝。胡抱一拉着王亚樵说:"大哥息怒,有话好商量嘛。我们能聚到一起,实在是不容易,何必上火呢?"

戴笠见状,忙说:"大哥不必上火,你提的几个条件,我回去可以汇报。但是,我也有个条件,还是那句话,向西南反动派打一枪,不管是胡汉民、李济深还是陈铭枢、李宗仁、陈济棠,杀其一人即可表示对蒋的诚意。"

王亚樵更火了,大声说:"不是西南反动派,是西南反蒋派。我也还是那句话,这事我做不出。我跟你戴春风不一样,我不是翻手为云覆手为雨的小人。我王亚樵是君子,杀人也是君子杀法。戴春风你说是不是?"

戴笠苦笑了一下,说:"大哥骂我,我不在乎。"

王亚樵又提高嗓门问:"你是不是小人呢?"

戴笠说:"大哥强加于我,说是就是吧,但你哪里知道我的苦衷。"

王亚樵说:"我不管你什么狗屁苦衷,你为蒋帮凶,到处滥杀无辜,你不是小人,是什么?其实,说你是人也就算是高抬你了。"

戴笠气愤地说:"大哥有气只管出,我不在乎。委员长之所以十分重视大哥,盖因大哥有拳拳爱国之心,抗日坚决,嫉恶如仇。委员长是很有胸怀的,值此江山动荡,社稷凋零之际,委员长用心良苦,欲起用大哥为党国栋梁,若再推诿对抗,委实不知好歹。"

王亚樵哈哈大笑,说:"君子坦荡荡,小人常戚戚。我看重他,他是介公,不看重他,他屁毛不当。他让我刺杀西南领袖,算不算君子之风?"

戴笠说:"如今外患不绝,国人理应同心。西南人不思倾力报国,反欲趁乱另图他谋,里通卖国,与汉奸无二,实在该诛。"

王亚樵与陈铭枢、李济深等人的交情已非一日了,深知这些人并非趁乱图谋,无非蒋介石政乱而已。见戴笠信口雌黄,怒火又起,拍桌子叫道:"戴春风你不要血口喷人,你说西南人里通卖国,是没有证据的。据我所知,他们抗日态度明朗于老蒋十倍百倍。你以刺杀西南领袖作为条件,这哪里是来谈判,哪里是为了党国团结?分明是来陷我于不义,陷党国于分裂。我王亚樵头可断,血可流,但绝不做这亲者痛仇者快的千古罪人。"说完,往桌上猛砸一拳,摔门而去。

谈判遂告破裂。

当天,戴笠命人释放了王述樵与洪耀斗,并赔了他们一些经济损失。临放人时,戴笠亲自来到看守所,对王述樵说:"尽管第一次与你哥谈判没有结果,但我还是有信心的,能够说服他的。我原本答应放你们并赔经济损失,现在兑现。希望你们出去见到亚樵兄后劝劝他,不要与政府作对,那样不会有好结果的。什么是真理？政府掌权，政府就是真理。"

其实，王亚樵走后，戴笠就又摸不着他的边际了。释放王述樵和洪耀斗，为的是让特务有踪可跟，重新找到王亚樵。

没料到，几天后，戴笠竟然收到了王亚樵的一封信，信中说："释放我弟述樵与洪耀斗，本是情理之中事，但我依然说一声谢谢。唯请今后多想想未来，将我的那些手下全部释放，不然，我将与你周旋到底，非鱼死，即网破。"

戴笠接信后，深感不安，又托常恒芳转信给王亚樵，说："放人之事容缓后图之，欲速则不达。当初湖州八雀寺，我等义结金兰，不同生誓同死。如今四人中有三人投身党国，难道天下正义真理独在兄一人手中？凡事终要有度，无度必物极而反，到那时，怕兄后悔也来不及。"

王亚樵也通过常恒芳转来一信。常恒芳请戴笠吃饭，将信交给戴笠，信中说："亚樵不敢妄言天下正义真理独操己手，但反蒋抗日尔三人不如我一人。人多并非理正，尔等去奉化寻蒋家子子孙孙，百人中恐有九十九人以上尊蒋为爷……"

又是一番嬉笑怒骂，使戴笠恨得牙痒。他把信递给常恒芳，常看罢深知王亚樵与戴笠已不共戴天，因自己是王的联络人，恐被疑为同谋。为洗清自己，他故意装出义愤填膺的样子，说："王亚樵真不识抬举，一点面子也不讲，太使我们中间人不好说话了，今后，我再也不与他往来了。"

当时，正在吃饭，常恒芳起身将饭碗掼得粉碎，表示对王亚樵恨之极深。

戴笠知道常恒芳胆小，此举并非真恨王亚樵只是做做样子，糊弄下自己而已。他也不挑明，微笑着说："常老犯不着为这样一个人动怒。"

谈判一直未果，戴笠难以对蒋介石复命。王述樵和洪耀斗已被放出了十几天，特务们日日跟踪，但一直也没见他们与王亚樵联系。

无法可想后，戴笠又去找常恒芳，"常老，您是辛亥老人，望您再设法与王亚樵联系，我还要和他谈判。"

常恒芳立刻摇头说："自你们谈崩之后，他来电话将我臭骂一顿，说我不该安排你们见面。他是打一枪换一个地方，如今住在哪里，我也不知道。"

戴笠等人不甘心就此撒手，冥思苦想，如果再次接上头，索性在晤面处安上炸弹炸死王亚樵。可是，自从分手，再也无法找到王亚樵，他仿佛钻入地底下去了。

不久,《新民晚报》和《申报》上分别刊出一则启事,启事的标题是《胡二问鼐》。胡二,即胡抱一,因结义四兄弟中排行第二,故称。鼐是王亚樵的别字。这则启事中说:"你究竟要怎么办?何去何从,早日决定,不要累及你的一班人与你同受罪,火速登报复我,以免我们老朋友为你担心。"

王亚樵看见了该文后,知道胡抱一一向贪图升官发财,也是为官为财而不顾人格的人,又恐戴笠以此为饵引他上钩,于是置之不理。

戴笠见王亚樵软硬不吃,狠狠地对胡抱一等人说:"王匪太不识抬举。往后,哪怕他自缚来降,我也要杀死他!"

接着他严令上海的特务,一面严密注视着市区,同时又对各出口进行严加盘查,防止王亚樵潜逃出去。

面对戴笠的特务网,王亚樵在上海几乎无法行动。他知道,自己得离开这座大都市了。

离沪之前,王亚樵致函华克之,约他在一位友人家中共进晚餐。当晚,中山先生的追随者、画家、南京钟英中学校长李怀诚也来到。还有一位友人,也是华克之的战友,就是郑抱真。

夜阑人静,大家边吃边谈。

王亚樵说:"任潮(李济深)和我很相识,和怀老也有交谊,他现在又出山了。他曾托人告诉我说,望我前去赞襄反蒋抗日大计,题目是光明正大的,全国人民所渴望的。真如,陈铭枢,也是跟我很谈得来的,他们既是和红军结合,尚是经天纬地之举,绝非等闲。我和怀老去走一趟,呼吸一下新鲜空气。你如愿意,我们可以分别前去,在福州会合,时间一听你便。"

华克之听了以后,非常感激两位老友对他的关重,心想:我们都不是宦海之人,在这尘世无籍籍之名,来去无踪,什么时候都可以到什么地方去,而况自己本来也有些打算,便答应了王亚樵。

由于国民党特务追捕甚紧,王亚樵拟乘日本轮船离沪。为了顺利出行,他请老同盟会会员、国民党中央委员会委员陈中孚同日本领事馆交涉,化名王维新办理保险去香港。

日本领事馆与日本特务是心心相印的,早已风闻王亚樵要离沪出逃。再加上与陈中孚打交道的名人中,从来没有一个叫王维新的,突然冒出这个王维新,是否就是王亚樵?日本领事问陈中孚说:"这个王维新,是否就是王亚樵?王亚樵炸死白川大将，我国政府正在缉拿。如果能诱王亚樵登上我国海轮，我们可以为你活动当中国驻日大使。"

陈中孚闻言大惊。他是一个正直的人，与王亚樵在政治观点上有很多一致的地方，尤其钦佩王亚樵天不怕地不怕的气概，如此好友，岂能加害？他于是秘密通知王亚樵，说日本方面对王亚樵恨之深刻，且暗中布置密探，日本海轮万万乘不得。后来，陈中孚出面托上海华侨联合会会长计冀公，同英国领事馆交涉，得到英国领事馆同意保险去香港，保险费为一万元。

八月中旬，王亚樵为了防止国民党和日本特务对照照片缉拿，用烧火棍将面部烧出九个大麻子，并用酱油涂面，迎窗晒黑。从太古码头出发时，他又化装成码头工人，肩扛货件入轮船底层货舱，锁上舱门。

与之同行的有戚皖白、郑抱真、许志远、蔡克强等。

这个船上照例也有国民党特务。由于日方密告，上海警察局也得知王亚樵近日有离沪出走的可能，戴笠因此令各出口检查要格外严格。

旅客全部登船后，特务们手持王亚樵的照片全船侦察，通舱、房舱、官舱逐一检查。因为王亚樵等人钻进货舱里层，外面重物堆积，特务无法逾越，只是随便看了看便离开了。

傍晚时分，轮船起锚，很快驶出吴淞口，进入茫茫的大海。此时，王亚樵等人走进浴室，干干净净地洗个澡，人人换上笔挺的西服，来到已包好的高等船舱，将行李放好。

月亮已经升起，茫茫的大海上，一片银白。王亚樵走上甲板，来到船舷旁，往上海方向眺望。整个城市早已看不见了，但他能够看见那片天空中一片光芒，那是大都市的反光。

巨轮犁刀破海，海面上拖着一条条沟，王亚樵在心里说："上海啊上海，你这个东方的辉煌之都，不知我什么时候再能回到你的怀抱。"

不久，戴笠接到一封信。

　　春风老弟惠鉴：
　　　江浙战败借君等去穗复命，尔后分道扬镳各奔东西，辗转十年。北站刺宋、庐山刺蒋，数案共发，当局震怒，悬赏百万购亚樵之首甚急。亚樵乃一介布衣寒士，辛亥以来以身许国，复兴中华。历受总理遗训，奔走国民革命致力北伐，生死早已置之度外。尔来数年，东倭日寇侵华紧逼，强占东北，入侵华北，大片国土沦没，民族危亡迫于眉睫。一·二八淞沪抗敌军兴，亚樵附十九路军诸公骥尾，率义军抗日救亡，炸毙日倭侵沪大将白川，而执政当局久持不抵抗政策，迷恋内战，国怨耿耿，限制国人抗日，遂有北站、庐山违命之举。君等钟爱亚樵，出面斡旋，约亚樵归顺当局，常老（指常恒芳）带转之事实难从命，君等所持者私义，亚樵所持者公义耳。亚樵与当局无归顺与否之存在，愿诸君代达，如执政当局苟能改变国策，从而停内战、释私怨，精诚团结，共赴国难，亚樵当只身抵阙，负荆请罪。亚樵何去何从在于当局，否则誓与周旋到底。悬首都门又何足惜。匆匆布达。

民国廿二年八月十八日

此信系王亚樵离开上海前就写好，临行前，交给了一名手下，嘱在他登轮启航后寄交戴笠的。

戴笠一看此信寄自上海，失声大叫："不好！王亚樵已逃离上海！"至此，戴笠长叹一声，自忖以上海数十万军警宪特尚不能奈何于他，确非等闲之辈。无怪乎委员长几次三番对之招安，可见他对这个人是看准了的。现在，王亚樵脱险而去，犹如一条巨蟒潜入大海，不定什么时候还会弄出翻江倒海的事来。

想到这里，戴笠不禁打了个寒颤。

18
当上李济深的安全大员

1933年11月22日,中华共和国革命政府在福州成立,史称"福建事变"。这是国民党内以李济深、陈铭枢、蒋光鼐、蔡廷锴等人为代表的一部分进步势力所发动的抗日反蒋运动,其主要力量是一·二八淞沪抗战后奉调入闽的十九路军。

上海是一个极其敏感的地方,驻有全世界的新闻记者,是远东有线无线电报中心。早在中华共和国未成立之前,消息就日益传开来了,初说十九路军剿共,打了败仗,又说中央军在江西剿共遭到了同样的失败,又传十九路军和红军有了妥协,陈铭枢不在欧洲,早已回到香港,李济深也从梧州乡间回到了香港,与陈密商反蒋大计。也有消息说,李、陈、蒋、蔡和中华苏维埃有了协定,先在福州组府,随后挥戈北上,反蒋抗日。为时不久,又有传说,驻扎在闽北的卢兴邦、刘和鼎两个师不稳,有投敌的可能。

中央社不断在解释、在辟谣,越是解释辟谣,事情越近乎真实,冰冻三尺,非一日之寒。由于人心思乱,希望把这个蒋介石的小朝廷(半壁河山)乱完为止,也宁可信其有,而不愿信其无。

消息越来越感到紧张,有关部门的证券不断下跌。新闻的检查愈益加紧,《申报》几次出不了租界,人心惶惶。蒋介石的妻舅宋子文财政部长,是时局中心人物之一。他和十九路军军长蔡廷锴将军的私交很深,不单气味相投,且有财政经济上的共同利益。

蒋介石虽因收买杂牌军队(非以黄埔为骨干的军队),用钱过多,频年剿共,国库空虚,郎舅之间,时起龃龉,可是一有外患,利益又一致起来。

部长并不在乎多用几个钱,所不满的是蒋介石的禁锢政策。首先是搞什么寓禁于征,另外派人收税,部长不能过问;其次是税警总团三四万人,原是属于部长个人的,一向是半独立的,不受中央节制的,这是蒋介石最不能容忍的,时有收隶之心。

然而,这些龃龉一旦与李、陈、蒋、蔡和红军合作、反蒋抗日这类天下大事相比,那些又都变成微不足道的小事了。这位宋部长一向是"深明大义"的,函电纷驰,呼吁蔡将军出面辟谣,拥护中央继续剿共,勿忘当年在江西的伟绩,并允诺最近的将来另调财富之区。

将军故意徘徊数日,部长更显重要。在南京的政要,日夕奔走部长北极阁的草庐;在上海,金融工商两界的巨子,也穿梭于西爱咸斯路宋子文的沪寓。

忽然,报纸又传出消息,宋子文已派专机接蔡将军进京,面商党国大事,莫不拍手称庆,祝愿免于红祸横流。这些大腹便便的人物,亦知十九路军一个军并不足惧,可惧者在于和红军联合,果真那样,大局就难收拾了。

可是,事情并不如诸公所料,蔡廷锴并未来南京,李济深、陈铭枢都到了福州,组府的锣鼓响起来了。谣言被事实所证明,当然也就无须辟谣了。

人们都在传闻,中央与福建双方摩拳擦掌,调兵遣将,对峙之处,涤沟高垒,大有一触即发之势。

此时,留在上海的华克之坐不住了,他决定立即去福建,会同王亚樵,做一番大事去。

当时福建全省,形势如一个口袋,福州似一个袋口,北去上海,南下香港的唯一交通工具,全靠英国怡和、太古的客货船为多,其次是定期航行于福州、香港之间的三四艘较小的货船而已。

金风送爽,桂子飘香,黄浦江水,已渐转浅黄。太古公司太原轮出得扬子江时,水天一碧,豁然开朗。无数白鸥,绕船飞行,好一幅碧海飞鸥图。

当上李济深的安全大员

启碇前,这船上的工商绅学各色人等,除向送别者再三表示惜别、谢忱,没有一个谈论时局的。出得长江,转舷南下,大家很快高谈阔论起来了:有的说十九路军已与红军合作改编了;有的说日本与南京政府有了默契,海军也开到长江口外,陆战队已待命,随时准备登陆;有的说南京政府又派大员重去福州谈判……

华克之一言不发,只默默地听着。消息既不能证实,又不能否定,一二日后,自见分晓。

轮船行抵闽江口外,蓦见一艘庞然大物,四周绕以儿童玩具似的小艇。华克之仔细一看,原来是日本的战舰,世界海军有名的战舰之一。过去若干年中,每当我国一有抗日爱国运动,它和它的姊妹舰长门舰就开泊到吴淞口外,意在威胁中国。

这次开来闽江,因吃水过深,不能深入,舰上的炮位已经调转了方向,炮口瞄准福州城里,而且已经卸下了炮衣。

船一停泊,海关汽艇即迎面而来,艇上的人员已换上了新的蓝布制衣,检查货物和旅客分别进行。每一个旅客经过简单的问话,随查行李,查完了以后,海关的领班笑着对旅客说道:"你们都是来参加革命的?"

大家一起笑着回答:"是的,是来参加革命的。"

乘上登陆的小轮,华克之激动起来,马上就要见到九哥王亚樵了,真是太好了。

且说王亚樵从上海去了香港后,小住月余,鉴于福建举事酝酿成熟,便随李济深、陈铭枢密至福州。当时,戚皖白等人劝王亚樵说:"九哥屡遭追捕,历尽艰险,如今得香港片刻安宁,何不借此休养一年半载。福建举事,我等手中无一兵一卒,不仅于事无补,反白白地让蒋更加怨恨,何苦?"

王亚樵驳斥道:"我等生来就是风雨中闯荡,福建箭在弦上,虽无一兵一卒,但我等皆是兵卒。蒋、蔡诸公轰轰烈烈,我等岂能坐视?"

不久,李怀诚也从陆路赶到福州。二人相聚,欢喜异常,并被安排同住在省府招待所。此处原是一个私人住宅,房屋宽敞,设备齐全。华克之也被安顿在这里。

为了说话方便,华克之搬到了王亚樵的房间里,两人常常对床而眠,信口开河，通宿长谈。可是，华克之发现，每谈到此时此地，耳之所闻、目之所及，这位一向旷达豪爽的九哥就忧心忡忡，甚至还有些沮丧。

许多不愉快的消息都是王亚樵从李济深、陈铭枢私人那里听来的。王亚樵说："陈真如（铭枢）比之以前，愈益好高骛远，不切实际，团结了一大批落魄的文人、市侩，其中有共产党的叛徒，有国家主义者，有无政府主义者，有以前反共现在转向亲共的，也有蒋帮中的中统、军统分子来做工作的，而他是兼收并蓄。每次召集会议，各种意见、冲突无遗。拼命高喊反蒋抗日的口号，但并不把反蒋抗日的大业和广大群众结合起来，让大众了解。反蒋抗日原是大众的事情，似乎他们包办得了的。这些人中有的抱着很深的地方主义、宗派思想，自信不疑，对别人总是用教训的口吻，岂是容人之态？再说人民革命军在搞些什么？蔡廷锴讳莫如深，哪个还敢过问？结果大家就不能不缄口了。"

当时，陈铭枢有亲苏现象，他到苏联晃了一圈，推崇列宁，自称是将来中国的列宁。福建举事时，他既无兵权，也无财权，用范汉杰的话说，他近来无产可破，因此时时主张冒险。王亚樵对此很不以为然，甚至觉得他有点瞎胡闹。

李怀诚也是个热忱的人，反蒋抗日是彻底的，拥护十九路军同共产党合作，也是彻底的，决无个人的意图。见华克之来到，也十分高兴，对他谈了一些福建的几位主要领袖的一些情况。

对于李济深这个人，李怀诚说："过去他的反共是残忍的，今天的联共，他比其他人真诚。此人沉着是有名的，他甚少表示态度，使人不明白他葫芦里面卖的什么药，有人说'北有阎锡山，中有谭祖庵，南有李任潮，共事人心寒'。不过，照我看来，他是藏拙。李宗仁、白崇禧对他是不错的，但他这次出山，李、白并不同意，除非有惊天动地的局面，才能跟着支持他，否则是没有把握的。因为他没有资本，就显得无力，官场宛似戏场，也是市场，蔡将军是要见货定价的。"

谈到蔡廷锴，李怀诚又说："谁都知道，蔡将军是此间的实际权威，大小军政事务，须先到人民革命军总司令部向他请示，得到同意，方能实行。前年在上海一战，他名利双收，十九路军得全国捐赠，现有数千万公积金，全部抓在他和他的几名亲信部下的手里。这笔横财就害死他了，他早已丧失了高尚的品

19路军反蒋时期的李济深

质,陶醉在上海抗战的光荣中,正是一位不患得之而患失之的人物。他对反动的元凶,绝无一拼的决心。举旗以后,初期遇事模棱两可,为时不久,一遇到困难,即肝火上升,不管人前人后,上司下属,'去他妈'的乱骂,埋怨之声,传于幕外,实际言之,与蒋帮旧情未断,态度自然暧昧,这是高级指挥最要不得的,没有不失败的。"

华克之听后,不胜惊愕:"昔之疥癣,今日已成大疽,岂易治哉?"

李怀诚话犹未尽,继续说了下去:"福建还有什么事情蒋介石不知道吗?下面几个师长,虽然升到了军长,表面与红军合作,其实只是休战。红军的作风,特别是军民关系,十九路军一点也没感染到。他们与南京方面千丝万缕,不幸一旦有变,绝无劳总司令的领导,各有各的门路,自会保全实力。中华苏维埃中央,虽有代表团(张云逸、潘汉年为领导)在此,暗中还派人监视,请问这样还会搞好吗?"

最后,李怀诚谈到蒋光鼐,那语气无褒无贬:"沉默寡言,胸有成竹,平素决不轻易表示意见。"

华克之说:"粤人有言:'十九路军陈铭枢是祖父,蒋光鼐是父亲,蔡廷锴是孙子',是不是这样?"

李怀诚说:"是的,在北伐初期十一军的时候就是这种格局。蒋光鼐承上启下,绝不轻易表示意见,多少年来,一直对蔡廷锴心中不满,而蔡却一无所知。据说这种局面,同蒋介石对蔡廷锴的诱骗、威胁是分不开的。"

华克之说:"九哥知道不知道你说的这些情况?"

"怎么会不知道呢?"

"那他为什么还愿意在这里干?"

"亚樵这个人,你还不清楚,他什么利益都不会计较,只要你反蒋、你抗日,他就是把脑袋丢了也会在所不惜的。这种种委屈,他认了。"

美国人弗雷特·安娜女士在她的《中国的民间力量》一书中写道:

> 在中国近代历史上,曾经有过一拨惊天裂地的插曲,这就是震惊中外的"福建事变"。国民党将领蒋光鼐、蔡廷锴等人在蒋介石手忙脚乱之际,在他的腹部狠狠地踢了一脚……王亚樵不与政界沾边之说在这个时期荡然无存。……他显得异常坚决,甚至比蒋、蔡等人更为不容置疑,他的活动异乎寻常的活跃……据说,蒋光鼐、蔡廷锴曾经向他许愿,事成之后,请他出任"中华共和国人民政府"警察总监……

这期间,王亚樵的精神格外饱满,踌躇满志,在上海东藏西躲积攒下的满腹阴云一扫而光。闽地大山,俊秀挺拔,海上云天,辽阔万里。他觉得浑身的血液燃烧起来,岩熔般的力量将爆发出来。

尽管有很多地方不尽人意,但王亚樵特别宽容。他觉得,成大事,必须要求大同存小异。对各项事物,他都倾注了极大的热情,把振兴中国的希望都寄托在英勇善战的十九路军身上。他表示,负责组织一支特别部队,担负抗日锄奸和保障十九路军将领安全的任务。

王亚樵的态度,正合蒋光鼐和蔡廷锴的意思。当天议定之后,他就派出三拨人马,分赴香港、上海、南京联络旧部。

当夜,王亚樵兴致勃发,开戒狂饮。酒毕,研墨挥毫,摊开宣纸,运足丹田之气，立就一章长短句。

> 壮岁从戎，
> 曾是气吞残虏。
> 陈云高，狼烟夜举。
>
> 朱颜青鬓，
> 西雕戈西戎。
> 笑儒冠，自来多舛。

且说华克之来福州后，因受李怀诚影响，情绪一直低落。一天夜里，两人拥被而坐，对窗长谈。

王亚樵说："今天我在李济深那里呆了半天，他时时出去会客，我在卧室外套房里等他，他对我说，这幢房子就拨给你使用吧，如何使用，由你安排。他说他们昨天开了半天最高军事会议，他和蒋光鼐主张战略进攻，老蔡却主张防守，彼此争执不决，不欢而散。李济深一向沉着，竟对我说了这么多话，虽然有视我为知己的意思，亦能看出他的心绪是何等的恶劣。"

接着，王亚樵又说："我已经把你介绍给李济深了。我希望你去看看他，这个局面并非无可救药，事在人为。他毕竟是权威人士，值得一谈的。"

华克之说："九哥良苦用心，克之岂不明白？回首当年，李公济深，坐镇南中，威风之盛，仅次于蒋介石。可是今天的形势已经大不同了，纵使鲁仲连复活，也说服不了蔡廷锴'义不帝秦'啊！"

且说蒋介石此时也风闻十九路军将在福建政变的消息，极为恐慌，坐卧不宁。特别是知道王亚樵在福州派出三拨人去召集旧部的消息后，更是恼怒不已。当着戴笠的面，他咬牙切齿地骂道："娘希皮，王九不死，国无宁日。"

为了孤立十九路军，稳住西南局势，蒋介石不得已承认广东的半独立状态，从而使十九路军的盟友之一，号称"南天王"的陈济棠的态度暧昧起来，因此，当陈铭枢提出西南、福建一致行动时，陈济棠无意呼应。

由于陈济棠态度暧昧，桂系李宗仁、白崇禧也犹豫起来，终使十九路军势单力薄。同时，蒋介石又派国民党元老林森前往福建游说，自己假惺惺做出一副诚恳姿态，致电陈铭枢、蒋光鼐、蔡廷锴等人，称"今日中国非'剿共'不足以抗日，非先安内即无力御侮"，劝他们"勿受他人挑拨离间，为一时误会所隔阂"，并提出"公等既有谋国之志诚，何不于国民共怒之前决其进退"。

在游说和电劝均遭驳斥之后，蒋介石又玩弄新花招。他亲自给蔡廷锴写了一封信，派专机送往福州，请蔡廷锴上庐山面谈。他对蔡廷锴仍抱有一线希望，因为蔡廷锴入闽后连升数级，应该感谢他的提拔。如果蔡廷锴被接上庐山，事变绝难发动。但是，"聪明往往反被聪明误"，蒋介石的如意算盘落空了，他要蔡去庐山的举动，反而使十九路军更加认识到蒋介石的奸诈，而且由此看出，蒋介石已经全部觉察内幕，福建事变势在必行，断无退路。

当时，蔡廷锴确实曾有过考虑，想上庐山与蒋介石谈判，试图以十九路军改变为资本，促使蒋全力抗日。王亚樵等人坚决反对蔡廷锴上庐山。

王亚樵说："蒋介石一贯不讲信义，蔡将军若是轻信，将军个人存亡姑且不论，政变失去栋梁，就是断送革命，将军即使壮烈赴死，也是千古罪人。"

王亚樵又掏出手枪说："蔡将军若是踏上机场，我就开枪自杀。既然革命无望，苟活何益？"

不仅如此，为了断蔡廷锴的一丝温情，王亚樵还布置了人员，混进机场，计划炸掉蒋介石的飞机。具体实施这一行动计划的，是郑抱真。

11月12日，陈铭枢、蒋光鼐、蔡廷锴等人又秘密商量。由于绝大多数人的坚决反对，蔡廷锴放弃了去庐山的想法，决定扣留蒋介石派来的飞机，并将这项任务交给了王亚樵。

11月13日，王亚樵等人化装成国民党将领，伫立福州机场，"恭候"蒋介石派来的飞机。

十时许，蒋介石的得意小门生徐康良驾机到达福州上空。徐康良临来时已先自心虚，唯恐接蔡不成反遭不测，也做好了两手准备。如果见势不妙，他调头就跑。

待飞至福州上空，见机场内静若平常，停机坪上十几架飞机心平气和地停成一线，三三两两的机务人员像平日那样，懒懒散散地做着一些勤杂事务。在跑道东部,有一簇绿影,飞近了便看出像是列队欢迎的士兵和等候在此的将军。

徐康良于是放松了戒心,在机场上空兜了一圈,得意洋洋地抖出两套漂亮的"鹞子戏水",算是打了个招呼,蜻蜓点水一样,滑进了跑道。

等到打开舱门,徐康良愣住了。站在欢迎队伍最前面的身着黄呢风衣、佩戴将军军衔的人,不是蔡廷锴,也不是蒋光鼐,而是一位国字脸、高颧骨、戴着金边眼镜的先生。这位先生的嘴角上还挂着一丝冷笑,镜片后面的两束目光笑里藏刀。

徐康良终于发现,这张棱角分明的脸庞似曾相识,他曾经无数次出现在电线杆、广告栏和晚报上,一言以蔽之,通缉他的布告曾经贴满了南京、上海的大街小巷。

没错,他是王亚樵。

徐康良顿时觉得掉进了冰窟窿,这个魔鬼出现在这里,绝没有好事。待要返身进舱驾机逃跑,只见王亚樵大手一挥,身后立即有两挺机关枪嗒嗒冲天响了一阵,徐康良顿时吓得面如死灰。

"下来!"王亚樵大喝一声。

徐康良只得乖乖地走下舷梯,并且主动地把手枪交了出来。

没想到,等徐康良下来之后,王亚樵又命令他上飞机。

王亚樵也跟着进了机舱,他说:"启动,老子今天也要威风威风。"

徐康良只好按照王亚樵的吩咐,驾机载着王亚樵等人,在福州上空兜了两圈,将印有《试看蒋介石假抗日真卖国的嘴脸》的传单撒向市区。

专机被扣的第四天,一份快报就翻山越岭飞到了蒋介石的写字台上,两行大字标题赫然醒目《蒋总裁千里送机犒赏十九路军 王亚樵空中举杯致谢蒋委员长》,看着照片上趾高气扬的王亚樵和垂头丧气的徐康良,蒋介石气得差点昏过去。

1993年11月22日,从福建向全世界传出一个震撼人心的消息:在陈铭枢、蒋光鼐、蔡廷锴等人的领导下,在中国共产党和一些民主党派的同情支持下,来自全国二十五个省、市和海外华侨的一百多名代表、十九路军官兵及福建省、福州市各机关团体及市民数万人,在福州市公共体育场召开"中国人民临时代表大会"，宣布成立"中华共和国革命政府"，改军号为中华共和元军，首都设在福州，公开喊出了"打倒蒋介石"的口号。

在主席台第二排中间位置就座的，就是王亚樵。与他同在一排的，有章伯钧、欧阳予倩、梅龚彬等知名人士。

这次会议推选出十一名"中华共和国革命政府"委员。王亚樵虽不是政府委员，但作为政府安全方面的临时负责人，参与政府委员工作。

此刻，王亚樵腰杆板正，面色冷峻。他有双重身份，既是作为上海劳工代表为十七人大会主席团成员之一，同时又是作为"中华共和国革命政府"安全保卫方面的负责人，负责领导大会的安全保卫工作。他的一百多名昔日"斧头党"、"抗日铁血锄奸团"成员，分布在会场四周和主席团前后，严防国民党特务、汉奸破坏。

当天会后，王亚樵心情激奋难平，又作"誓师"七绝一首。诗曰：

叱咤海隅惊贼胆，
旌旗招展出闽关。
雄师重固金瓯日，
纳失都门奏凯还。

这期间，陈铭枢、蒋光鼐、蔡廷锴等人经过讨论，决定任命王亚樵为"中华共和国革命政府"安全防务部部长一职，由蔡廷锴亲自劝说。

王亚樵坚辞不受。他说："亚樵乃民间人物，非党非派，如今过问政治但非本意。官未必要做，事一定要办。将军和政府领袖谋国家兴旺，亚樵及众兄弟则谋政府不致死于襁褓之中。"

蔡廷锴说："政府已经成立，内阁中必设安全防务部，部长一职也唯有先生出任最为恰当。"

王亚樵仍然不受，坚持说："亚樵以无党无派无官之躯，或可招呼故友旧部于鞍前马后，一旦乌纱压下，恐为帮中人猜忌与不屑，反为不美。"

见王亚樵态度坚决，陈、蒋、蔡等人只好放弃让王亚樵任内阁"安全防务部"部长一职的想法，但建立特工与反特工组织、防奸防谍、安全保卫等一揽子事务，仍托王亚樵办。

当时，政府公布将福建全境划分为闽海、兴泉、龙汀、延平四省和福州、厦门两个特别市。王亚樵昼夜兼程，在短短十二天时间内，分赴上述地点，组建自己的特工队伍。

"福建事变"举世瞩目，引起了各种势力的严密关注和反响。国民党领导层更是震惊、恐慌，蒋介石顿足而叹。尤其是当他得知中共与"闽变"领导人早有联系后，更是坐卧不安。

事变当天晚上，国民党召开第三百八十四次中政会议，请国民政府严厉处置"闽变"。

翌日，南京国民政府即公布镇压福建人民政府之命令决定抽调军队，用武力迅速消灭第十九路军及其同盟部队。蒋介石连续发表了《告十九路军将士书》、《为闽变致剿匪将士及全国各军长言电》，意在分化瓦解"闽变"队伍。同时，他还派出飞机到福建广为散发传单，以十九路军家属安全为要挟资本，敦促十九路军下层官兵反戈一击。

国民党第九十九次中央常务委员会决定永远开除陈铭枢、李济深、陈友仁的党籍，并交政府严行拿办。其后，国民党中央政务委员会决定褫革陈铭枢、李济深、蔡廷锴各职，行政院亦决定褫革蒋光鼐本兼各职。

对于王亚樵这个令蒋介石伤透脑筋的人物，仍由戴笠负责，布置人员潜入闽境一杀了之。

19
是谁绑架了王亚樵的爱妻？

1933年11月下旬的一天，戴笠带着从上海区抽调的情报组长沈醉以及副官贾金南和卫士等数名精干随从，从南京出发，经上海、杭州、衢州，翻过他的故乡闽浙交界的仙霞山枫岭关，一路轻装简从，秘密向福建厦门鼓浪屿出发。

11月底，戴笠一行顺利到达厦门鼓浪屿，住进一位受特务处厦门直属组秘密运用的茶叶商人家里。

鼓浪屿是个四面环海的狭长岛屿，面积16平方公里，与厦门隔海相望。站在厦门码头远远望去，它如同万顷碧波中停泊的一艘巨轮。岛上岗峦起伏、四季花开花落，在繁茂的树木中掩映着一幢幢别墅住宅，到处一片宁静。岛上最高峰日光岩，高90米，山麓有日光寺。每当太阳初升，阳光正射到山石和寺内，故名。寺后怪石嵯峨而立，石壁上有"鼓浪动天"、"天风海涛"刻字。沿石阶而上走进古避暑洞，海风扑面而来，涛声如雷。岛上各种建筑精美别致，风景优美雅洁，驻有十几个外国领事馆，其余的大都是巨商富贾的住宅。

戴笠选择鼓浪屿作为他策反瓦解十九路军的指挥中心，是经过深思熟虑的。

一是鼓浪屿的特工基础较好，戴笠在这里早有布置。早在1932年5月，十九路军调闽时，南昌行营调查课就派遣黄埔三期生、福建惠安人连谋潜入厦门开展特务活动，其主要任务就是监视十九路军在闽的活动及其与粤、桂二省联系的动向。连谋到厦初期，以调查黄埔军校毕业生的情况为掩护，在鼓浪屿虎巷办公，行动异常活跃，十九路军发动"闽变"的许多情报都是从这里报到特务处的。

二是十九路军在厦门的军事力量比较薄弱。福建东临海滨，海防辽阔，可以登陆的地方达二十余处，特别是马尾、厦门两个军事要港在战略上颇为重要，十九路军本拟派重兵防守。无奈福建乃四战之地，除与红军有约无西顾之忧外，其他各方面都要设防，七万余人处处设防，则处处不防。特别是广东军阀陈济棠已被蒋介石收买背约，整个战略没有后方。而且"闽变"之日，戴笠们先期派特务处大特务张炎元秘密将厦门警备司令黄强和十九路军补给师的旅长赵一肩、司徒非等将领全部收买过来。

三是当时许多国家在鼓浪屿设有领事馆，一切俨如"租界"，外国势力很大，十九路军毫无办法。加之日本、美国、英国均派有军舰，以护侨为名，在厦门一带的江面威胁，十九路军不敢有所举动。

四是王亚樵无法前来捣乱，不会被他暗杀掉。因为他对厦门、鼓浪屿的地形、市情不熟。戴笠进岛以后，又立即派出特工人员暗中把守岛上的重要交通出口，控制人员进出，肃清十九路军派遣在岛上的人员，确保岛上安全。

因此，戴笠坐镇鼓浪屿，看起来身处险境，其实却很安全。

戴笠在鼓浪屿展开工作的第一件事就是梳理接通原先分别打入十九路军内部的各种关系和内线人员。

一·二八淞沪抗战后，戴笠的复兴社设立中央军校军官训练第一期，戴笠推荐桂永清任主任，并报经蒋同意，通过军要会指令十九路军先派下级军官一百二十名受训，这批人毕业后大都加入了复兴社，相当一部分又被戴笠吸收加入了特务处。

1933年夏，复兴社用化名寄给这批人的一笔津贴汇款被查，经十九路军深挖穷追，遂将受款人黄汉光、周肇邻等一百余人逮捕处决，只有少数人幸免。

戴笠通过各种渠道，迅速与这些人接上关系，指令他们积极开展活动，提供十九路军的情报，对该军的中下级军官开展策反工作，散布流言，传播蜚语，瓦解该军的斗志，造成混乱。

戴笠开展的第二步工作是利用黄埔同学关系和潜伏在十九路军总部内部的特务黎庶望的关系，对总部副参谋长兼参谋处副处长范汉杰进行策反。

范汉杰是黄埔一期生，广东大埔人，他是蒋介石最早赏识的门生，1927年就任职浙江警备师长，是黄埔学生中最早任师长的。

黎庶望是黄埔三期生，广东罗定人，戴笠利用他与蔡廷锴同乡关系在十九路军调闽时打进该军，当上总部上校参谋，又通过他把总部译电科长李道生拉拢收买过来。

结果，这三人联手，不但把十九路军内部的所有情况向戴笠密报，而且把参谋处和译电科掌握的所有密码本盗出，送交戴笠，弄得十九路军在与中央军作战的关键时刻，总部无法向所属部队下达作战密电。

戴笠展开工作的第三步是策反十九路军的中上级军官，对"闽变"进行釜底抽薪，这是戴笠此行工作的重点。

在这之前，戴笠曾运动各方面的关系，对十九路军的高级将领进行拉拢收买。其中，曾通过南昌行营参谋长熊式辉利用江西同乡关系收买六十一师师长毛维寿；并通过军政部长何应钦派云南人赵锦雯为六十一师参谋长，作为毛维寿亲蒋的拉线人；通过南昌行营秘书长杨永泰利用广东高州同乡关系收买四十九师师长张炎。

经过梳理后，戴笠发现有一位复兴社成员叫欧剑城，在十九路军四十九师中任中校副团长，此人与四十九师师长张炎交谊颇深。于是戴笠派符昭赛秘密替入泉州，与欧剑城取得联系。

经过斡旋，符与张炎直接通上电话，转达了蒋介石、卫立煌和戴笠对张的倚重，以及事成之后升官晋级的许诺。张炎说："这次事变是上了长衫客（指穿长衫的政客）的当，现颇为懊悔，愿向中央立功赎罪。"

接着，戴笠进一步利用张炎的关系，与毛维寿、沈光汉、区寿年等十九路军的各师长联系，促其叛变，毛维寿率先表示决心向蒋投效。不久，十九路军的主要将领均已与戴笠建立了联系，并先后表示效忠中央，脱离蒋光鼐、蔡廷锴的控制。

戴笠展开工作的第四步是收买大批福建的土著杂牌军队和地方民团，以配合中央三路大军对十九路军的"围剿"。

当时,福建的形势四分五裂,地方政权土劣横行,由于全省没有蒋介石的嫡系部队,地方土著和杂牌军队更是雄峙一方,划地为牢,割地称主。其中势力较大约有闽北刘和鼎的五十六师、闽东北陈齐宣的独立旅、闽西北的周志群的独立旅、闽中地区卢兴邦、卢兴荣兄弟的新编第二师等等,人数约四万多人。

"闽变"以前,这些土著和杂牌军队先后受过红军与十九路军的打击,有的甚至被击溃收编。戴笠据此充分利用土著和杂牌军队对红军和十九路军的敌视恐惧心理以及寻找靠山、升官发财的欲望,大肆封官许愿。结果将这些人一个一个收买过来,协助中央军与十九路军作战。

这些杂牌军虽成事不足,但扰乱后方,封锁道路,兴风作浪,浑水摸鱼,皆是其所擅长,一时使十九路军穷于应付。

"闽变"以前,福建省还有一类地方武装叫"民团",他们既不是真正的人民武装,又不是纯粹的土匪,大都是由当地的富豪劣绅牵头组织起来,保护当地治安的武装队伍。

戴笠到鼓浪屿后,看到这些"民团"数量众多,分布很广,大可短期利用一下。于是就用事先准备好的委任状,填上一些民团头目的姓名,就成了"讨逆军"第几路总指挥。他先后委任了数十路此类的总指挥,利用他们对十九路军进行侧击、偷袭、拦截、尾追等活动。

面对戴笠的种种举措,负责安全保卫工作的王亚樵则采取了铁血手腕进行了锄奸活动。他与福建新政权的关系,意义是极深刻的。弗雷特·安娜女士在她的那本书里说:

> 福建政权的意义还在于,在蒋介石先生任意挥动指挥棒而几乎未遭遇过反对的情况下,它站了出来,给予蒋迎头棒喝……在这个昙花一现的政权里,有一个身份并不显赫其激情活动量绝不少于任何要员人物,他有着让大众感到惊愕的革命彻底性。这就是我们以前提到的王亚樵先生。对于多数中国人来说,这个人是陌生的;而对于认识他的人来说,这个人又是神秘的。他既不是政治家,也不是军事家,而是以其暗杀和爆炸而进入的领导人,他的保卫措施和安全防卫能力,从心理上消除了福建政变领导人

的极大压力，从而坚定了政变的信心。

1933年11月26日，"中华共和国革命政府"委员黄琪翔、李章达、何公敢等人在"汕潮公馆"议事。潜入福州的特务组织出动了二十余人将该公馆包围，准备行刺或绑架。会议中，一名委员的保镖发现门外行人增多，情况可疑，遂派人报告王亚樵。

由于深入"闽府"腹地，加上开会委员皆有卫士，并配有较强火力，所以特务也不敢轻举妄动。他们联络了福州城内七十余名流氓打手，试图以打架斗殴制造混乱，乱中下手。

中午时分，两名装扮成阔太太和其随从的女特务和另几名装扮成流氓的男特务发生口角，升级成打斗，招引行人围观。打斗过程中，他们各自招呼自己的帮手，渐渐形成斗殴的两派，各有三四十人左右。

两名女特务故意将衣服撕破，展露玉体，卖弄风骚，胸乳处时隐时现，以此集结行人视线。

此招果然灵验，不多时，围在公馆周围已有近四百人。一时间，保卫人员再也无法辨别谁是特务谁是行人。为了让围着的人不散，几个男特务还不时嬉皮笑脸地摸摸两个女特务的乳房取乐。

"好嫩呀"

"好软活呀！"

"摸得你快活不快活？"

那两个女特务均极有姿色，对此只是佯装嗔怒，并不发大火，一副无可奈何的样子。这时，其他的一些围观者也都手痒起来，纷纷往前挤，以期摸摸那雪白而丰满的乳房。

为了不误伤无辜，更防特务在乱中行刺"闽府"委员，王亚樵决定避免混战。

不多时，只见公馆内冒出浓烟，并隐约伴有爆炸声。这情景使人堆里的特务不知所措。一名特务头目见有机可乘，急忙在乱哄哄的打斗队伍中找出自己的部属，脱离打斗场面，向公馆门口运动。

就在危险向"闽府"委员们步步逼近的时候，只听见不远处警笛大作，四辆消防车呼啸而来。车至分馆门口，二话不说，七八只高压水龙头一齐开射，数十道冲劲十足的水柱银蛇一般乱舞，围观行人大哗，一窝蜂地四处散光。

只有特务们，因都明白自己有任务，只好先在刺骨的水线之中你喊我叫。那两名女特务也急忙裹衣掩怀，因为，冰冷的水已射到她们的乳房上，凉气钻心。指挥这次行动的行动组长张承德大叫："不要乱跑，不要乱跑，赶快收拢，统一行动，第二小组守住大门，不要让他们跑了。第一小组往里冲，扔炸弹。"

目睹此景，王亚樵心中早已明白。闲观民众不堪水击，早已作鸟兽散。留在此的，断是行凶特务无疑。一声令下，一百多名"消防人员"扔下水龙头，一声呐喊，铺天盖地滑过来，一顿拳打脚踢，只五六分钟工夫，就生擒了十几名特务。

由于"闽府"初建未久，各种机构尚未健全。抓住这批特务后，王亚樵命人将他们看守在"丰裕"米店的仓库里，看守并不甚严。第二天，三名特务趁集体吃饭之机逃跑。

其实，这也是王亚樵以其人之道还治其人之身之策。特务逃出后，并不知已被跟踪，在市区内到处乱窜，寻找自己同伙。结果，凭借他们带路引线，王亚樵的门徒又盯上了潜在福建的二十多名特务。

12月7日，二十六名门徒均向王亚樵报告目标已明确，王亚樵遂下令"收网"，此一举，又毙、俘特务二十几名。

由于王亚樵的缜密和老练，使得戴笠所策划的一些暗杀行动总是不能付诸实施，"闽府"人士安全无恙。

11月27日，王亚樵领华克之等人晋见李济深。王亚樵此次与李济深晤面，乃是为了抗议一份抗议。

那一个时期，福州城内到处都是标语，到处是一派奋发激进的情绪。除了反蒋，还表达了民众的抗日情绪，出现了"打倒日本帝国主义"、"东洋鬼子滚出中国去"等大幅标语，有些传单甚至撒进日本侨民的家中，致使日本侨民惶恐不安，日本驻闽领事馆提出严重抗议，弄得总司令部大为紧张，接受了抗议，并表示要追查散发传单为何人所为，并表示今后不再发生同样的事件。

总司令部的这个态度使王亚樵十分不满，他在李济深面前大发牢骚，说："小日本还抗议，他抗议个屁，老子偏要让他尝尝厉害。我们说的是打倒日本帝国主义，没说打倒日本侨民，真是老百姓，他有什么不安的，岂有此理！标语是我让人贴的，传单是我让人撒的，不要查，有什么就找我。"

李济深素知王亚樵秉性耿直且执拗，笑笑对他说："我们的处境今非昔比，不能四面对敌，对于日本人，只要不是拿枪的敌人，还是先不惹为好。"

王亚樵说："这个我自然明白，如今是政治斗争军事斗争双举并用。政治这玩意就是装孙子，越是孬种越成气候。我只是从心里感到不对劲。第十九路军是以抗日威震中外的，也必将以抗日之威存于天地之间。离开抗日，十九路军便毫无意义。"

出于对第十九路军的厚爱和对福建"中华共和国革命政府"生死存亡的巨大关切，王亚樵还派华克之多次向李济深进言，提出问题和建议。

华克之，这位金陵大学的高材生，共产党的亲密朋友（后来，华到延安，加入共产党），以其出色的演说才能，为"闽府"联共起到了不可忽视的鼓动作用。华克之与王亚樵的配合，可以说是一文一武，相得益彰。

在谈到"闽府"面临形势时，王亚樵说："我观局势，风云变幻。老蒋已经动手了，红军尚未联系上。衮衮诸公你争我吵，尽是些鸡毛蒜皮之事。倘若形势剧变，将不战自乱。"

李济深依旧笑道："亚樵兄忧国忧民，自然可嘉，但未免忧之太重，这些话倘若在陈铭枢面前说，他该说你危言耸听了。"

华克之见王亚樵语气锋芒尖锐，致使李济深脸上有些挂不住，遂恭谦地向李济深笑着说："主席有所不知，九哥与怀诚公及学生常常彻夜难眠，福建局势实在让人悬心，我们商量了几条意见，请主席向蒋、蔡、陈诸位将军转达，望能引起重视。"

"愿洗耳恭听。"李济深说。

华克之说："好，那我就不客气了。其一、权衡国内外大势，与共产党合作最为重要，现在人们都知道你领导这个新型的国家，创立的基础，是建立在与共产党合作上面。这个合作不是轻易取得的，渴望一切有关人士拥护这个合作，绝不能仅仅为了休战，这样做不足以振奋人心。只有认识这一点，方能取得反蒋抗日的胜利。可是，据我所知，这个合作，并不理想，有力人士，并不热心，还有人在那里破坏。公为最高领袖，旋转乾坤，唯公是望。"

王亚樵插话说："现在看来，共产党并不是老蒋诬蔑的魔鬼，人家的理论是很吸引人的，同时还要抗日。这阵子，大家与他们代表的接触，没有诚意。"

李济深沉思不语。

华克之继续说:"其二,你是军旅宿帅,一国的安危,都由军事来决定的。参谋部门,是军队的灵魂,蒋介石的亲信,绝不可参与其事,更不应重用。说到这里,应向你再进一层肺腑之言。九哥早已侦知其中内幕,我们敢用脑袋向你担保。你得抓紧时间除奸,不然稍涉疏虞,即有人头落地的灾难。"

王亚樵又插话说:"给我一支令箭,我将从绥署和总司令部抓到蒋的爪牙。现在你们军人政客做事都不干脆,亚樵浑身有劲使不周全。"

"其三,卢兴邦、刘和鼎这两个师,应立即解除武装,易地改编训练,以除心腹之患。其四,九哥从上海得到消息,南京政府对于中共红军,已采取守势,欲集中兵力解决福建的事,他们还用宋子文麻痹总司令,用日本海军封锁闽江。其五,京沪各报,评论十九路军下层是能征惯战,上层是腐败不堪,绝非有心攻击,事出有因。"

王亚樵插话说:"的确,主席是军事政治大家,即使我等不说,也在您洞鉴之中。如不加以整肃,大祸即迫在眉睫。"

最后,王亚樵又说:"克之所陈述条款,均我亚樵肺腑之言,我等既投身福建革命,此身当与同生死共存亡。我们盼望出现这样的局面。在李公与陈公的领导下,蒋、蔡将军率领全军北上,直取浙江,沿浙东通向上海,沿途号召广大民众参加。凭诸公的威德,凭十九路军深入人心的抗日功绩,利用老蒋浙东兵力不足和浙东财富,出其不意,号召全民抗日,各地必定闻风而起,箪食壶浆,以迎将军。此时,北可策动江北各省响应,南可促进李(宗仁)、白(崇禧)迅起追随,传檄全国,结合有威望的人士,扩大人民抗日政府,打倒日本帝国主义,此为中国人民所需求,乃空前万世之功业。据闻蔡将军的战略是防守,此为策之最下者,从来未闻起事之师坐待强大敌众来攻,完全放弃主动,势必造成被动。我非政府委员,不能在会上与之争论,但我必打上家门,与蔡将军吵争一回,也请主席在会上代转此意。"

1933年12月,蒋介石调兵遣将,对福建政权采取军事行动,企图以武力迫使其就范。南京方面的飞机连续对沙县、大田、永安、晋江等地狂轰滥炸,大有灭顶之势。

然而,十九路军的高级将领并未看到局势的严重性。在12月7日的记者招待会上，蔡廷锴仍然乐观地认为：蒋介石目前在赣"剿共"，迭遭失败，精锐部队损失殆尽，杭州、南昌岌岌可危，根本无一可调之兵。在对自己的实力估计上，蔡廷锴过于自信，说道："目前集中浙闽边境，仅赵观涛、张治中等师，此种军队，十九路军不知遭过多少，实不值我人一击。"

由于他们过低地估计了蒋介石对他们"必欲铲除"的决心，因此，在"闽变"以后，没有积极进行军事部署，主要将领云集福州，整天忙着庆祝、会餐。

只有王亚樵还保持清醒头脑，深感责任重大，不敢有一丝马虎。

福建紧挨东海，海岛环绕，是中国重要海港商埠之一。唐开元二十一年取福州、建州（今建瓯）各一字，置福建经略史，明置福建省。闽江为本省最大河流，故简称闽。明代福建设八府，故也称八闽。

八闽大地，山清水秀，土地肥美，进入近代，帝国主义经济文化侵略，它首当其冲，经济的畸形发展，使港内商贾成堆，美女如云，灯红酒绿。各色身份人等，均能寻到一席立足之地。

福建事变后，戴笠派遣的特务，就是乔装成商人、乞丐、妓女及劳工等，从各个角落渗透。福州市的虽遭王亚樵沉重打击，但并不能根除，在蒋介石重兵压境的同时，蛰伏的特务们也频繁活动起来。

12月14日，王亚樵前往鸭嘴州参加军事会议。会议进行半小时，有人飞报，王亚樵之妻王亚瑛遭秘密绑架。当时，会议正在激烈进行，蔡廷锴等主张集中兵力于闽北，趁蒋军入闽未稳之机，先歼灭蒋的刘和鼎部，与蒋军决战。蒋光鼐等则主张主力调集闽南，背靠广东，西联红军，与蒋介石作持久战，或由闽东出兵浙东，破坏蒋介石的军事计划。而陈铭枢、李济深、龚琪翔等人认为北上太冒险，南下又太消极，主张死守福州。

由于意见不一，各自均有一定理由，因此会议陷入激烈的争论之中⋯⋯

再说，王亚樵接到门徒传来的报告，得知爱妻遭到绑架，心中不禁吃了一惊，但他很快就镇静下来，不动声色地将纸条揣进兜里，挥了挥手让门徒退出，仍然若无其事地坚持将会议参加到底。

对于王亚樵来说，王亚瑛既是他朝夕相伴最善解人意的爱妻，又是伴他出生入死的战友。成婚二十多年来，王亚瑛随他东征西杀，南躲北藏，无一刻安宁，无一丝清闲。在最危险的时刻，王亚瑛总是与他站在一起，出谋划策，分担险情，使他屡屡化险为夷。更令王亚樵常常感动的是：每当有美丽动人的年轻女性走向自己，而自己又不愿舍弃时，她就适时出面，把那美丽的可人儿推进自己的怀抱，任自己享受征服青春女性的酣畅淋漓之境，以激起自己的人生豪性。为人妻者，如此处处想着丈夫，时时让丈夫开心的，莫过于王亚瑛。

二十多年来，夫妻二人同享天伦之乐不多，生死战友共同闯过难关不少，此刻王亚瑛遭歹人绑架，王亚樵如伤股肱，心中岂能不急不躁？

然而，大局之下，王亚樵将爱妻也置之不顾了。首先，他必须在这次紧急会议上陈述自己的意见。其次，紧急军事会议之际，作为安全保卫方面的负责人，他不能擅自离开。

这次会议经过反复论证，终于达成共识：集中力量死守福州。散会后，王亚樵的一名门徒将王亚瑛被绑架的事禀报蔡铤锴，蔡大惊："为什么早不报告？"

那位门徒说："九爷早已知道，因不肯扰乱会议，故没有声张。"

蒋光鼐、龚琪翔等人闻讯，纷纷埋怨王亚樵："此乃大事，岂能儿戏，宜迅速查明绑架为何人所为，早早营救。"

王亚樵淡然一笑说："不管他是什么东西，绑架青娘（王亚瑛的乳名）不是目的，旨在引蛇出洞，只要我不露面，谅他们不敢把她怎么样。诸君勿需顾虑，亚樵夫妇均是提着脑袋走世界的人，此种风险不知遇过多少，亚樵自有主张。诸君且自料理大事，营救青娘我自有办法。"

王亚樵的一番话，虽然属于实际想法，安慰了闽府要员，但这一次，一向有大将风度的他还真乱了方寸。在他的征杀生涯中，虽然有那么多的年轻美貌的女人让他激动，也有不少人做了他的新娘，她们那猩红的嘴唇和如山的双乳时时激起他的欲望之帆，让自己驶进一片片宁静的港湾。

但是，任何女人也不能代替王亚瑛，她在王亚樵的心目中，实在太博大了，她的宽容与爱就像一望无际的热带草原，永远温暖，永远绿草如茵。在被追杀阶段，除了王亚瑛，便没有任何人能够摸清王亚樵的真实行踪。如今王亚瑛遭绑架，王亚樵表面上若无其事，但心中如同被人放了一个火药桶，然后点着了，别提多焦急了。

当天晚上，王亚樵手书一则启事，令门徒拿到福州各家报纸刊登。启事云：

皖人王亚樵敬启：

　　昨日凌晨，爱妻亚瑛遭人绑架，亚樵痛心疾首。语云：好汉做事好汉当。今亚樵欠债，自当由亚樵还，与妻何涉？已有人报我，此为戴笠所为，在此，我特敬告：戴笠者敢动吾妻一根汗毛，必诛戴氏一门九族，掘其祖坟露尸曝骨。保吾妻亚瑛无恙者，赏大洋一万，救我妻亚瑛脱险者，以亚樵全部资产作答谢。

　　霎时，福州市内大哗，街头巷尾议论纷纷，各界人士皆知王亚樵妻王亚瑛被绑架，纷纷猜测戴笠手下何人如此大胆，竟敢虎口拔牙，这还了得？不用说，福州城内自然又要有一场恶战！

　　其实，这一次王亚樵冤枉了戴笠，谁也没有想到，绑架王亚瑛，乃日本人所为。

20
女汉奸对王亚樵动了真情

自从日酋白川义则大将被炸死后不久，日谍驻南京机场机关就秘密受领了一项任务，秘密除掉王亚樵。但由于王亚樵防备甚严，日特屡不得手。机关长本明惠心中自然明白，连中国国民党一代枭雄戴笠尚且无奈王亚樵何，他这个近邦异族要想接近王亚樵，更是困难重重。于是，他采用了坐山观虎斗的方略，一方面坐观戴笠与王亚樵的角逐，另一方面，暗中交代浪人团体，注意王亚樵的行踪，若是天赐良机，亲自动手也未尝不可。

绑架王亚瑛，正是日本浪人宫泽秀夫所为。宫泽秀夫没有想到的是，他费了九牛二虎之力绑架了王亚瑛，不但没有得到好处，反而遭来一顿臭骂。

原来，福建事变虽然震惊了世界，但日本侵华军总司令部则从中看到了可乘之机。他们虽然痛恨十九路军，但更希望借蒋介石之手将十九路军消灭，无论谁胜谁负，势必都将造成两败俱伤的局面，于日军消除障碍、全面侵华是大有好处的。他们巴不得十九路军团结一心，拼死一战。

在这种情况下，由日本人出面绑架王亚瑛、惹怒王亚樵，显然不是聪明之举。所以，当宫泽秀夫兴致勃勃前去报功邀赏的时候，遭到本明惠劈头一顿臭骂。

事发之后的第七天，一伙身份不名的人突然袭击了坐落在福州市西区的一座废弃仓库。守卫仓库的四名福州街面混混抵挡不住，后全被打死。混战中，一名蒙面女侠拖住蜷身角落里的王亚瑛，钻进了一辆雪佛莱轿车。

当夜，这辆轿车开进了十九路军司令部。

原来，宫泽秀夫抓过人后，本明惠十分为难，想放掉王亚瑛，但又没有比较好的办法。他担心，若随随便便将王亚瑛放掉，万一被戴笠的人杀了，这账就要记在他头上了。幸喜抓王亚瑛时，宫泽秀夫并未亲自出面，于是，他想出一条顺水推舟的计策。

本明惠派宫泽秀夫将王亚瑛囚禁在福州市一座废弃不用的钢材仓库里，雇用四名中国流氓看守，紧接着用飞机从东北调来了女汉奸丁香叶等人。

12月19日，爱妻失而复得，王亚樵欢喜得不知该做什么。但当他发现救妻之人竟是女汉奸丁香叶时，不禁顿生疑窦，拔出手枪要枪毙这个女汉奸。

这是一个秀丽的冬日早晨，本明惠一手策划、丁香叶担任主角的一幕戏剧开始上演了。

在十九路军军部的一套寓所里，丁香叶神态自若，依然扭动娉婷的身姿露出千种风情，面对王亚樵的枪口，她娇滴滴地扯开酥胸，嫣然笑道："都道王先生怜香惜玉，谁知竟然忘恩负义，我将贵太太救出，不思报答而反目成仇。要杀，你就杀吧，死在王先生枪下，也是幸事。"

王亚樵仍然余怒未消，厉声问："你少骚情，是谁绑架我妻？"

丁香叶答道："我哪儿知道？先生的仇人，先生自己还不知道？"

王亚樵说："我的仇人遍天下。"

"所以，你就把救命恩人也当仇人了。都道你精明过人，却也不过如此。"

"什么意思？"

"如今，最恨先生的恐怕只有一个人吧。"

"你是说戴笠？"

"这不是明摆着吗？"

王亚樵收回手枪，低头想了想，又问："那么，你是出于什么意图救人？"

丁香叶笑了笑，伸手从小提兜里取过一张报纸，抖了抖说："钱。先生不是登报悬赏全部资产吗？"

王亚樵冷冷一笑，说："是的。可是，我的全部资产都在这，除了我这条命，一无所有。怎么样，小姐，拿我这条命，到老蒋那可是值一百万的。"

"哟！"丁香叶媚眼转了几圈，说："先生这条命，对我可是分文不值。不过，先生这个人，可是我们女人心中的无价之宝哟！听说你的功夫……"

"闭嘴！"王亚樵大喝一声："你这个婊子货，竟敢如此放肆，也不撒泡尿照照你的嘴脸。"

"我们女人撒尿都是蹲着，怎么能照见自己？要叫我照你现在就撒泡尿。"

"你这个女汉奸，真不知廉耻！"

丁香叶也陡地沉了脸，柳眉倒竖，尖声叫道："女汉奸，谁是女汉奸？汉奸，那是你们自己的叫法，姑奶奶杀的日本人，比你杀的少不到哪里去。"

"小姐恐怕还记得，一年前与洋鬼子同衾共枕，被王某杀得光着腚儿乱窜。与洋人交欢，有辱国格，何颜于世？"

"放屁！我身体为父母所赐，本人自有，愿同谁睡觉，是姑奶奶的自由，别人管也没用。再说，先生玩过多少女人？听说还破过不少黄花大姑娘，这又怎么说，不过，对此我和尊夫人一样，毫不计较，你要是有兴趣，我是愿意领教你的功夫的。"丁香叶浪声浪气，抑扬顿挫地说。

"你到底要干什么？"王亚樵大怒，拍案喝道。

"想要钱，也想睡觉。"

"真是不要脸！"

"那好，姓王的，你给钱，拿出二万大洋，我们各走各的路。不给钱，要么将尊夫人还给我，要么断你一指，权作借据，等你有钱时再赎。"

"哈哈哈……"王亚樵起先一愣，既而仰天大笑，"好一个胆大的娼妇，口出如此狂言。要我一指，你这细皮嫩肉的肩膀扛得动么？好吧，刀在此，要哪根指头，你自取罢了。"说罢，扬手将一把明晃晃的匕首插在桌上。

没想到，这一招并没有把丁香叶震住，她也冷笑两声："先生既然食言，非君子也。于非君子者，我也就当仁不让了。先生一指，不管是到日本人那里，还是到蒋委员长那里，换取两根金条恐怕不算高价。如此，恕我不客气了。"说完，走近条桌，拔下匕首，一把将王亚樵的手腕子扼住了。

王亚樵暗中诧异，这女人一会搔首弄姿，娇艳无比，骚气逼人，一会儿又声恶色疾，面带凶相，动作麻利，既不否认是汉奸，也不否认跟洋人睡觉。在王亚樵所接触的众多女性中，实属罕见。

就在丁香叶照准王亚樵左手中指即将切下的时候，王亚樵抽出右手，一掌将其推出三步开外。

"怎么，王先生害怕了么？"丁香叶不急不恼，竟然嘻嘻笑起来。

"你知道这是什么地方吗？"

"虎穴。先生若对一女辈食言，一世英名休矣。我死何足惧哉？"

"倒也是。"王亚樵点了点头，踱起步子，前后左右上上下下地将丁香叶打量一番，最后说："也罢，君子一言，驷马难追。我非君子，也说话算话。刚才一番论战，其实戏言。我见女士奇胆奇韬，能言善辩，且开放搞活，不惧风流，杀之自是断然无道，舍之竟然不忍。只是我辈正在艰难之余，手头并不宽绰。欠下女士大洋二万，留字据为凭，待筹措完整，如数交还，不知女士可肯。"

丁香叶也一扫怒气，复而哂笑："如此说，先生是断不肯拿钱了？"

"要命一条，要钱没有。"王亚樵正色说。

这一回，轮到丁香叶大笑了，笑得两个乳房乱颤，浑身溢彩流香。

"都道王亚樵为当世的好汉，我看也不过尔尔，骁勇加无赖罢了。但当今中国，王亚樵毕竟太少。实话告诉你吧，救尊夫人，哪里是为了钱，完全是出于路见不平，拔刀相助，我虽然在伪府当过职员，但我毕竟是中国人。而且，日本人杀了我的妹妹，我早已是东北抗日义勇团的成员了，这次到福州，偶尔得到王太太的下落，顺手救人罢了。当然，先生手中若是宽绰，也不妨赏助若干，反正大家都是为了抗日。"

"此言当真？"王亚樵正色问道。

"句句是实。"

王亚樵此时还真的犯开了迷惑，眼前一片云山雾障，恍若隔世不知身在何处。眼前这个女人，一会儿是人，一会儿是鬼，一会儿是敌，一会儿是友，一会儿艳若桃李，一会儿冷若冰霜。这到底是怎么回事？

王亚樵说："你说你是抗日义勇团，有何证据？"

丁香叶说："如果王先生有胆量的话，放我出去。明天晚上十点到美尔滋饭店二楼四号房找我，你会看到证据的。"

"一言为定,我准时赴约。"
"但愿你不要到时怯阵!"
"我王亚樵字典里,不收'怯'这样的字。"
"好,到时候我会叫你享受到你从未享受过的快乐。"

对于王亚樵与女人的关系,还是美国人弗雷特·安娜女士认识得最清楚、最透彻,她在《中国的民间力量》一书中写道:

> 他从来没有正式否认过自己对于女色的贪心。有一次酒至酣处,同友人谈到异性交往,他十分认真地说他热爱妇女。他的坦率令人吃惊。这句话是十分具有意味的。据说他从来没向任何女人开过枪,尤其是他所钟情的漂亮女人,哪怕明知其为虎狼魑魅,他也仍然以温和爱怜的态度对待之,将其远远打发了之而不加以伤害。
>
> 据不完全统计,从1909年至1925年仅十六年之间,他就同二十名以上女性至少有过说不清楚的来往,这样说并非证实他们之间有肉体交易。如果我们从人类心理的角度来考察问题,或许能够找到恰如其分的解释。那些女人实在是太女人了,要么情真意纯爱得出生入死,要么放浪形骸纵情纵色,用中国人偏爱的一种比喻说,比如一坛打开的美酒,陈年老酒也罢,鲜谷新酿也罢,总之一眼见底看个透彻。
>
> 值得注意的是,王亚樵尽管同较多的女性有过交往,然而他有自己的原则,他竟能够表现出西方的绅士风度。在他飞黄腾达之际,也就是在他有可能受到女性青睐的时候,他坚持绝不嫖妓也绝不轻率苟合。他只同他所钟情的女人做爱。
>
> 不可思议,他对女性的要求标准是苛刻的,不肥不瘦,不高不矮,这就是中国士大夫阶层对于女性的审美原则——增之一分则长,减之一分则短,毫厘不差。而且,这些女性绝对不能汗毛过长,绝对不能有腋臭、口臭、脚气等生活故障。当然,也不能不生阴毛。

通过这些描述,我们可以看出,安娜女士真可以算得上是王亚樵未曾谋面的异国红粉知己。不知她长得是否漂亮,若是漂亮,王亚樵见了,恐怕也是要征服她的。

还是回到中国女人身上吧。

夜审丁香叶的第二天晚上,王亚樵怀着极大的好奇与探险的亢奋,瞒着王亚瑛,应约赶到丁香叶指定的美尔滋饭庄二楼四号房间。

经过一番修饰的丁香叶,新浴刚过,略施淡妆,妖嫩的躯体间散发着青春女性那特有的迷人气息。她穿着一件紧身的粉红色旗袍,那旗袍薄如蝉翼,使她那洁白的身躯若隐若现。王亚樵进去时,她正斜倚在一张大床上,悠闲地修饰着手指,美艳之情,令满室春深似海。

那晚,王亚樵果真看到了丁香叶的证据——三具日本人的尸体。

"来,同大名鼎鼎的中国第一杀手王亚樵先生认识一下,这位是日本驻福州商会株式会社襄理大松内省。"丁香叶明眸浩齿,笑着将王亚樵领进隔壁的一间房子,向王亚樵展示她的杰作。

大松内省阁下是永远不可能再向王亚樵鞠躬或者拱手了,子弹是从他脑门打进去的,整个头颅已被血块凝住。奇怪的是,他的一只眼闭着,另一只眼则毫无表情地半睁着。他似乎不大理解,他并没有做过多少对不起中国人的事,也没有做过多少对不起天皇的事,谁这么无聊,一个妖媚的女子半夜里闯到府上,莫名其妙地要同他谈谈樱花和富士山的故事,那个女人操一口地道的日语,甚至还说出了她的老家京都夕朝疃的门牌号。她说她的哥哥和大松是同学,让她来找大松先生给予关照。

后来,大松先生不由自主地跟这女子上了床,他期待上天堂或者下地狱,他不知道今夜这艳遇为何从天而降,他也不想知道得太多,这个自称是在华日军上尉的寡妇女人浑身都散发着勾魂夺魄的香味,他看见她的和服像鱼鳞一样一片一片地剥落,她站在地板上亭亭玉立,雪白的肌肤在微弱的灯光下闪烁着朦胧而清晰的光泽,这使他蓦然想起了永井荷风著名的《墨东绣谈》中那个如妖似狐的正芳雪子。于是,他闭上眼睛放松了肌肉,等待她款款飘来引领他走向一个极乐世界。

然而,什么也没有发生,他只听见一声轻微的响动,往后的事情再也不知道。

此刻,大松先生作为一具尸体,静静地躺在中国第一杀手王亚樵的眼皮底下。

"何以能证明他是日本人,又何以证明他是日本特务?我看他像中国东北矿工。"王亚樵说。

丁香叶嫣然一笑,并不答话,走上前去,嘶啦几下撕开大松内省的衬衫,那毛茸茸的前胸四周围胸毛刺满了盘龙图案,四个大字赫然醒目"武运久长"。

王亚樵笑了笑:"武运久长而命运短促矣。"

"来,再介绍一位。这位是中国第一杀手王亚樵先生。这位嘛,是宪兵下士盐泽,十九岁的童子鸡。"

王亚樵注视着这只十九岁的童子鸡,他倒是双眼闭得安详。他似乎已进入沉睡状态,进入到一种美妙绝伦的意境之中。他是凌晨一点被长官伊藤大尉派人叫到大尉住处的。奇怪的是他没有见到大尉本人,而是被大尉的勤务兵领到一个陌生的房间见到一个陌生的女人。

勤务兵悄然离去之后他才发现,这个房间布置得非常性感,墙上挂着一幅很大的裸女油画。他从来没有见过赤身裸体的女人,他被那幅油画上暴露出来的女人的隐秘部位折磨得面红耳赤,他坐在那里听那位陌生的女人娓娓谈起她的身世,她问他知不知道:樱花小姐是怎么回事,他顿时羞得手足无措。他已听长官说国内募招了一批美貌女郎要派遣到支那来慰劳他们这些忠于天皇在异国作战的士兵,他曾经做过许许多多的梦,梦中与樱花小姐睡在一张床上亲吮她的乳头。他对男女之间的事情还没有现实的亲身经历,而在梦中的情景常常使他快乐无比。

如今,当一个丰腴肥嫩光彩照人的樱花小姐真的站在他的面前时,他这副十九岁的身躯并没有那种青春的燃烧,他反而战栗,反而不知所措。似乎面对的不是一个温热真实的美女,而是一个无比深邃的陷阱。

然而,这个突然出现的、神秘的"樱花小姐"是不会放过这只可怜的童子鸡的,她决意要送他上西天,而在上西天之前,他无疑是一道味美可口的佳肴。于是,她指导他,牵引他,一步一步地领着他走向人之巅峰。

他委实是一个童子鸡,他在男女方面的无知使她倍加亢奋,一次,二次,他在这个极短的瞬间内一下长大了十岁,迅速成熟之后的他犹如一头顽强的雄狮,一次又一次地向她发起俯冲,她终于满意地微笑了,也终于战斗高潮消退之后疲倦了。于是,她悄悄地摸出了一支细小的针管。

他几乎没感觉到一点疼痛,他知道他太累了,他体内的许多能量都已变作液体变成激情,他需要休息了。于是,他闭上了十九岁的眼睛。

这一闭眼,他就再也没有能够睁开。

这是一具最年轻、最漂亮也是最干净的尸体。王亚樵看了尸体一眼,又看了丁香叶一眼,冷冷地说:"胡须尚未变硬就已作古,丁女士可真是下得了手。"

"哪里哪里。"丁香叶貌似谦虚地说,"同王先生相比,实在是小巫见大巫。"

王亚樵笑了笑说:"丁女士过奖亚樵了,我看你倒是生就一副贵姐貌,内装一颗蛇蝎胆。可敬可佩!"

第三具尸体是一个干瘪老头,王亚樵见过,是早就在福州城定居的日本浪人。据说,此人年轻时候武功盖世,打遍东南沿海无敌手,但后来得了一种怪病,浑身无力,从此便不再惹是生非。在福州定居后,他开了一家小客栈,专门接待日本游民。

干瘪老头无艳事。半夜里,他被房客的吵闹声惊醒,从床上起来往外走,结果被人蒙住双眼,脖子上套上一根绳子,越勒越紧,顿时一命呜呼。

"这个嘛,只是凑凑数而已。"丁香叶说。

"这就能证明你是抗日义勇军成员了?以丁女士的手段,必然是义勇军中高手,我怎么没听高团长说过?"

"信不信随你。"丁香叶说。

"信又如何,不信又如何?亚樵只对一条坚信不移,丁女士是个女人。"

"这个女人可是让天下所有的男人都感兴趣的女人。"

丁香叶说着把自己的旗袍解开了。

"王先生,还是让我来陪你洗个澡吧。"

"我从来不和女人在一起洗澡,那样秽气。"

丁香叶立刻响起一串银铃般的笑声。

"你不和女人在一起洗澡,难道就不与女人同床共枕共赴瑶池?"

王亚樵再也难以忍受,像丁香叶这样色艺双全、风情万种而又变幻莫测、心狠手辣的女人,居然如此挑逗如此张扬!王亚樵迅速从腰带上去下手枪,塞在枕头底下,雄狮一般地扑了上去。

很快,两个人都进入了从未有过的最高境界。

"九哥,九爷,我的好大爷,你要是答应以后一直这么带我,我就再也不去跟别的男人做戏了⋯⋯"

后来，王亚瑛得知王亚樵与丁香叶的风流韵事后，曾力劝王亚樵戒之。她说："丁香叶政治背景复杂，其为人也诡诈无端，断不可因一番儿女情话而掉以轻心。不说除掉她，起码也应离开她。"

王亚樵不以为然，反认为妻子吃醋，容不得人。

王亚瑛觉得很委屈，说："这些年来，我什么时候吃过醋了？我只是为你安全考虑。你要是再想尝新鲜的，我再给你找个长得漂亮的姑娘，保证强过丁香叶。"

"不要说了，我意已决，绝不会离开她。"王亚樵说。

以后的日子，王亚樵继续同丁香叶打得火热。不久，又委丁香叶为贴身"伴侣"。

1934年1月初，蒋介石集结十五个嫡系师，由张治中、蒋鼎文、卫立煌率领，分三路完成了对福州大门延平、水口、古田等处的包围。不久，蒋介石亲临建瓯建立了建瓯行辕。紧接着，张治中的第四路军、卫立煌的第五路军、蒋鼎文的第三路军、毛邦初指挥的空军以及两个炮兵团、海军舰队部分兵力，呈海、陆、空立体运行，分数个方向向第十九路军发起猛烈进攻，第十九路军上下前后左右都是敌人。

两军交火后，驻守在延平的师长司徒非，战斗仅一天，便借口九峰山屏障失去，延平难以固守，竟于翌日派人接洽投降。与此同时，第四路军总指挥张治中利用与闽方将领、古田守军师长赵一肩的师生关系，实行拉拢诱降。赵一肩认为孤城难以坚守，接受了张治中的劝降。第五军军长谭启秀仅率一个团驻守水口，因兵力单薄，被敌击破，谭启秀只身乘木筏逃出重围。

在延平、水口、古田相继失守之际，"闽府"又得到红军将领彭德怀的电报：蒋军已有大量部队迂回永泰，企图切断十九路军南撤之路，情急之下，蔡廷锴主张火速退守闽南，以防被围。虽然陈铭枢执反对意见，但蔡廷锴以总司令名义下达了南撤命令。

1月11日，王亚樵和华克之等人再次同李济深长谈，李济深深感时局危难，当着王亚樵等人的面长吁短叹，说："济深约兄前来，旨在携手共创大业。但我们估计太高，准备仓促。当初光鼐与廷锴均不主张立即独树一帜，依我之意，也是暗中筹划，图良久之策，但铭枢到欧洲转了一圈回来，头脑发热，思想冲动,革命口号喊得震天介响。我当这个主席,简直是被逼上刑场,如今开成这个骑虎难下之局面,殚精竭虑也无回天之力,反连累亚樵兄及众弟兄,寻用武之地不见而身陷窘境,真是误事误人啊!"

王亚樵说:"李公不必如此自疚。亚樵既投身闽地,便将生死置之度外。来此非为寻一官半职,也不图谋寻一桃花仙境。亚樵与中正老贼不共戴天,此番不在闽地,或京或沪或皖或浙,我总是不能闲着,总是要杀人的。再说,胜败乃兵家常事,成否乃政治常情,宦海滔滔,沉浮无定,留得青山在,不怕没柴烧。李公一代名将,断无就此埋没之理。后路问题,但听李公安排,王亚樵奉职于左右,绝不敢半点懈怠。"

李济深双泪长流,叹道:"大势去也,大势去也。此处不久便是虎狼之地,亚樵兄宜早做准备,远走高飞。"

王亚樵说:"亚樵生死无惧,愿与李公同行。"

李济深沉思良久,说:"也好,我近日先赴香港,我们香港见吧。"

前方战败的消息不断传来,十九路军掉头南撤,闽北难民势如潮水汹涌而来。于是,福州城又沸腾起来。此时,王亚樵对于十九路军不可征服的信念已发生了根本的动摇。

1月12日上午,王亚樵召集几名亲信,迅速布置收拢门徒,对"闽府"领袖撤退的安全工作作了交代,同时也做好了应急南逃的准备。

1月13日,闽府停止办公。各处的旅馆别墅里挤满了搬动行李的挑夫。码头上也挤满了即将逃亡的闽府人士。14日下午,由刘植炎、邓铭、卢九等分别驾驶三架飞机,将李济深、蒋光鼐、黄琪翔等人送至龙岩。陈友仁、徐谦、余心清、章伯钧等乘海轮离榕。

此前,中共驻闽代表潘汉年、军事联络员张云逸与闽府领导人进行了最后的晤商,最终无法挽回局势。

五十多天的福建人民政府就这样婴死褓裸之中。

1月17日,蔡廷锴离开福州往泉州。临行前,蔡廷锴紧握王亚樵的双手,热泪横流,感谢他在事变中对十九路军的拼死相助,并再次邀请王亚樵同行。

从满腔热情到满目失败,王亚樵已经心灰意冷了。他声称自己是散兵游勇,不谙大规模军事行动,婉言谢绝了蔡廷锴的邀请。

当蔡廷锴提出要对王亚樵的安全负责时,王亚樵说:"大丈夫纵横天下,蒋介石过去不能把我怎么样，往后也不能把我怎么样。将军多多保重，亚樵飘零天涯也是一条汉子，即使反蒋无力，残生也比蒋活得清白。"

两人洒泪而别。

碧波万顷，白鸥点点，一艘海轮，载着万般消沉的王亚樵，向南驶去。苍天空空，碧水悠悠，何处是岸？

福建政变失败后，王亚樵的情绪一度十分消沉。数十年惨淡经营，与军阀斗，与蒋介石斗，与日本人斗，为什么一直不能取胜呢？当年一千把斧头震得上海滩天摇地动；十万抗日锄奸铁血男儿，杀红了半个中国，但轰轰烈烈的开始，往往总是凄凄惨惨地收场，这怎能不令自己心焦力瘁。

反省已走过的四十余年，一切都令人伤怀异常。躲在香港伊丽莎白旅馆的王亚樵，一反往日的骁勇，终日借酒浇愁，夜夜拥美女寻欢。

此时，王亚樵化名匡盈舒，终日无所事事。与美女寻欢，成了他生活的主要内容。除了同丁香叶饮酒作乐以外，他甚至还光顾了他曾经十分鄙视的妓院。那浪声浪气的淫笑和妖里妖气的扭动一时间令他极为开心。人活着到底有什么伟大意义？日日饮美酒，夜夜做新郎，难道不是最美好的人生境界？不然，就没有人赞美那些琼浆玉液，没有人赞美那些洞房红烛了！

一次，王亚樵在"蓝梦"酒楼同几位牌友打牌，结识了一位叫做翠楼的妓女。该妓女眉清目秀，两眼汪水，身姿瘦弱，楚楚动人。

王亚樵在杀场上与爱妻王亚瑛是天生的一对，他们的动作常常珠联璧合，但王亚瑛衰老得厉害，在床上难以激起王亚樵的青春之情。另外几位妻子，在大香港那五光十色的花花世界中一站，也都渐渐显露出人老珠黄的痕迹。每每上到床上，糊糊涂涂老一套，皆令他扫兴。

至于丁香叶，倒是个人精，冰雪般晶莹的肌肤总是令王亚樵乐此不疲。开始，为了接近王亚樵，丁香叶是使出浑身解数的，但接上火后，终因有使命在身，而有时心不在焉。王亚樵要求女人，历来是高标准的，丁香叶心不在焉，他当然戒心复生。每与之同寝，手续及其严格。即要丁香叶赤身裸体外再无他物，连一张卫生纸都不准有，且保镖不离门外窗子。如此的情形之下，求那种舍生忘死、大起大伏、酣畅淋漓的境界是不可能了。久而久之，王亚樵对这种机械般的做爱也兴味索然起来。

如今见到翠楼，樱唇小巧，双乳凹凸，煞是可爱。当晚，王亚樵便便装潜出，会翠楼于密宅。

这是王亚樵第一次嫖妓，因而，也十分投入。那夜，王亚樵使出浑身解数，让翠楼快活得整整呻吟了一夜。以后，她和任何一个男人做爱都觉得不满足，但她再也找不到王亚樵了。两年后，当她听说王亚樵人在广西梧州时，立刻独自前往。当她赶到时，王亚樵已经死了。这位风尘女子，再也没回香港，在梧州西郊的一座尼姑庵出家了。

再说王亚瑛，见王亚樵终日情绪反复无常，饮酒纵欲不止，十分着急。1934年9月，她请来几位好友，纷纷以大丈夫与天下之论进劝。但王亚樵概不理会，并振振有词说："二十年来我杀人人杀我被逼如丧家之犬，何曾有痛痛快快的人伦之交。今日忙里偷闲，与翠楼偶有露水之交，尔等竟不能容，真没劲！"

王亚樵的消沉是空前绝后的。当丁香叶辗转将王亚樵沉溺于花花世界的声色犬马之中，豪气一去不返的情况报告给本明惠时，这个富有经验的特务头子一时竟难以置信。他感慨万千地说："王亚樵如果真的成了这个样子，那么杀他还有什么意思呢？让他死去不如让他活着，让中国的那些奋进者都和他一样看破红尘。"他指示丁香叶："先不要下结论，更不能盲目动手，继续伴之花天酒地。若王亚樵真的一蹶不振，那么，就这样用女人、用酒、用纸醉金迷的生活慢慢地蚀腐他的骨骼，兵不刃血地将这一代枭雄彻底消耗掉。当然，若王亚樵丧志是假，仿三国刘备上演另一出煮酒论英雄，那么，他必然是有更大的预谋，此时更不能动手。"

但是，本明惠的如意算盘打错了。不仅王亚樵对丁香叶的戒心从来没有解除过，而且，他的妻子王亚瑛在暗中掌握了丁香叶同日特在香港机关联系的情况。她几次想杀她，但都被王亚樵借酒装疯阻拦住了。

王亚樵说："就算她要杀我又有什么，我早晚要死，死在谁手不是一样？你何苦杀她，她也早晚要死，死在你手上岂不又多了一条人命？"

后来，迫于陈铭枢等人的压力，王亚樵终于同意处理丁香叶，但是，他仍然不忍心杀她。

一日，王亚樵声称去尖沙咀散心，唯独只带丁香叶做伴。二人驱车行至郊外一座荒芜的山岗前,王亚樵下车步行,丁香叶跟随其后。上到岗顶,王亚樵转身默默注视丁香叶良久,最后长叹一声道:"你我孽缘已断,你走吧,你杀不了我。再留下,你性命难保。"

丁香叶大骇,知道事已败露。但她不愧是经过阵势的,并不急于声辩,稳住神后,她平静地说:"其实,我没有动手罢了。一夜夫妻百日恩,我们多少夜了,我身上什么地方你没摸过?我下不了手。"

王亚樵冷笑一声,说:"我知道是本明惠没下指令。别说了,你我无仇,各为其主,情场与杀场是两回事。"说完,他从腰间拨出两支手枪,分别压满子弹,从岗后甩过去说:"拿着,路途漫漫,山高水险,权作防身之物吧。"

丁香叶扬手接过双枪,淡然一笑,说:"不用了,既然蓄谋杀人,岂能无枪?"

"你那都是女人的小玩艺,响声如同放屁,穿不过王某的皮肉。"王亚樵转过身来冷笑着说。

突然,丁香叶以闪电般的神速,将双枪保险打开,平端着向王亚樵厉声骂道:"我就在此时下手,如何?"

王亚樵看了她一眼,说:"那就拜托了,亚樵正不知该如何死法,死在香娘手中,倒也风流。"

丁香叶怔住了:"王亚樵铁筋钢骨,难道真的看破了红尘?"

王亚樵一阵哈哈大笑:"生死由命,富贵在天。你此时枪不响,也是天意。但请听明白了,我死则已,若手下留情,我就不能活着看你再当汉奸,这次分手,但愿永远不相见,否则,恕我无情。小香香,开枪吧,手不要抖,往后退两步,以免身上溅血,不好离开香港。我死之后,请你看在旧日情分上,帮个忙,趁我尸体未凉,将我摆成坐姿,像看海那样。这样,我的灵魂就会融化进大海里。开枪吧,再不开,我可能要后悔了。"

突然,丁香叶扔掉双枪,泪如雨下,扑上前跪在了王亚樵的面前。

"怎么,不开枪了?"

丁香叶无语,只是嘘唏不已。

王亚樵又是一阵大笑,说:"罢了,我的戏也该收场了。我就是要试试,我王亚樵一生能赢得几个女人的真心,看来你这个女汉奸还真对我王九动情了。可是,我王九不领这个情,你不开枪我要开枪了。"说完,他伸脚在地上一勾,两只手枪腾空而起,稳稳地落在他的手上。

王亚樵手持双枪,倒退两步,朝丁香叶抠动了扳机,两道火光流彩似的向丁香叶射来。

发射完毕,丁香叶觉得自己并没有死,她睁开眼睛,见王亚樵已是泪流满面。这时,她才知道膛内上的是假弹。

一切都不需用语言再表达什么,王亚樵和丁香叶携手走上海边的一座涯头上。春天的阳光照射着他们,海涛阵阵,闪雷一般,王亚樵像一头英姿勃发的嚎牛,麻利地将丁香叶的衣衫剥掉,让这个雪美人的美丽的肌体在一片茵茵的绿草中躺下,两人排山倒海般来了一个下午,为此生的相遇画上一个圆满而令人留恋忘返的句号。

丁香叶是王亚樵一生中极其难忘的女人之一。这个绝色美人离开王亚樵后,很快返回上海,又从上海抵南京。1934年4月的一天傍晚,这个绝色美人在南京中央路突遭横祸,被一辆轿车撞死。司机当时逃之夭夭,警察追查了三个月,也未能找到肇事者。王亚樵闻知此消息后,托人带去了一束鲜花,以表哀思。

21
蒋介石没来，杀个汪精卫也行

1935年11月1日上午，国民党四届六中全会按时开场了。

由于国民党内各派系争权夺利，纷争不断，久解不决，会期曾一再延迟。但拖到11月1日，再也拖不下去了，因为下面就要召开第五次全国代表大会，时间定在11月12日，眼看就临近了。当时，粤桂委尚没有出席会议的表示，胡汉民远在法国，态度也不明朗，中间经过戴季陶、马俊超飞粤解说，问题才大致解决。阎锡山、张学良先到了南京，接着，久居泰山读书的冯玉祥也启程出席会议。一时间，所谓"党内大团结"、"蒋、冯、阎合作"的空气异常活跃，蒋介石很高兴，六中全会显得特别重要，当然也就特别隆重。

早晨7点钟，大会代表照例上紫金山中山陵谒陵，9点钟在丁家桥中央党部礼堂举行开幕式。

20分钟后，开幕式结束，一百多名中央委员相继步出大礼堂，一齐来到中央政治会议厅门前摄影。这些人分五排站立，第一排是汪精卫、张静江、阎锡山、张学良和张继等人，唯独没有蒋介石。记者和工作人员面对中委们站成了一个半圆形，中央安置了照相机和电影摄像机。

汪精卫

9点35分,摄影结束。

正当委员们陆续转身走上台阶,打算登楼参加预备会议时,一个身着西装、外罩夹衣的青年记者跨出人群,拔出手枪,对准正在转身的汪精卫连开三枪。这三枪,枪枪命中,一枪中左臂,一枪中左颊,一枪打在背部的肋骨上。

汪精卫应声倒地,场上大乱。坐在车子上的张静江滚到地上,孔祥熙顾不上新马褂被扯破,慌忙钻到附近一辆汽车的底下。

站在汪精卫旁边的是文官张继,他迅速奔到刺客背后,将他拦腰抱住,刺客挣扎着又开两枪,但未伤着人。接着,张学良又奔到刺客的身旁,抬脚将他的手枪踢落。汪精卫的卫士还击两枪,刺客胸肺中弹倒地。

这时的汪精卫,斜睡在地上,脸上许多血,身上的西装和内衣也浸透着血污。他的老婆陈璧君屈一条腿跪在汪精卫的身旁,把着他左手的脉搏,声音带着哭腔说:"四哥,你放心罢;你死后有我照料儿女。革命横竖是要死的,这种事我早已料到。"似乎,她在和汪精卫作最后的诀别。

蒋介石未参加摄影,这时也闻讯赶来,他屈着一条腿把着汪精卫的右手,说:"不要紧,不要多说话。"

汪精卫喘着粗气说:"蒋先生,你今天大概明白了吧,我死之后,你要单独

戴笠的福星戴季陶

负责了。"

陈璧君认为蒋介石不参加摄影,事出有因,愤然对蒋说:"蒋先生,用不着这样做的,你不要汪先生干,汪先生就不干,为什么要派人下此毒手?"

蒋介石一时竟不知说什么是好,此刻他也搞不清楚,到底是哪一路人物干出这惊心动魄的事。他只好忍气吞声,陪同陈璧君护送汪精卫去中央医院。

刺杀汪精卫的青年记者是谁?是安徽滁州人士孙凤鸣。

孙凤鸣又名孙凤海,1905年出生于安徽省滁州市天龙池巷内。据当地一些老人回忆,孙凤鸣父母是从苏北铜山逃荒来到滁州的。来滁后,孙老汉先帮工、打鱼维持生活,后在穷朋友的帮助下,筹借资金在天龙池巷内做起小生意以维持生计。

滁州是一座山青水秀、人杰地灵的古城,早在北宋时,欧阳修就在此做过太守,那篇脍炙人口的《醉翁亭记》千百年来一直传颂不衰。孙凤鸣钟山水之灵秀,幼年顽皮,天资聪慧,从小跟东关外魏守明老先生读私塾,很受其喜爱。

由于家境贫寒，孙凤鸣就被父亲强令辍学，回家学做生意。做生意之余，他还常到西涧一带打猪草、捕鱼。西涧是一条清澈的小河，两岸夹花生树，美不胜收。唐代诗人韦应物曾有《滁州西涧》绝句云："应怜幽草涧边生，上有黄鹂深树鸣，春潮带雨晚来急，野渡无人舟自横。"这片秀丽的土地，常常令孙凤鸣流连忘返，心中豪情叠涌。

孙凤鸣性情刚强，少有抱负，对军阀政府的腐败无能、官吏的敲诈勒索、地痞日益猖獗，他都深恶痛绝。十五岁那年，父亲因得罪当地权贵，被凭空捏造罪名，逮捕入狱。孙母变卖家产上下疏通，经过一年多周折，才将其夫保释出狱。人虽出来，但病魔缠身，没活多久，孙老汉便与世长辞。孙母悲痛欲绝，相继去世。

孙家家破人亡，凤鸣无依无靠，于1928年被迫离乡背井，至他乡游荡。就在这年底，他在上海结识了华克之，通过华克之的介绍，孙凤鸣又先后认识了王亚樵、余立奎等人，并加入他们组织的"安徽劳工会"，成为该组织主要成员。

1929年，孙凤鸣认识了江苏仪征姑娘崔正瑶。崔正瑶是仪征城里有名的美人，因仪征古称真州，因而崔正瑶有"真州第一佳丽"之称。她不但长得漂亮，思想深处也颇不平凡，多少富家公子提婚都被拒之门外，唯独看中孙凤鸣慷慨忠义，倾心许之，是一位心性极高不可多得的好女子。不久，这位漂亮的姑娘做了孙凤鸣的新娘。

王亚樵流亡香港后，孙凤鸣等人依然留在那里继续活动。后来，华克之也从福州回到上海，他们积极从事反蒋活动。

1934年9月，在赵士发、王亚瑛多方奔波下，王亚樵先后同郑抱真、华克之、孙凤鸣等人接上了关系。异地逢故友，将军召旧部，相见泪如雨。此时，王亚樵一颗绝望的心，又重新燃烧起来。

未与远在香港的王亚樵接上联系之前，华克之、孙凤鸣就决心继续刺杀蒋介石，以尽王亚樵未完成之志。他们首先研究了实现这项行动所必须解决的几个问题：

一是经济问题。必须找到一个足以支持这项计划完成的经济来源。

二是基地问题。基地必须在南京，在蒋介石的近侧。以前王亚樵屡屡刺蒋未成，很大程度是基地远在上海，无法掌握蒋介石的行动规律，也无法抓住战机。现在，当务之急是在南京有一个合理存在的机构，使行动组的每一个人都有合法身份在南京长住下去。

三是组织纪律问题。虽然都是可以共生死的朋友与志士，究竟不是乌合之众，所干的事业是半点疏忽不得的，一定要吸取以前的教训，必须有一种精神，一种纪律，一种完全属于这个小集体的特有的工作方法。

四是刺客问题。当时在上海，只有华克之、孙凤鸣和张维三个人知道此事，因而，刺客只能在这三个人当中产生。三个人都愿意去牺牲，但必须考虑谁最有可能一枪打死蒋介石。

"为了便于到处打听消息，随时随地都可以跟任何人接触，穷根究底而又不为人所疑，莫如报馆和新闻社的记者。"一天，张维首先提出自己的看法。此人也是大学生，跟随王亚樵也有好几个年头了，看问题往往很有见地。

华克之一拍膝盖说："好！维弟不愧是善出奇计者。记者这个身份，上可以与国家元首对坐，下可以与乞丐同流，可以教训别人，可以妙笔生花，把诅咒变为歌颂，只消不太放肆，不太捕风捉影，只消文章写得流利，当局没有不愿和你接近的。"

"真理可以不谈，废话可以重复。"张维抢着说，"只要能与当权者共鸣，写些捧场的东西，你就可以腾达，记者就这样，所谓无冕之王也。"

两个人说到兴奋处，你一句我一句，仿佛演双簧，倒把个孙凤鸣冷落到一边了。

孙凤鸣瞅了个空子插进去说："我咋办？"张维不假思索地说，"你怕什么，这几年你进步多快？只消在文字上再下点功夫，何愁不能在京中当一名无冕之王？"

考虑到办报馆资本太大了，非三四个穷小子所能想像的，三人决定选择一条轻而易举的道路——办通讯社。

在研究如何给通讯社定名时，孙凤鸣当仁不让，抢先说："黑夜过去便是黎明的到来。晨光是希望之光，我们这些人不是活得不耐烦去找死，我们对未来是充满希望的，因此我建议，就叫'晨光通讯社'吧！"

"太好了！"张维激动地上前搂住孙凤鸣说。

在讨论经济来源的时候，华克之说："在上海这个烂社会里搞些钱，解决三五个人的吃饭问题并不太难。要在南京办个通讯社,除了一笔开办费,还要找一个常年经费来源,就不是一件容易办到的事了。我想,我们还是应该去香港找王亚樵,他反蒋是最积极的,只要愿意再出山,经费这样的事就好解决了。"

"这个任务就非你莫属了。我们不妨分头去行动,你去香港找王亚樵筹款,我和凤鸣一起到南京去申请办通讯社。"

就在华克之、孙凤鸣和张维分头行动时,又有一个人加入到了这个行列之中,他叫贺少茹,丹阳人士,毕业于江苏省立第二师范学校,在浦东一所小学里任教。

且说华克之乘怡和轮抵达香港,放下行李后立即去找王亚樵。

通过王亚瑛,当天晚上,华见到了王亚樵。

老友异地重逢,惊喜万分。尤其是王亚樵,正值精神倦怠之际,一听华克之等人正在密谋刺蒋,精神立刻为之一振。

"钱没有问题,我负责办理。必要时,我也回去,再和老蒋干他娘的。"

三天后,王亚樵拿出五千元港币(约合通行的银币五千一百五十元),交给华克之,作为通讯社的开办费用。

"尽快办吧,以后我会及时汇款的。"王亚樵握着华克之的手,郑重地说。

汽笛响了,一对老友依依而别。

在首都成立一个通讯社,是相当严格的。负责人的详细履历、动机背景、经费的来源,主要职工的履历、每日发稿的次数、京中的保证人、保证人的详细履历等,必须填入"中央社"研发的表格之中,必须受"中央社"的检查指导,然后再到国民党中央宣传部和南京市宣传部履行手续。

按照这些规章制度,似乎颇不容易立案办理。其实,国民党政府除掉反共以外,其他一切都只是虎头蛇尾。京中有些通讯社因为有某某要人撑腰,在立案以前就可以挂上一块牌子,常年不发新闻,依样能用社长、总编辑等名义招摇撞骗。

因为晨光通讯社将有非常严重的后果,可帮助的人不可用,可用的人无力帮助,张维、贺少茹作了很多努力,都未曾取得有效的进展。正在进退维谷之际,华克之从香港归来了。大家商量一番后,决定找李怀诚讨教主意。

谁知李怀诚一听，竟自告奋勇地说："这有何难，为什么不早说？我有一个朋友徐忍茹，中山先生的部下，和我是同事，在他未行走中央军校蒋公馆以前，与我时有往来。他是蒋介石的老师，'中央社'的社长肖同兹为了攀缘，亦以老师尊之。关于我们这个社的立案问题，只消徐老先生与肖同兹一谈，马上万事大吉。"

华克之对李怀诚说："你的好意，我们非常感激，但后果你想了没有？"

李怀诚慷慨答道："这是放火烧山，我不知道吗？为了铲除国贼，顾不了这么许多了。东考虑，西考虑，考虑太多，结果一事无成，请你们不必多言了。明天张维做好准备，和我一道去看徐忍茹。"

华克之惶惑地说："李师母及孩子们的安全怎么办呢？"

李怀诚从容答道："我首先不考虑我自己。《诗经》有云：'我躬不阅，遑恤我后。'"

第二日，李怀诚径自去向徐忍茹说项，他说："有一位富裕华侨商人胡云卿，拨出一部分钱财，协助几个青年从事新闻工作，宣传三民主义。这几个青年，咸岩穴之士，我曾一一接谈，至为难得。近年来，我虽慎于接物，不作曹丘已久，但为党惜才，我郑重介绍予你，希望特殊栽培，负责介见肖兄同兹，请予特殊照顾，迅速完成登记手续。"

李怀诚是一位士隐，徐忍茹一直和他是道义之交，精神上的挚友，自当遵命了。

接着，李怀诚带张维谒徐。相见之后，张维口若悬河，引经据典，从从容容，阐述了新闻事业与国家建设的关系，论证了它的重要性。一席话，完全把徐忍茹说服了。立刻，他挂通电话，约肖同兹马上面谈。

当天，张维很得意，在和肖同兹谈话获得成功之后，即坐徐忍茹的车子赴安乐园饭店，陪这位老先生吃了一顿午饭，然后才回来复命。事后才知道，徐老先生坐的车子就是蒋介石派给他的专用车。他年事已高，平素很少出门。这次如果不是李怀诚面托，是不会如此容易的。

在填报"中央社"的表格中，华克之成了晨光社的社长，姓名都改了，叫胡云卿。张维改名张玉华，任总务兼编辑室主任。贺少茹化名贺坡光，通讯社采访主任。孙凤鸣是记者。

除了胡云卿是一位有钱而多病的华侨外，其他三人都有一个"正统"得令蒋介石政权完全放心的履历。

从动议到就绪，总共用了不到两个月的时间。1934年11月1日晨，"南京晨光通讯社"在蒋介石的鼻尖下面发出了第一篇新闻稿。

令王亚樵极为高兴的是，晨光通讯社很快就在首都打开了局面。这既有徐忍茹打通了中央社肖同兹的关系，也是华克之等人采取了正确的工作方针的结果。

对外，晨光社在立论上始终坚持中间偏右。替当局捧场，力求避免肉麻，使右派看到满意，左翼人士读了也不至恶心。

很快，京中同行普遍知道，这个社是南洋华侨的资本，论其意识形态，多是带有资本主义色彩的，多是崇仰孙中山先生的，从不亵渎蒋先生的尊严。对于祖国文化、国际形势，他们的认识当然有着局限性。但谁没有局限性呢？

也曾有几位左翼人士嘀嘀咕咕，终因这个通讯社虽倾向鲜明，倒还四平八稳，从不愿与别人论战，也就无人深究了。

加上这个通讯社的人事情况早已被"透露"出去，使有关方面都了解到，这个社的社长胡云卿是一个不知名的、年高多病的小小富商，行动不便，大概行将就木，老死海外了。因此，京中社会、里外同行也就不再注意他了。至于他用的这些青年，虽然精力旺盛，多倾向于资本主义，绝无使人夜不能寐者，尽可以放心安眠。

这个社每天发稿，无一天空白，稿件的质量也不错，表明这些青年人深爱新闻事业，是有作为的，前程是不可限量的。

南京挂牌子的新闻社很多，按日按时发稿的不过十之二三，早报晚报采用他们的稿子的，不过十之一二，这些新闻社里，有的是落魄的文化人，无赖的政客，他们闲着无事，借此寻觅晋身之阶，或向某些机关伸手，谋些津贴，因此向不为人注意，使人闻之恶嫌。

晨光社虽然也是"醉翁之意不在酒"，但由于持论公正，作风敏捷，不久便鹤立鸡群，引人注意了。他们又巧妙地借助于中央社社长肖同兹这块金字招牌，自我吹嘘，自成妙文，逐步取得国民党政府、中央党部、中央陆军军官学校、中央政治大学、各部各厅、公安机关、卫戍司令部等重要机构的一些关怀，譬如发给证件、进出自由等。对于路透社、电通社、合众社这些世界著名的通讯社，他们都一一联系，或订阅或交换消息，凡是应当做到的，可能做到的，绝不放过。唯一的目的就在于，求得在短时间内能声誉鹊起，为官方所称赞，为社会所周知，使孙凤鸣进出那些衙门，为门卫所熟悉，所欢迎，而不为其所阻，以求容易见到蒋介石先生。

这里还要交代一笔，由于徐忍茹的帮助，晨光社成立时，中央社曾为之发过专稿，表示祝贺。《中央日报》及其他各报紧随其后，不断地登出消息，于是在那个混浊的社会里，马上就有了些小小的名气，以致气象兴隆，一帆风顺。晨光社又非常知情识趣，自觉自愿地做中央社的尾巴（只是在报道上不过分肉麻），马上就活跃起来，后来竟有"小中央社"之称。其实，他们哪里需要如此光大"新闻事业"？只是希望蒋介石去的地方，自己能和中央社记者一样能挤进去就行了。

晨光社的同仁还注意广交朋友。因为这个社所标榜的是社长年高多病，智慧不高，但是，他很信任这批年轻人，多用几个钱是不成问题的。因此，自开张以来，他们的门庭从未冷落过。中央社、中央党部（特别是宣传部）、市党部宣传部的人来得比较多些，大炮台、三炮台的香烟，美国制的锡兰"利比顿"的红茶，人们要抽、要喝，敬请光临，因为这个社有的是钱。

进进出出的人士多了，新闻来源也就多了，更重要的是，倘不是这么阔气，短时间就打不开局面，结交不到较高级的活动分子，消息就不能灵通，更没有希望得到接近蒋介石的机会。

由谁来当荆轲，任五步流血的使命？王亚樵当时虽远在香港，对这个问题最为关心。因为前几次刺蒋失败，都是因为枪法不精、行动不沉着而导致的，此次刺客的人选一定要慎重选择。

在当初议论这个问题时，华克之从来没有想到，这个任务会由别人来承担。在华克之的经历中，舞枪弄棒的记载不多，他是一位十足的书生。不过，他在担任国民党南京市党部青年部长时有过一支自卫手枪，也曾经打过靶子，练过射击。上海北站刺杀宋子文时，只要再练练，几步之内命中敌人是不成问题的。他以为，自己最好的条件是不知道"害怕"为何物。

孙凤鸣是刺蒋的最坚定人物，而且，从华克之重把刺蒋的设想提出来的那一天起，他就认为自己是当然的刺客。他不止一次地剀切陈词，声泪俱下，从贫苦的出身说到行伍经历，从国家兴亡说到自己的职责。在这个行动组织中，置蒋介石于死地的最佳人选，无疑应该是自己。

张玉华是个"新兴地主"，体弱多病，虽有奇想，却无奇技，照理与"刺客"二字相距甚远，可是在谈到这件事的时候，他同样上不让兄，下不容弟，慷慨地说："我知道，在执行正义裁决的同时，执行者已经把自己放置到邪恶的刀俎之上。以一病躯换那恶汉，岂非千古赚头最大的买卖。"

贺坡光是后来者，亦不逊前人，他说得简单而明了："诸位皆有家室，莫若小弟孑然一身，只要凤鸣兄授我枪击技术，我一定会圆满完成任务。"

争论的结果，孙凤鸣大获全胜。他以无可辩驳的理由，说服大家，五步流血，非他莫属。

华克之在南京的熟人太多了，和王亚樵一样，即如吞炭毁形改容，恐怕也难以在南京隐身、立足。休说根本无法伺机接近蒋委员长，即一经被CC察明踪迹，这个小小的晨光社也将立即被夷为平地。

张玉华、贺坡光不谙枪击技术，花些时日，下点功夫，还是能够掌握的。问题是战机到来，可迟可早，而且都在分秒之间，瞬息即逝，总不能叫蒋先生等我们某位兄弟学会准确射击之后再出现在我们的面前吧？

"我也有不足之处，但不至于像诸位兄弟那样，一着不慎，功败垂成。"孙凤鸣最后说，"只要坡光老弟帮助我学会采访技术，请相信我，决不会辜负我们团体的共同使命。"

众人很激动。经过这些年的相处，孙凤鸣的思想、道德、情操给他们的印象，可以说是终身难忘的。此时此地，他的分析比较与自我表白句句发自肺腑，没有半点矫揉虚拟的成分，争执已经没有必要进行下去了。再说，高超的射击技术对于刺客来说无疑是特别重要的，因为一切准备全都是为了最后的举枪一击。仅此一端，也只有孙凤鸣堪当其任。张玉华、贺坡光也被孙凤鸣说服了。

大家最后的一致意见就是应当尽快地把孙凤鸣培养成一名优秀记者。这个任务主要交给了贺坡光，同时也交给了孙凤鸣自己。

接着，华克之又去了香港，把人事的安排向王亚樵作了汇报，王亚樵对由孙凤鸣出马表示赞成。为了行动便利，王亚樵交给了华克之好几种型号的小手枪，让孙凤鸣选择使用。

为了达到自己的神圣目的，孙凤鸣几乎是一到南京就迷上了新闻工作。起初，他一直跟着贺坡光或奔走侯门，或出入警卫森严的机关。拿出名片，有时遭人出言不逊，有时干脆被挡在门外。碰上这阵势，开始有些腼腆，甚至耐不住性子。回来经大家解说，态度也随着改变了。渐渐地他也学会安慰自己，新闻记者是"无冕之王"，上可以和总统对坐，下可以与乞丐同流，即便碰了再大的钉子，也感到无所谓了。

很快，孙凤鸣掌握了采访、撰稿的技能、技巧，也适应了新闻记者的生活方式。无论是负责带他的贺坡光，还是社中其他同仁，都由衷地叹服。大家都说，论到待人接物，孙凤鸣堪称社中的模范。

这一来，孙凤鸣的性情显得更加温和，态度更加谦虚。他从不无谓辩论，从不出言伤人。不时于工余饭后，偕一二同志到咖啡馆或茶社小坐。他生活相当节俭，唯一的嗜好是抽些纸烟，顶高价的是"美女牌"，什么大炮台、三炮台等名烟，他从来没有买过。有人问他缘故，他常常笑着回答："我最喜欢这个女人的形象。"这种笑话出自于一个忠诚老实的人口中，确实逗人好笑。

在上海的时候，每次召开时事座谈会，只要谁提到蒋介石的名字，他就显得特别急躁，总喜欢用一句话来结束："打倒帝国主义的这些走狗，国事问题不是简单得多了吗？"

到南京以后，他的思想深沉多了。他总是认为，蒋介石仍然是值得他拼一命去处死，这是为千千万万人民做的，意义还是非常积极的。他愿拼此一死，使他的精神永远流传人间。他不饮酒，常常饭后龙井一杯，和张玉华、贺坡光等人漫谈起来。他当过兵，在十九路军里当过机枪排长，参加过"一·二八"淞沪战。以他的文化和人事关系而论，自知很难高升。纵使高升，还不是与穷人相互残杀吗？高寿难过百年，总之一句，人总是要死的，但应该死得慷慨激昂，光明磊落。

华克之曾同孙凤鸣谈到要离、聂政、专诸、荆轲、秦舞阳等古人的故事。孙凤鸣认为这些人很可惜，他们只为某些个人尽忠，勇敢有余，见解不足。而王亚樵和他们比起来，就了不起得多了。

孙凤鸣十分赞成王亚樵和华克之对蒋介石其人的分析。从当时的中国而论，再没有人如蒋介石这个军阀的魄力，一手拿着英美日法等帝国主义的金钱与军火，一手拉住几乎国内所有的军阀，在庐山团结各路诸侯，组织军官训练团，培植剿共骨干。他日日夜夜和政治学系的政客研究剿共，尽是些丧尽天良的坏点子。孙凤鸣每想到这里,都是肝胆欲裂。我一定要在蒋介石搞剿共的时候,在他的背后刺上一刀,方才死而无憾!

皇天不负苦心人,在贺坡光的辛劳帮助下,经过不断反复的刻苦努力,仅仅花了半年多一点的时间,孙凤鸣终于能够独立地进出各大机关,潇洒自如地采访新闻、交换资料、出席各种各样的招待会。他撰写的新闻稿,京中大报也乐于采用。这位年轻的爱国志士在他生命的最后一年里,几乎把每一分秒都花到为刺蒋所做的准备工作之中,把个人的一切统统挤出了自己的思维和活动之外。

这位滁州土地上生长起来的志士,不是"职业杀手",身上没有一丝传奇色彩,没有受雇于任何人,只是受一颗爱国心的驱使。为了刺蒋的需要,他成了"无冕之王",如果为了实现这一目的,还要他做什么的话,他也一定能够做到。

孙凤鸣的射击技术是非常高超的。有一次,他为华克之、张玉华和贺坡光表演,恰如传说中的"百步穿杨",引得大家共同欢呼。表演结束以后,他不无感慨地说:"我这一生,仅此唯一的本领,万不能因时间长久而磨损。否则,我就成为废物了。"大家听了肃然起敬。

为了保证临阵的一击命中,孙凤鸣在每天写稿的同时,也都抽出一定的时间来练习射击。他把华克之从香港带回来的几支手枪逐支琢磨,藏在哪里最适合,既不会被人发现,又能迅速出枪,使掏枪射击能在一两秒之内完成。

为了悄悄地练习瞄准,孙凤鸣用橡皮特制了一把弹弓,工余时间钻到树林里,以小鸟为靶,反复练习"百发百中"的本领。一天,他射伤了一只小喜鹊。看着吱吱哀鸣的小生灵在地上打滚,他竟掉下了眼泪。华克之对此颇感不安:"老弟,如此村妇之仁,会坏大事的。"

孙凤鸣转而一笑,说:"城门还未失火,首先殃及池鱼,总不免让人心疼。"

以后,他用一张白纸,中间画一个红圈,挂在墙上作为训练的靶子。

晨光通讯社是为蒋介石建立的。蒋介石一日不出现,这个社就要继续办下去,"华侨富商胡云卿"就要拿出一笔又一笔的钱来开销。哪里有华侨富商?这些钱全都是王亚樵在香港从李济深、陈铭枢等人的手中筹集来的,还有一些是王亚樵自己做生意赚的。

从1934年到1935年,孙凤鸣携武器先后在挹江门海军码头和汤山机场三次欲射杀蒋介石,皆因防卫太严无法靠近而作罢。

且说王亚樵一直在香港遥控指挥南京晨光通讯社的刺蒋工作,但有一件事情却使他横下一条心,又回到了杀机四伏的上海滩。

1934年底的一天,赵士发给王亚樵拿来一张报纸,接过报纸,王亚樵惊呆:《破坏抗日有真凭实据,盗取情报当场抓获》,副标题是:"共党女谍江山在宝昌路被擒始末"。望着那赫然的黑字,一个笑模笑样的小女子浮现在眼前。这个小女子,就是女共产党员江山。

关于江山和王亚樵的关系,美国人弗雷特·安娜女士是这么说的:

在王亚樵所接触的众多女性中,与其最具微妙情感也是最令其怀念的,可能要算是一位姓江的小姐,这位女共产党人实际上只有22岁,是个清纯机灵的少女,但她在政治上的成熟和其地下工作的卓越能力,令王亚樵不得不刮目相看。江小姐曾奉其上司之命对王进行过为时一年的跟踪,但并没有伤害他。他们的队伍里需要像王亚樵这样的人物。他们也有一个针对日本人和叛徒而专司暗杀和绑架任务的组织——"红队",这个组织一度声名大噪,但他们同王亚樵相比,无论其规模和手段都远不能及。

王亚樵对江小姐的感情,有着深刻的不可言喻的复杂性,他们谋面两次,加起来的时间也不足两个小时。我们当然不能说王对江小姐有钦佩以外的感情,但江小姐的死,确曾一度令王亚樵悲伤不已,以致于到了丧失理智的半疯狂状态,他甚至泪流满面地提出了要与戴笠当面决斗的可笑计划……

综上所述,似乎不能简单地用男情女爱的原理进行解释……

弗雷特·安娜女士所说的江山与王亚樵的两次会面,一次是在上海赫法路金银首饰店门前,一次是在真如车站。江山的神秘出现,为王亚樵提供了情报,准确地甩掉特务,救了王的性命。要不然,王亚樵也许早已刀下做鬼了。

但是,当江小姐与他交谈,让他走进共产党的怀抱时,他却一直犹豫不决。没想到如此清纯一女子,戴笠竟说她破坏抗日,简直太糟踏人了。当即,王亚樵派赵士发速返上海,打探江山的消息,并通知王亚瑛、郑抱真等人做好准备,一旦需要,自己将亲赴上海,营救江山。

1935年2月初,赵士发从上海赶回,报告了江山被捕的真相。

1933年，内蒙王公中的野心家德王，在所谓"满蒙联和"的煽动和诱惑下，在百灵庙搞内蒙"自治运动"，于1934年4月成立"蒙古自治政务委员会"。蒋介石派黄绍昆和赵丕廉(时任民委主任)到百灵庙谈判。谈判内幕涉及蒋介石的抗日和对民族分裂的态度，以及在华北地区与德王联合反共的具体协议，是一份极有价值的情报。

　　黄绍昆回到南京后，打入国民党内政部行政研究会的中共地下党员刘思慕设法把有关"百灵庙会议"的全部文件拍摄下来，交给交通员江山送给中共地下组织。

　　蒋介石得知"材料"被盗，雷霆震怒，指示戴笠迅速破案。

　　不久，戴笠抓获了江山小组的李云飞，李经不住拷打，出卖了江山，江山于宝昌路被特务逮捕。

　　国民党特务上海特别行动组对江山采取了惨灭人性的重刑，针刺乳房，鞭击阴户，将其赤身裸体绑于炉前，烈火慢烧。甚至扬言，不交出联系人，还要用硫酸毁容，摘其子宫，企图以此酷刑顺藤摸瓜，查出打入国民党特务机构内的中共地下工作者。但江山至死不招，待赵士发赶到上海时，江山已被折磨致死，尸体也不知下落。

　　在赵士发的叙述中，王亚樵两眼平视前方，一言不发，唯有清瘦的两肋肌肉突突抖动。赵士发叙述完毕良久，王亚樵仍然端坐，犹如泥塑一般，两条泪线潜然涌出，畅流不可遏止。

　　有道是：英雄落泪，必起狂飙。十分钟后，王亚樵突然一跃而起，挥掌将面前的茶几砸得粉碎，玻璃屑扎进肉里，鲜血顿时涌如喷泉。他运足了气，挥手将鲜血甩成一片弧线，惊天动地地吼了一嗓子："发电报给戴笠，我王亚樵又回上海了，有种请他进站接车！"

　　1935年4月7日，王亚樵将自己的亲眷及主要骨干的亲眷安置妥当后，率王亚瑛等一行九人离开了香港。他对郑抱真说："这次回上海不要偷偷摸摸，看他戴笠敢把我怎么样？我上海还有三千弟兄，我要登报召集，寻找江小姐遗体，在宝昌路集十万之众为巾帼豪杰江小姐大祭。"

　　王亚瑛等人知道，一年多了，王亚樵如病虎静卧，积郁甚厚，闻江山之死，猝从悲中醒来，攒下一年多的狠劲骤然暴发，故有此绝无顾忌的鲁莽之举，于是纷纷婉言相劝。

4月中旬，王亚樵一行辗转回到了上海，暂住郊县江湾的一家旅馆里。由于王亚樵在近一阶段精神上接连遭受震动，情绪很不稳定，极易动怒，屡有冒险倾向。王亚瑛、郑抱真、赵士发及特地赶来相会的华克之等人竭力劝慰，轮流守护，防止不测。

不久，李济深、陈铭枢、胡汉民等人也与王亚樵秘密会晤，交谈中对王亚樵颇有微词，责其一世好汉，如今竟如此不堪一击，激励王亚樵放远眼光，以酬反蒋大志。

陈铭枢说："外界盛传兄铮骨朗朗，力拔河山，断没想到为一红颜女子颓废到如此地步，实在令人费解也令人失望。"

王亚樵说："此情唯有我自知。"又冷笑一声说："陈将军不是同友人讥亚樵'不顾江山爱美人'吗？将军此言差矣，我所索怀之人，正是'江山'。"

胡汉民说："闻江山小姐乃共党谍员，兄即使念情，也得避及红色之嫌。"

王亚樵正色说："江小姐于亚樵有救命之恩，我只认得江小姐，不认得共产党。以江小姐冰清玉洁之质，我倒是想当个共产党。"

陈铭枢说："如今蒋氏独裁，国势衰微，外倭紧逼，民怨沸腾。蒋为一己之利，对外谄媚，对内弹压，蓄意制造借口，捕杀仁人志士，实为民族败类，国家祸害。九光兄盖世英雄，除蒋重任非兄莫属。此时倘浑然于个人恩怨意气用事，不但不能拯救民族危难于丝毫，反为海内外耻笑。望九光兄三思。"

在大家的劝说下，王亚樵终于没有去冒险。

1935年至1936年，正是日本帝国主义大举侵华，中国人民奋起展开全面抗战的前夜。多事之秋，血雨腥风，日本人先后阴谋制造了藏本英明事件、察东事件，向中国政府大肆挑衅。

就在王亚樵再赴上海，紧锣密鼓筹划刺杀蒋介石的时候，上海市发生了一件不大不小的事情，使王亚樵一度腾出手来，忙里偷闲杀了几个日本人。

1935年5月4日，《新生》周刊第2卷第15期上刊登了署名"易水"的一篇文章。这篇题为《闲话皇帝》的文章泛论古今中外帝王，其中也提及日本天皇，说日本天皇是一个生物学家，因世袭关系不得不做皇帝。日本的一切事虽是奉天皇之命而行，其实他早作不得主，只有接见外宾、阅兵、举行大典时用得着天皇，此外天皇便被人民所忘记了，日本的军部、资产阶级才是日本的真正统治者。文章还写道:"然而目下的日本却是舍不得丢弃'天皇'这个古董,自然,对于现阶段的统治,是有很大帮助的,这就是企图用天皇来缓和一切内部各阶层的冲突,和掩饰一部分人的罪恶。"

《闲话皇帝》一文发表后,日本军国主义者借题发挥,乘机挑衅,掀起了一场轩然大波。5月5日,上海的日文报纸以头条新闻报道《新生》周刊"侮辱天皇",日本浪人随即在虹口一带举行反华示威游行,打砸中国人开的商店,随着事态扩大,租界当局宣布临时戒严。6月7日,日本驻上海领事向上海市政府和南京政府提出抗议,并提出了禁止《新生》周刊发行,严办主编杜重远和作者易水,向日方谢罪道歉等要求。

事件发生后,国民党南京政府卑躬屈膝地全部允诺了日方无理要求,训令上海市政府向日方道歉,宣布对杜重远提起公诉,并于6月24日封闭了《新生》周刊。还撤换了上海公安局局长和七位图书杂志审查委员会的审查官。接着,又演出一场审判杜重远的闹剧。

为了取媚日方,国民党当局对杜重远软硬兼施,费尽心机。事件发生不久,国民党要人潘公展等即来到《新生》周刊编辑部,要杜重远交出经国民党中宣部图书杂志审查委员会审批而且盖过印章的文章清样,并要求杜在法庭上不要谈稿件均经过审查的情况,被杜严词拒绝。

开审前,国民党上海市党部常委吴开先又亲自去见杜重远,要杜投案受审,保证决不为难,最多罚款,而且费用由市党部负担。由于杜重远以作者易水"地址不详"的名义推脱找不到作者,国民党当局甚至要假造一个"易水"出庭承担责任,但杜重远仍不为所动,在法庭上大义凛然地据理申辩。

他指出,《新生》周刊是依法登记的刊物,每期稿件出版前都经国民党中宣部图书杂志审查委员会审查批准,编者不能负责。《闲话皇帝》一文是从学术角度研究各国政治历史的小品文,作者对日本天皇无恩无怨可言,所反对的是侵略中国的帝国主义,无违法之处。一席话说得法官瞠目结舌。

尽管这样,7月9日,江苏省高等法院宣布判处杜重远有期徒刑一年两个月,将《新生》周刊第2卷第5期没收,并规定不得上诉,立即送监执行。

消息传出之后,上海市新闻界、文学界、法学界和抗日爱国人士十分气愤,隐居在法租界高乃依路的王亚樵更是对国民党政府不惜冒天下之大不韪加害同胞谄媚日寇之行为怒不可遏。由于刺杀蒋介石的时机尚未成熟,准备工作尚未

王亚樵敬重的《新生》周刊创刊人杜重远先生

就绪,王亚樵杀敌消恨之力久无处使,正等得不耐烦,见日寇如此嚣张,政府如此孬种,不禁火冒三丈。尤其是当他得知被判处徒刑的竟然是他一贯尊敬的杜重远先生时,更是怒从恨中来,杀机顿生。

杜重远是吉林怀德人,早年留学日本,学习陶瓷技术。1923年回国后曾在奉天(今沈阳)、江西景德镇等地经营陶瓷制造业。1931年"九·一八"事变后,被推选为东北抗日救国会常务委员和政治部副部长。后来,南下至上海,在上海及长江流域进行抗日救亡宣传活动,积极协助邹韬奋编辑《生活周刊》。1933年《生活周刊》被封后,于次年2月创办《新生》周刊,继续进行抗日救亡的宣传。其间,他与王亚樵有一面之交。

一次,王亚樵以同盟会会员的身份参加杨杏佛主持的市民代表会议,杜重远也在场。会议期间,因对国军入赣"剿共"问题,杜重远同国民党上海党部一名政客发生争执,该政客诬中共红军彭德怀部为匪,声称国难当头,彭部不思抗日,趁乱起兵,祸国殃民。杜重远当即予以反驳,以其所掌握的许多事实列举红军抗战功绩。

王亚樵当时虽然对共产党还缺乏认识，但见杜先生见义勇为、义正辞严，谈吐有理有据，心中对杜很有好感。

会议间隙，王亚樵特意将杜重远单独拉到一边，对杜重远说："我是王亚樵。"

"幸会。"杜重远上下打量他一番，说。

"亚樵见公仗义执言敢说敢为，窃以为真君子之风，愿与公结为朋友。日后遇有为难之处，尽管对亚樵说，我一把斧头为你砍去途中障碍。"

杜重远当时笑笑，说："个人的事再大也是小事，国家的事再小也是大事。亚樵兄既是一世豪杰，当把视野拓宽，以拯救民族为要。"

王亚樵初闻此言，有些不痛快，觉得杜重远小看了自己。尽管如此，他仍然认为杜重远是一条耿直无私忧国忧民的好汉。

一别几年过去，往事历历在目。杜先生秉笔拟文戏骂日皇，更见其高风亮节，无疑人中君子。如今他身陷囹圄，以王亚樵为朋友两肋插刀之气概，岂有坐视而无动于衷之理？于是，他作出决定，一方面与华克之、孙凤鸣等继续寻找机会刺蒋，同时也不虚度日月，方便的时候杀几个卖国官员或者日本鬼子，先吐吐闷气，练练拳脚。

立刻，"铁血锄奸团"老骨干成员许志远率领王铁民、朱大刚等在上海各地活动起来。只要一有机会，他们就锄杀日本官兵和日本浪人。

7月间的一天，日军驻上海陆战队某舰士兵松本井下等三人在上海城东南的洋行街闲逛，行至一偏僻幽深、人迹稀少的弄堂口，松本井下发现地上有一只雕花烟斗，于是捷足先登抢在手上。另一名叫佐佐木的士兵发现了前方不远处有一块丝织荷包，于是也上前捡起。紧接着，他们又发现有几块银元稀稀落落地散布在路面上，三人于是争先恐后你抢我夺，直到一座深宅大院前，三人叽哩咕噜讨论一阵，认为一定是谁的钱袋破漏，门内一定还有，遂一拥而入。不料，祸从天而降，三只大麻袋鱼网般地扣下，这三名日本兵还没从金钱梦中醒来，便向天皇陛下尽忠了。

事隔不久，日军中尉松野渡边在汉奸唐月兰的带领下，去城隍庙的丹凤茶楼听评弹。这日本人其实听不大懂，自然也搞不出什么名堂，但评弹乃中国传统艺术，文化品位甚高，松野渡边服役前是东京某大学哲史系的学生，大小也算是个文人，来听评弹，附庸风雅而已，且学着中国流氓大亨的姿态，时常出钱点曲。值堂的目中只有钱财,哪管点唱的是东洋鬼子还是乡下土鳖,照样也问:"大老爷唱哪一曲哦?"

这天晚上,渡边因风闻自己即将提升,十分高兴,喝了几杯酒,朦胧半醉,拉上翻译唐月兰,兴致勃勃地来到丹凤茶楼,听"小红艺"弹唱。

是夜10点钟左右,渡边和唐月兰以及两名日本士兵离开丹凤茶店,返回金宁街住处,途经东棋盘街,只见有几个花枝招展的女子在路边搔首弄姿。唐月兰知道这一带妓女昌盛,半夜三更群出拉客,并不怎么介意。待这几个女人围过来,唐月兰挥手说:"去去去,太君是读书学生,岂同你们这些烂污拉扯。"

谁知这几个女人不但不走,反而一人拽住一个,硬往巷子里拖。

渡边急得呜哇乱叫,唐月兰也觉得不对劲,这帮妓女一个个长相不雅,脸涂得乱七八糟,而且力大无比,实在让人紧张。

唐月兰大声吼道:"放开,妈个屁,哪有像你们这样拉客的,简直动武,逼人行嫖。"

妓女中突然有人说话了,不说还好,一开口把唐月兰吓个半死。只听"她"捏着个嗓子,怪声怪气妖模鬼样地说:"别害怕呀,阿拉都是高老庄的高小姐。专门侍候日本来的猪八戒,你这个假洋鬼子呀,还轮不上呢。"

唐月兰和渡边等人顿时毛骨悚然,这哪里是什么野鸡,这分明是一群丽装男人,待要高喊呼救,嘴早被一些臭烘烘的破布捂住了。

这群"妓女",正是王亚樵手下的许志远、王铁民等人。

王亚樵派人生擒渡边,本来是想以他们作为人质,要挟日本军方,施加压力,将杜重远释放。因此,这几条东洋命才多活了几天。

许志远等人将渡边等押到王亚樵的住处后,已是凌晨一时许。王闻讯十分高兴,当时披衣下床。他的心情和渡边正好相反——前半夜渡边愉快,王亚樵着急担心;后半夜王亚樵快活,渡边则进入恐怖状态。

很长时间没有杀坏蛋出气了,这对王亚樵无疑是一种折磨,今天有几个日本靶子摆在眼前,自己岂能放过。此刻,他想起了壮烈殉国的胡阿毛,想到了忠贞就义的江山,他决定让这几个日本人也尝尝中国的老虎凳。

王亚樵在许志远的陪同下,来到关押渡边等人的小屋,四处看了看,然后笑容可掬地说:"渡边先生,今晚出场的是谁呀?"

渡边脸上的肌肉乱颤,怒目圆睁,大声叫嚷,一半是日本话,一半是中国话。

"哼，这样不好，入乡随俗，还是说中国话。"王亚樵说。

"我抗议，你们是什么人，这样随便绑架友邦军官，是违反《塘沽协定》的！"唐月兰也被扯去了嘴里的臭袜子，气急败坏地乱嚷。

"抗议？"王亚樵扭过脸去看了唐月兰一眼，笑了笑，"想抗议你就照死地抗吧！不过我告诉你；你的抗议还不如放屁，听着！"说完，王亚樵当真崩出一个惊天动地的响屁来。他并且从屁股后面抓了一把，撒到唐月兰的脸上，又问道："味道怎么样？"

唐月兰扭过头去，愤怒不语。

王亚樵冷笑一声，提高嗓门又问道："说，什么味道？"

唐月兰大声质问："你是什么人？"

王亚樵火了，一掌打了过去，又问道："你有什么资格问我是什么人？我是王亚樵。说，王亚樵的屁是什么味儿？"

一听说王亚樵三个字，唐月兰顿时如雷击顶，面呈灰色，再也提不起精神，嗫嗫嚅嚅地咕噜了一句："九爷的屁香。"

"怎么个香法？"王亚樵笑了，又追问了一句。

"兰花味。"唐月兰说。

"胡说八道，我吃的是猪肉，哪能放出兰花味来。再仔细品品，到底是什么味道。"

"红烧肉味。"唐月兰说。

"这还差不多。你这个卖国求荣的汉奸，那里知道屎香屁臭，今天大爷就是要让你换一个中国鼻子，好好地闻一闻，中国人的屁也是香的。"

说完，王亚樵又转向渡边，继续阴阳怪气地问："大太君的干活，今晚到底听的是谁的曲子啊，是小红艺吧，那可是色艺双全哪，怎么样，还尽兴吧？"

渡边不识好歹，依然叽哩哇拉。

"这样不好，要说人话，不要说鬼话。在中国的地盘上，要说中国话。"

"九爷，他不懂中国话。"唐月兰一边讨好地说，"我为九爷翻译。"

"弄你妈。九爷今天偏让这个日本龟儿子说中国话！"王亚樵转向许志远说："教他说，王亚樵是日本人的大爷。"

许志远扬手一掌打在渡边的脸上："说！"

渡边一偏脸，又是扭动又是叫唤，两腿乱踢。

"说，王亚樵是日本人的大爷！"许志远又一巴掌扇了过去。

渡边又是一阵叽哇乱叫，王亚樵只听明白了个"八格亚路"。

"弄你妈，小鬼子还挺倔的。"王亚樵见渡边拒不说中国话，顿时发愤起来，说："你就是铁嘴钢牙，我也得把你撬开。"他背着手踱了几步，眉头一皱，计上心来，对许志远背后的蔡克强说："去榨油房把二杠卸下来。"

不多时，蔡克强便将一根碗口粗、近一丈长短的大木杠子扛了过来，王亚樵让许志远为渡边松了绑，笑嘻嘻地说："九爷今天高兴，想带你玩玩。我看你这块头，不算牛高马大，好歹也比九爷高出半个脑袋，肉也比九爷多上个十斤二十斤。怎么样，跟我这个小个子抵杠，不算欺负你吧？"渡边怒目而视，莫名其妙。

"不懂，那好！你们给他做个样子。"

王亚樵一挥手，许志远和蔡克强便嘻嘻哈哈地做开了示范。一根大木杠子，比赛双方骑一端，双手抱住木杠，臀往下压，臂往上搬，这种比赛，既比力气，也比技术，而技术往往体现在姿势上，如果比赛一方被另一方抵离了原地，或者被高高撅起，即为败北。

但王亚樵将这种游戏规则改得简单化了，他让唐月兰向渡边讲解，二人只将木杠顶端抵住腹部，站稳后同时用力前推，二人身后各有一堵墙，谁被推至靠墙，即为输家。

渡边一阵神情困惑的嘀咕之后，唐月兰说："渡边先生表示愿意同九爷比试，如果渡边先生赢了，希望九爷能高抬贵手，放我们出去。"

王亚樵大笑，说："一言为定。"

于是，二人开赛，渡边忐忑不安地抓住木杠，一挨上肚皮，脸皮就刷地绷紧了，手背上一层薄薄的肌肉也在瞬间胀厚了。

王亚樵原地站立，纹丝不动，微微一笑说："来吧，用劲。"

渡边前腿弓后腿绷，用足了吃奶的力气，一连三次发起攻势，王亚樵却稳若磐石，安如泰山。

待渡边精疲力尽之时，王亚樵口中念了一个"起"字，肚皮便明显凸了出去。那根木杠也似乎出了响声，咻啦啦，噼呖啦啦，不慌不忙，不紧不慢，一寸一寸地向前推进。

渡边中尉一看不好,两条腿像鸭子似的来回扑腾,想抠住地下一角,找个立足之地。但王亚樵哪里让他安稳?只见王面不改色,眼含微笑,两条细长的腿杆如钢筋铁骨,稳健而不容置疑地向前挪动。渡边中尉阵势大乱,一个回合没挡住,便稀里哗啦地往后撤,只消分把钟,便被挤上墙壁,脸色涨如猪肝,哀怜绝望地看着王亚樵。

王亚樵依然没有停止,运足丹田之气,又往前挤了一寸,渡边像一张肉饼,被钉在墙上,任凭他使出吃奶的力量,也难以挣脱半分

"说,王亚樵是日本人的大爷!"王亚樵又用了一股劲,突然听到"卡吧"一声,渡边惨叫起来。他的肋骨断了一根。

"说,王亚樵是日本人的大爷!"王亚樵又恶狠狠地高吼,眼看那渡边中尉的脸色由红变紫,由紫变白,由白变黄,两只眼珠几乎被挤出眼眶飞出体外。终于,这位日本武士道精神培养出来的铁血军人在王亚樵冷酷的目光下崩溃了意志,在生与死的交界处粉碎了信仰。

好死不如赖活着,渡边再也不想硬撑了。他闭上眼睛,把天皇的形象从眼前赶走,艰难地张开了厚厚的嘴唇,尽管是半生不熟的中国话,尽管音量微若蚊吟,但在场的人都真真切切地听清楚了:

"王亚樵是日本人的大爷。"

然而迟了。虽然渡边中尉最终装了孙子,学会了用中国话喊大爷,但这声喊并没有挽救他的小命,由于王亚樵用的是内功,导致了渡边断掉三根肋骨,脾脏也受了致命伤害,不出三天,便一命呜呼。

王亚樵以渡边做人质,换出杜重远的计划也随着泡汤。后来,杜重远在各界爱国人士的奔走下,终于提前释放。得知这一幕后,依然为王亚樵的情谊所感动,托人捎给王亚樵一套线装《资治通鉴》,以表谢意。

就在王亚樵在上海顺手杀几个日本人解气的时候,国民党中央宣布,定于1935年11月1日在南京召开四届六中全会。全会诸侯各怀鬼胎,迫于时势,自然一致响应,纷纷表示,届时出席。

首都的盛况是空前的。尚未到指定日期,有关人士就陆陆续续云集南京。两个著名大旅馆的房间被预订一空。南京达官贵人的公馆、戏馆舞厅弦歌莺莺,完全是一派升平的景象。

知道一点内情的人都晓得，事实上完全不是那么回事，蒋介石的每一根神经都紧张起来，卫戍司令部、首都警察厅和军统特务们变得特别警觉也特别疯狂，他们公开或半公开监视各色人等的活动，京沪、京杭、京津、京平各路客车，下关和浦门车站，上下水长江客运码头特别戒严，人们稍涉疏虞，即被跟踪追捕，搜查审讯。最高领袖蒋介石总裁、夫人宋美龄女士，和四大家族成员都采取了特别安全措施，真是威风凛凛，杀气腾腾。

京中各新闻单位空前忙碌，准备资料，调集人马，增添设施，部署大会采访报道工作，准备为党国，特别是为总裁吹捧。

王亚樵一声令下，晨光社内也跟着忙碌起来。全社人员都整齐衣冠，擦亮皮鞋，灌满墨水，意欲为四届六中全会写出最精彩的新闻稿。但此时，大家最为焦虑的是一张"特别通行证"。

国民党中央规定，这次大会的特别通行证，记者的特别采访证归中央党部、中宣部统一发行。除非官方认可，或是特别要人保证，一般的通讯社只能望洋兴叹。这也正是王亚樵、华克之、孙凤鸣等志士放心不下之所在。对于晨光通讯社的志士来说，这是梦寐多年的时刻，拿不到一张特别通行证，机会就将又一次从身边溜走，民贼独夫将又在这一片土地上猖獗下去。

但是，晨光社近一年的社交工作并没有白做。除了事前由中央社代为保证（晨光社已有"小中央社"之称），竭力疏通外，又直接向中央宣传部提出请求，多方动员，势在必得。

就在大家进进出出，真真假假，忙得煞有介事的时候，孙凤鸣拉着贺坡光盘桓于湖南路中央党部。戒备森严的中央党部当然不是可以任人漫游的地方，但是对于他们二位来说，除了进门时要打招呼，一过门卫，走到哪里也不会有人注意或查询。因为都是熟悉的记者，一般的事务人员和不少部门的负责人见面是要致意问好的。

他们在一座塔形建筑面前逗留了一会儿，这是中央党部的大礼堂，预计六中全会就在这里召开。孙凤鸣站在台阶上点了一支烟，对贺坡光悄声说："去年12月五中全会就是在这里开的。当时，我们社成立不久，我无法到这里来。否则，现在就该给委员长准备周年祭了……"

贺坡光伸出一只脚似乎旨在踢开那根烧剩半截的火柴棒，轻轻地碰碰孙凤鸣的脚，说："再走走吧，虽然来过几次，这里面我还不大熟悉。"孙凤鸣自然领会，这是既要他说话留神，又提醒他不要分神，仔细观察这里的地形、地物、建筑结构与布局。

于是，两人装作散步，边走边谈并四下留神观察。孙凤鸣低声细语向贺坡光了解，按照国民党报刊过去所载的照片，在摄影的时候，这些国民党要人是怎样排列的，林森坐在哪里，蒋介石坐在哪里，汪精卫坐在哪里，中央常委怎么排列……贺坡光一一告诉他。

他结合实地，把蒋介石可能坐的方位，与自己可能站的位置的距离等等深深地记在脑海里。

华克之日夜奔波于南京上海之间，他与王亚樵紧张而有条不紊地安排事发之前的人员疏散，还有事发之后一干人等如何销声匿迹，逃避蒋家鹰犬的残酷捕杀。

晨光社这个摊子不大，但是拉拉扯扯也不能算小。撇开王亚樵、华克之不谈，公开露面的核心人物有孙凤鸣、贺坡光、张玉华，社中工作人员有姚莹、刘仲琥和谷紫峰，另外还有已经公之于众的关系户李怀诚等，这些人和他们的妻女近亲都在疏散之列。大大小小数十口之众，要吃饭，要住宿，要不露半点形迹，谈何容易。

所幸有王亚樵等人的帮助，这些人很快被疏散完毕。

随着11月1日的一天天接近，王亚樵和大家都知道，他们和孙凤鸣相处的日子屈指可数了。王亚樵比谁都更了解这位义无反顾的小兄弟，尽管有着超人的自持力，当分襟判诀的时刻越来越近时，那感情的海洋上，总难免要掀起一阵又一阵的狂涛。华克之每次到南京时，王亚樵破例让他多逗留两日，挤出时间陪孙凤鸣去安乐酒家的茶座或咖啡厅小坐。

这个地方很清静，是孙凤鸣唯一乐意逗留而不生烦的所在。买一杯清醇芳香的龙井茶，让身体和头脑放松一两个小时，实在是其乐无穷。每当在这里坐下来，孙凤鸣总有一种置身于沙漠中的绿洲或汪洋中的避风港的感觉。华克之专门陪他品茗的心意，他是领会的。他非常愿意同这些老大哥们切磋细节。要不是往返上海太费时间，他真想常常去上海，会会九哥亚樵。

孙凤鸣在南京已有不少熟人，华克之自然要拣人少的时候陪他去品茶、聊天。每当孙凤鸣和新闻界的同行们握手言欢，周旋应酬时，华克之就倚在暗处看报,以免节外生枝。华克之发现,孙凤鸣的情绪越加平静了,态度也格外温和了,再没有那急躁的表情,也没有那激烈的言词,心胸豁达,笑口常开。瞧他那一抿三咂的饮茶姿势,真以为他不是阔少爷,也是不愁衣食的有闲者。他的这种气度,深深地感染了华克之,也在华克之感情的五味瓶里又添了一份一时无法名状的味道。

一日,孙凤鸣主动约华克之出去喝茶,这回没有去安乐酒家,而是进了夫子庙附近的一家小茶馆。这里喝茶的人很多,也很杂。华克之脸上掠过一丝疑问,孙凤鸣马上解释:"这叫闹中取静,别瞧不起这地方,老板可是有一手沏茶的绝活,他沏出来的茶色香味俱佳,特别耐喝。不过,我今天请您不是为了喝茶,实在是有话要对您说。"

华克之进门发现这家小茶馆有一个后门,后门外便是秦淮河,河边有水码头,还有一条高高低低的石板小路通出去。他们在靠近后门的犄角上选了一个面对大门的桌子坐了下来。在老板沏茶时,华克之还现炒现卖,说了几句捧场的话,使那老板高兴得连送了三四回洒了花露水的热毛巾。

华克之推推孙凤鸣说:"茶的确不坏,这毛巾太热太香,让人头晕。"

"十里秦淮自古以来就是著名的温柔乡,只是你我比不上九哥,无福消受罢了。"

华克之喝了两口茶之后,发现这个茶馆里还有一个特别的地方,就是鸟笼极多,檐口、屋梁、窗台、桌边,或悬或坐,尽是做工精致各具形态的鸟笼。每个笼子里至少有一只鸟。这些鸟亦如人一样,碰到一块就隔着笼子交谈起来,有的甚至啁啾婉转,引吭高歌起来。这茶馆内人言鸟语,相互混杂,隔座便听不清楚谁在说什么,的确是个说悄悄话的好地方。

距离四届六中全会开幕只有四天了,两人彼此都很清楚,事发之后,孙凤鸣决无生还可能,这样的聚会今生今世只此一次了。

不一会,张玉华和贺坡光也来了。华克之让老板拿来一瓶酒,给每人斟满一杯,然后端起自己的酒杯,说:"这杯酒,算我们大家为凤鸣弟壮行!"

贺坡光、张玉华立即举杯响应。孙凤鸣很激动却不形于色,举杯回敬:"感谢各位兄长。"四人几乎同时把杯中的酒一饮而尽。

华克之离座,郑重地将一支西班牙产的六响左轮小手枪交给孙凤鸣,说:"这是九哥托我转给你的,上海的特务盯得太紧,他无法来京。要我转告你,望

1935年11月1日,参加民国党四届六中全会的汪精卫(二排左二)、阎锡山等人。
刚拍完合影起身,汪精卫就连中三枪。主谋即是王亚樵。

你此举能够旋转乾坤,流芳百世!"

孙凤鸣双手接枪,慷慨而歌:"风萧萧兮易水寒,壮士一去兮不复返!"

贺、张二人不约而同地击节附和,华克之也反复吟咏,无法自已。四人交相把盏,时歌时泣,一任秋风在室外呜咽,回旋。

当晚,华克之和张玉华、贺坡光都离开了南京,只有孙凤鸣一个人留在了这六朝古都,准备去完成那五步流血、天下缟素的壮举了。

孙凤鸣送走华克之以后,情绪一直很好。

10月31日晚,他洗了一个热水澡,美美地睡了一觉。唯一使他不放心的是记者的出入证还没有拿到。几天来,孙凤鸣差不多每天都去缠住中宣部新闻事业处处长彭革陈,希望早一点拿到手,但此人就是不肯通融,一再拒绝。

11月1日一早,孙凤鸣又去找彭革陈,这回他拉上了中宣部总务处的吴璆

汪精卫被刺当时的报道

和周希龄两人去说情。彭革陈再也推不掉了，8点钟时，只好签发了晨光通讯社记者孙凤鸣的出入证，号码是"第63号"。

孙凤鸣拿到出入证后特别兴奋，也特别镇定。向吴、周二人道过谢，他掏出小镜子将自己仔细打量了一番，然后大步流星地走向会场。

进入中央党部大门后，孙凤鸣以极快的速度将事先藏在照相机里的一只三号小左轮手枪拆散后的散件组装起来——照相机在进大门时已检验——掖进大衣里，然后手持入场证向大院纵深挺进。

当中委们正站在会议厅前列队准备照相时，孙凤鸣想乘机实施计划，但是，人群里却怎么也找不到蒋介石。

原来，这次"团结"的大会上，张学良、阎锡山及西南各省诸侯云集会场，随身均有马弁二名。蒋介石在照相前心中一动，谁能保证马弁中不会有异动者？因此，在中委们步出会场时，他却去了秘书长办公室找叶楚伧查讯，为什么今天秩序这样不好？叶不知发生什么情况，回答当然不得要领。蒋介石便立刻决定，今天不出场摄影。

汪精卫左等右等，不见蒋介石的人影，就亲自到休息厅向蒋打催牌。

蒋介石说："今天秩序不好，说不定要出事，我决定不参加照相了，也希望你不必出场。"

汪精卫一时为难起来,说:"各中委已列队等候先生,如果我再不去参加,将不能收场,我一定要去。"

蒋介石见汪精卫态度坚决,反显自己疑神疑鬼,又说:"我也受不了那种乱哄哄的场面,人多一吵就牙痛。"一边说,他一边煞有介事地抠了抠假牙,说:"牙根又肿了。"

汪精卫见状,只好说:"那蒋先生休息吧,我下去了。"说完,他来到楼下,告诉诸中委:"蒋先生牙疼不来了,我们照吧。"说着在中间坐了下来。

摄影完毕,中委们陆续向会议厅走去,孙凤鸣见势情急,由不得再犹豫,心里琢磨,来这里横竖是要干掉一个的,好歹也不能空手回去,不见了蒋介石,大小还有个汪精卫,此时不下手,更待何时?主意一定,他迅速地掏出了手枪。

可怜汪精卫,不知不觉代替蒋介石吃了三颗子弹。这三颗子弹,虽然未要成汪精卫的命,却促成了汪精卫的早死。

据《汪精卫先生传》的作者雷鸣说:

> 加以先生因青年时代奔走革命,患有宿疾(糖尿病),尤其自民国二十四年(1935年)十一月一日在国民党六中全会会场为仇者暗算身受三枪,创伤之后,因当时未能将子弹完全取出,所以近十年以来,外创内伤,时常并发,而影响于先生健康者至巨。……至民国三十二年(1943年)八月,因连续数月间往返京、沪,东渡日本参加会议演讲,并视察清乡,治军勤政,其积年宿病,竟到病发。

金雄白的说法则是:

> 汪精卫终受不了旧创所导致的绝症,影响到身体上的痛苦,更受不住对于国家与民族前途(指伪政权)的悲伤,使其精神上受到更大的痛苦。……汪精卫患此绝病的导因,完全是因为民国二十四年(1935年)十一月一日在南京国民党中央党部遇刺后,子弹留在体内的关系。当时他被送往鼓楼医院,由沈鹏飞外科医生开刀,仅将左颧部之碎骨与骨片取出。颊部与背部的子弹,因流血过多,身体虚弱,未敢再动大手术。颧部开刀以

后，眼旁红肿极烈。向为汪精卫好友兼医学顾问的德籍诺尔医生于出事时，方去西安打猎，等到得讯赶回，已在二周之后，经其施行手术，先将头部子弹重为开刀取出外，认为伤势仍极严重，力主移沪治疗，于是注射了破伤风预防针后，即匆匆地赴沪。

汪精卫于受伤前本患有糖尿病，自赴青岛疗养后，渐次恢复，已可吃少许巧克力糖。自经这次手术，发现时有脉搏间歇现象。……诺尔医生以奥国嘉士伯的矿泉水，对肝病等极有益处，并为汪精卫介绍一欧洲热带病专家，力劝其出国治疗，于是汪精卫乃同陈璧君、曾仲鸣、次女汪文彬，及内弟陈耀祖离国赴德疗养。直至1936年西安事变发生，未及彻底治疗，又"以国事以跳火坑"的精神兼程回国。至1943年8月间，胸背因留存在体内子弹的影响，突然又感疼痛，于是在同年12月19日，在南京由日本陆军医院将子弹取出，一时经过良好。

这两则记述，共同点有二：

其一是说汪精卫当汉奸后心情苦闷，是致病的原因之一。所谓"忧能伤人"、"心力交瘁"、"受不住对国家与民族前途的悲伤(这当然是对汪精卫的美化)，使其精神上受到更大的痛苦"等等，都是同一个意思。也就是说，汪精卫当了汉奸头目后，内外交困，日子并不好受。长期患糖尿病，也是致死原因之一。

最主要的是一九三五年遇刺后，体内尚存有未取出的子弹，是致他死命的重要原因。外创内伤，时常并发，汪精卫实际上是死于旧枪伤诱发的多发性骨肿症。

汪精卫垂死前的真实情况是这样的：

1944年元旦，汪精卫在南京私宅忽觉身体不适，4日傍晚，其私人医生诺尔为他诊断，感到情况严重，诺尔观察汪的行动，认为有癌症现象。汪精卫的腰部以下渐感麻痹，并不时发高烧，病源不明，遂至卧床不起。

同年2月，汪精卫病情渐趋恶化，适陈璧君以胃病延请日本东北帝国大学教授黑川利雄，赴南京为她治病，顺便为汪精卫诊断。诊断结果，黑川认为汪的病情已到危险阶段，非动大手术不可。经黑川与日本政府商洽结果，决定将汪精卫送往日本名古屋帝国大学附属医院治疗。

同年3月3日,汪精卫偕陈璧君及其子女汪文惺、汪文彬、汪文悌,女婿何文杰及周隆庠等人专机赴日。这时,名古屋为日本工业基地,不时遭到盟军空袭,日本政府不得不采取紧急措施:在汪精卫到达前,命令名古屋师团司令部在预定汪的病室外南侧旷地上,建筑防空壕,并限于一夜之内完成。同时还动员了全日本外科、整形外科、内科、放射线科等第一流权威医生组成会诊团,为汪精卫作出治疗方案。当地的军警机关,还为此实施全面警戒。

汪精卫的病室,系在名古屋帝国大学附属医院四楼的最后一间特别室,相当宽敞,包括有卧室、日式起居室、厨房、浴室、日光室、厕所等。四楼全部房间,都供汪精卫家属及其随员居住。此外,三楼还有三个房间供陈璧君会客及日方有关人员使用。

对汪精卫来日治病这件事,日方讳莫如深,严守秘密,就连汪精卫的病房都要以"梅号"为代称。这说明日本侵略者对精心培植的这个奴才,是尽了很大的努力和不惜工本抢救的。

经各医师会同诊视结果,一致认为汪精卫因过去所中子弹留存体内过久,诱发而成为多发性的骨髓肿疡,胸骨自第四至第七节间,因肿胀而自背部向胸前发展,以致压迫脊髓神经,必须割除向前压迫的肿胀骨殖以减轻压力。

手术系在抵达之翌日,即3月4日的傍晚,由齐藤教授主持施行,用局部麻醉,由背部开刀深入到前胸,切除胸骨三四片。经过一个小时左右,手术才完毕。

汪精卫当时感觉腿部有些微活动。其后三四日内情形良好,汪的家属方在庆幸中,但仅经过很短时间,病情又转呈恶化。

汪精卫在病危中,林柏生、陈春圃等曾先后赴日本探望。汪向林柏生表示:他的文章不留存;可留的只有诗词稿。至同年八九月间,病势更加严重,而且极度贫血,先后由汪精卫的两个儿子汪孟晋、汪文悌等人为他输血,终未见效。

到11月9日,由于美机轰炸关系,日方将汪精卫移至室外防空壕,因为缺暖气设备而受寒。当晚,回至病房,发起高烧,同时又并发了肺炎症,至夜间呼吸渐感困难,拖到10日下午4时20分停止了呼吸。

这个头号汉奸,终于结束了其叛国投敌的汉奸生涯。

汪精卫死讯传到南京后。伪国民政府宣传部于11月12日发表如下公告：

> 三十三年十一月十二日下午六时：国民政府汪主席，恸于民国三十三年十一月十一日申时，在日本名古屋帝国大医院逝世，距生于民国纪元前二十九年五月四日巳时，享寿六十有二，谨于十一月十二日恭迎遗体回国成殓，择期举行国葬，饰终典礼，由国民党政府会同中央党部组织哀典委员会敬谨办理。

同时，汪精卫的尸体，由陈璧君及其子女等乘汪精卫生前专用的"涂鹈"号飞机由名古屋护送至南京，下午5时在南京机场降落，这是汪精卫最后一次享用日本赠送飞机的权利了。

到南京时，飞机还在城市上空盘旋一周，降落机场后，由伪代主席陈公博及伪中央委员和伪政府各院、部、会文武长官和所谓外交使节等护送至伪国民政府大礼堂，并由伪政府下令下半旗一月，停止娱乐宴会。伪国民政府明令国葬。

不过，这时抗日战争已接近全面胜利前夕，"时值非常，为恪遵先生(指汪精卫)不劳民、不伤财之遗训起见，决定一切力避靡费，求其简肃，在全国统一未告成之前，先行择定国父(孙中山)陵园之梅花山举行葬礼。"(摘自雷鸣《汪精卫先生传》)。

这就是说，汪精卫这个汉奸头子，死后还要与孙中山先生套近乎，真有些恬不知耻。

汪精卫葬在南京梅花山，大概是想和中山陵一样，也来个"永垂不朽"吧！但是，抗日战争胜利后不到半年，汪精卫的坟墓就被炸粉碎。

1946年1月中旬的一个晚上，在南京黄埔路陆军总部的会议室内，陆军总司令何应钦召开了一个会议，南京市政府、陆总工兵部队、南京宪兵司令部、七十四军等单位的负责人，均出席了会议。

何应钦说："委员长不久就要还都，汪精卫的坟墓居然葬在梅花山，和孙总理的陵墓并列一起，太不成样子！如不把它毁掉，委座看见了，一定会生气，同时也有碍各方面的视听。你们仔细研究一下，怎样迁法，必须妥慎处理。"他还一再叮嘱："此事要保守秘密，不得泄露出去。"何应钦说完就走了。

会议继续进行，何应钦的参谋长萧毅肃进一步引申何的意见，并提出要求说："总司令接到重庆的指示，这个问题关系到国内和国际的视听，限我们在十天之内，把它处置好。"

接着，萧毅肃即指定由七十四军派工兵部队执行迁移任务，并要求宪兵司令部：在迁移期间，派兵担任内外警戒，断绝行人交通，不许任何人接近。最后，萧要求南京市市长马超俊也要派员协助。

在会上，工兵指挥官马崇六说："汪精卫墓的工程已派人侦察过，是钢筋混凝土的结构，坟墓不太大，但相当坚固。"接着他向七十四军军长邱维达说："最好能用什么办法搞开？"

邱维达说："工兵有的是炸药，还怕弄它不开？"

马崇六强调说："何总司令的意思，时间愈快愈好，因为还要整理和建筑别的东西。最好在做好一切充分准备的情况下，趁一个夜间，就把它处理好。"

由于时间仓促，最后会议当即决定只能使用爆破法解决。至于爆炸时，再使用其他声音来掩盖，使人不易发觉。

1月21日，爆破进入实施阶段。早在三天前，中山陵与明孝陵之间，断绝行人，禁止游览。关于爆破汪坟的任务，邱维达当面指定五十一师的工兵营李营长负责，估计要用一百五十公斤TNT烈性炸药，才可以把它炸开。

爆破时，马崇六、马超俊和邱维达等均在现场监督。

据说有一位姓孔的工程师曾向邱维达等指出，汪坟的图案系仿照孙中山的陵墓设计的，造价约计五千万中储券。这在当时是一笔相当惊人的数字。坟墓刚把核心工程初步完工，日寇就宣布投降，施工就此停顿下来。

工兵爆破这个核心工程时分作两步，第一步炸开外层混凝土钢筋部分，第二步炸开盛棺的内窖。

内窖炸开后，就发现棺木。揭开棺盖，就见尸骸上面覆盖着一面青天白日满地红，尸身着文官礼服——藏青色长袍与黑色马褂，头戴礼帽，腰佩大绥。面部略呈褐色而有些黑斑点，由于入棺时使用过防腐剂，所以整个尸身尚保持完整，没有腐烂。

马超俊对棺内进行全面检查，发现在汪精卫马褂口袋内有一张长约三寸的白纸条，条上用毛笔写了"魄兮归来"四个字，这是陈璧君从日本运汪精卫尸体回国时所写。

马崇六当即吩咐工兵将棺木装上陆军总司令部所备的卡车后,即于当晚将墓地平掉了,务使不留下原来任何痕迹。卡车则由工兵营李营长随同马崇六运往清凉山的一个火葬场,马崇六即吩叫将汪精卫的尸体交由火葬,只用了半个小时,棺材连同尸骨全部焚化,并没有遗留下什么。

以后,但见一座新筑小亭屹立于原来墓穴所在之处。梅花山的南北两面,还开辟了两条小路。添植各种花木,周围修饰一新,与中山陵的景色遥相对映,而汪精卫的坟墓则无影无踪了。

且说孙凤鸣被击倒之后,卫兵从他身上只搜出毫洋六角和作为自杀用的鸦片烟泡一枚,说明他早立有誓死不求生还的决心。蒋介石却不愿让他死去,医生奉命于每小时注射强心针十余次,因此在尸检时,竟发现死者的身上有一百几十处针孔。

南京当局千方百计要从孙凤鸣口中了解刺杀行动的政治背景。宪兵司令谷正伦、检察厅长陈焯、内政部代理部长陶履谦、行政院政务处长彭学沛等亲临病榻,追究事件的组织者和指挥者。

当时被指定参与此案审理的俞钟骆先生,以后曾向有关方面提供了当时审讯的记录档案,笔者有幸在某档案馆查到,摘抄如下:

> 问:为什么要对汪院长行刺?
> 答:请你看看地图,整个东北和华北,那半个中国还是我们的吗?
> 问:为什么要现在才行刺?
> 答:六中全会开完就要签字(指华北),再不打,要亡国,做亡国奴了!
> 问:行刺的目标是哪几个中央要人?
> 答:我是专为刺汪的。
> 问:你的行动是什么立场?
> 答:我完全站在老百姓的地位。
> 问:汪对国家有什么不对?
> 答:现在的华北还有吗?还有那些条约呢?
> ……(昏迷过去)
> (不一会,孙凤鸣醒来)

问：你是受什么组织、什么人指使？

答：我是一个老粗，不懂得什么党派和主义，要我刺汪的主使人就是我的良心！

问：有人说你曾参加过王亚樵的斧头党，是真是假？

答：那是十年前的事了。

问：这次是否王亚樵幕后指挥？

答：我已两年未见王先生了，此事完全本人独自主张，与任何人无关。

（再次昏迷）

第二天凌晨，孙凤鸣因伤势过重牺牲，时年三十二岁。

事隔三年之后，汪精卫从重庆逃到河内，转而赴上海，公开投降日本。1939年元旦，冯玉祥将军在国民党中央委员团拜会的最后一天曾感慨地说："姓孙的青年真可佩服……我们应该为姓孙的铸一个铜像来纪念他。"

蒋汪交恶，世人皆知。事件发生之一，蒋介石成了第一个被怀疑的对象。试问，军警戒备森严的中央党部，除了蒋介石的特务，还有谁能够畅行无阻？广西的李宗仁、白崇禧第二天即发来责问电："会场森严，仍来暴徒，函应严办，以儆凶顽。"

别说蒋介石一口假牙，就是浑身长满了真牙也说不清楚，他不得不把汪精卫的心腹陈公博等人找到中央军官学校，告诉他们："这事不是我们自己人干的。"以此来表白自己对汪精卫并无二心。

事件发生当天，中央党部立即宣布戒严，由警察厅长陈焯、宪兵司令谷正伦亲自负责检查，至下午1时结束，当即逮捕嫌疑数人。

同时，南京全城宣布戒严，水、陆、空交通完全断绝，往水陆码头及飞机场派遣特务和宪兵，暗中观察，发现神色慌张、急于赶路的乘客，不分好歹，能抓就抓。不到半天功夫，便先后抓了数十人，一律关在清凉山的几间屋子里。

大会选派了与新闻、宣传工作有关系的陈公博、彭学沛（行政院政务院长）、谷正伦、张道藩等人主持审讯，并让彭革陈等人前往清凉山关押嫌疑犯处辨认有无晨光通讯社的记者，特别是贺坡光。因为他时常和孙凤鸣一起进出各地。

彭革陈见男女老少一大屋子，有的哭，有的闹，喊冤声不绝于耳，唯独没有贺坡光。当然，也没有见到晨光通讯社的其他人，彭革陈只好以实相告。

但是，陈公博等人仍不死心，后来又通知彭革陈陪审，一一传讯嫌疑较重的人。其中传讯到金陵大学的青年华侨学生，由于其弟弟在上海生病住院，所以临时赶买飞机票，离京赴沪之心如箭，特务便死抓不放。在被审讯过程中，此人悲愤万状，破口大骂黑暗。

其他被传人员也大都因事他往，有看女儿的老太太，有回娘家的少妇，也有做生意的商人，总之都与案情无关，真真是风声鹤唳，草木皆兵。

蒋介石立刻召见戴笠，严厉训斥说："人家打到中央党部，你还不知道，每月花上几十万元，就让出这类祸事是吗？限你三天之内把凶手缉获，否则要你的脑袋！"

"学生有负校长栽培，实在羞愧难当，但我想，此事定是王亚樵所为。这是一个老对手，委座放心，学生一定会要他死无葬身之地的。"

"王亚樵，这个愣头青，总是与我作对。要找到线索，让国人看得见，这件事是王亚樵干的，这是第一步，一定要找到这个王亚樵！"蒋介石主要是想以此推脱自身的干系。

出事这天，戴笠不在现场。他率部属陪同老蒋和诸中委们前往紫金山谒陵之后，即赶往上海公干。因为大会的警卫工作主要由宪兵司令谷正伦和南京警察厅厅长陈焯负责。作为秘密单位的特务处，不便插足其间。但是一出事，倒霉的还是戴笠。

不过，戴笠认为，校长训是训，那还是看重自己的，是为自己压担子，心里倒也坦然。

辞别蒋介石，戴笠立刻去了现场。从入场券中，他得知孙凤鸣是晨光通讯社的记者，便立即派人前往陆家巷23号社址。

陆家巷23号是前后两院，前院住房东，后院即社址。

房东说，几天前，社方告诉他，该社改由石鼓路后门出入，因此前后院隔绝，情况不明。

戴笠手下的人只好赶到石鼓路，打开后门进院。

遍查社中，只看到办公桌上有留函一件："本社之事与郭智谋、吴洪、周希龄毫无关系，特此声明。"此外只看到厨房中焚毁文件的残灰，其他一无所获。

更令戴笠无奈的是，王亚樵的整个部署很周密，撤退、隐蔽都是有条不紊地进行的。华克之等人离开南京时，还在晨光社门前的电线杆上贴了"本屋招租"的启事，向有关人员报警，因此，尽管戴笠心急如火，使出浑身的解数，还是找不到一丝破案的线索。

戴笠不愧为戴笠，在焦急中，他的大脑却依然保持清醒。他知道，国民党对首都新闻机构历来是控制得十分严密的，筹办时必须把负责人的详细履历、主要职工的履历、京中保证人及其履历、经费来源、成立通讯社的宗旨、每日发稿数量等等，都要填入表格，到国民党南京市宣传部和中央宣传部逐级办理手续，平日更要接受中央社的严格指导。如果沿着这条线索查下去，必有所获。

戴笠当即抽调经验丰富的行动特务，到中央社追查。这一来，果然追出了李怀诚，晨光社能够注册登记，同他有密切的关系。

戴笠闻报大喜，立即派特务追捕。在酷刑之下，李怀诚供出了晨光通讯社的全部名单，并供出这次行动的主谋是王亚樵和华克之。

至此，刺汪事件真相大白。找出了王亚樵，汪精卫和陈璧君才相信不是蒋介石所为。

蒋介石终于吐了一口长气，但当他得知这次行刺的主要目标竟是他自己时，不由倒吸了一口冷气，脊梁沟子冰凉。立刻，他命令逮捕与王亚樵有关的人。不久，戴笠手下的特务在上海市静安寺路沧州饭店发现一个人，特征很像王亚樵的同伙、晨光通讯社编辑主任张玉华。但未彻底核实，尚不敢贸然动手，怕的是打草惊蛇。

当晚饭后，两名特务将可疑房间把住，另两名特务守在楼窗下，一名特务在楼梯口扯住饭店老板大声叫嚷："王亚樵的同伙就在饭店里，你把他藏到哪里了，快交出来。"

果然，在楼上住着的张玉华，听到叫嚷，知道自己已经暴露而不知是特务引蛇出洞之计。遂跳窗逃出，将腿摔伤，被楼下特务当场擒住。

从张玉华嘴里，戴笠得知晨光通讯社社长华克之临时住在英租界赫德路。他立刻派沈醉带人潜在寓所附近，昼夜守伏。

沈醉当时是上海特区法租界军统组长兼淞沪警备司令部侦察大队行动组组长，关于追捕华克之的经过，他后来在回忆录中这样写道：

我带着一组人抓华克之时天已黑了。我们一组十二人乘两辆小汽车赶到赫德路，在离他的住所很远的地方就下了车。借着夜幕的掩护，我们悄悄地包抄过去。这是一个很狭小的里弄，他就住在一所普通的二层楼房上。我们在楼下看见他住的房里没有灯光，估计他不在家，就轻轻地敲开楼下二房东的门，拿出证件，并指指楼上。

二房东是一个中年妇女，她看了证件后，微微地点点头，压低声音说："不在家，天黑前出去的，还没回来。"我便派几个人分别在弄堂两头监视，我带上几个人上楼，撬开华克之的房门，打开后，二房东正要伸手开灯，叫我一把按住说："不许开灯！"因为我怕华克之回来，在远处看见窗口射出的灯光会逃走。我用手捂住电光，把屋里看了一遍。室内布置得很简单，只有一个双人床和一个写字台，几把椅子。写字台上整齐地堆着很多书，放着一个台灯，一个像框。像框里镶着一个胖胖的女人的照片。这张照片约有八英寸大，二房东告诉我："这是他的妻子！"我打开抽屉，里面有几封信和一张不大的照片，是华克之和他妻子的全身合影。有几封信是艾思奇写给他的，另外还有几封其他人写给他的。搜查完后，我就让其他人在楼道和楼下监视，自己躺在他的床上等他回来。

我就这样在他家等了三天三夜。华克之一直没回来。戴笠命令我撤回去，派两个人在那里监视。

其实沈醉撤走之后不久，华克之就回来了。11月8日，华克之料想追捕之风已过，特务注意力已转向南方，于是潜回寓所，打算取东西。但他多了一个心眼，在路口处花两块大洋雇了一个人力车夫，诓说请他到某某号找一位姓刘的先生。

车夫不知有诈，径往华克之住处叫人，被两特务当场捉住。经审讯，知是有人花钱探路，遂让车夫带领寻找。此时，华克之明白寓所成为险境，逃之夭夭。

事后，大概这两名特务觉得到手的功劳又飞走了，让沈醉知道肯定要臭骂一顿，还是不说为好。因此，沈醉一直不知道这个过程。

1937年华克之到了延安，以后经常去香港、新加坡等地，为中共地下党提供资财和物资。沈醉费时十一年追捕他，最后还是一无所得。

中华人民共和国成立后，华克之因与潘（汉年）杨（帆）一案有涉而坐进牢房，过了二十年的铁窗生涯。历史进入到一个新的转折点，潘杨一案平反，华克之冤狱昭雪，华成为政协委员，进京参加政协会议。

在会上，华克之询问沈醉在座没有，当场有人把他引向沈醉座前。华克之对沈醉说："今天，是你追了十一年之久的华克之来和你见面了。"两位老人紧紧握手。

沈醉感慨地说："钦佩你华老的机警，我惭愧，我歉疚！"

这正是：劫后余波尽犹在，相逢一笑泯恩仇。

且说孙凤鸣的妻子崔正瑶，从报纸上看到关于刺汪的消息，知道事情失败。孙凤鸣以身殉道早在意料之中，此时亲人果然离去，心中的痛苦是无法排遣了。但这是一位坚强的女性，她很快就忍住了悲痛继续投入到事业中去。

1935年12月16日，上海特务报告说，在上海新亚饭店发现一个身着黑服的女人，脸色苍白，眼皮浮肿，像是刚刚害过一场大病，其相貌特征，也与所掌握的孙凤鸣之妻崔正瑶相差无几。

戴笠大喜过望，他知道王亚樵最重情义，必然要千方百计地保护崔正瑶，即使问不出王亚樵的下落，也必能引其上钩。他亲自带领一批特务，火速赶到上海，坐镇指挥。经近处察看，戴笠认定这个女人必是崔正瑶无疑。但他并不急于下手，派遣特务们在新亚饭店扮成商贩、车夫、修鞋匠等，昼夜监视同崔正瑶有过接触的人。

但戴笠失算了。因为崔正瑶在疏散时并未与王亚樵同行，只是说好将来一起在香港会面。为了将孩子送回仪征娘家，她走迟了。

此时，王亚樵当然不知道她身在何处。

戴笠先后逮捕了同崔正瑶有过言语交谈的人，其中包括服务生、清扫工和饭店会计，没有一人同王亚樵有瓜葛。

两天之后，戴笠见没有新情况，又唯恐崔正瑶逃脱，遂下令收网将其逮捕。

戴笠将崔正瑶逮捕后，先是好言相对，挑拨说孙凤鸣是受王亚樵蛊惑，替王亚樵送死。如今，孙凤鸣死了，丢下一个寡妇，王亚樵根本不予过问。而王亚樵早已得到一笔赏钱，现在已在藏身处搂着美女快活呢。

"为了销毁证据，有朝一日，王亚樵会连你一块杀掉的。"戴笠这么说，是企图引诱崔正瑶说出王亚樵藏匿的地点。

但是，崔正瑶一口咬定她不知道王亚樵现在何处。事实上，她确实不知道。戴笠见软的不行，遂拿出看家本领，叫人对崔正瑶严刑拷打。特务们扒去崔正瑶的衣裤，用绣花钢针穿刺她的乳头，刺一下，问一声："王亚樵在哪里？"

崔正瑶口吐鲜血，放声大骂。

特务们见刺乳头不行，又将竹帚燃着，撩拨她的阴部，将阴毛一撮一撮地烧焦。

戴笠恶狠狠地说："再不招，就把手电筒烧红，捅进去。"

崔正瑶已被折磨得奄奄一息，但仍坚定如常，骂道："你们羞辱的不是我一个，还有你们的母亲和姐妹。我和你们的母亲和姐妹同样是女人，我身上有的，你们的母亲和姐妹身上长得也是这个样子。看着我你们就没看见你们的母亲和姐妹吗？"

在场的三个特务均为崔正瑶的话语所动，不忍继续下手。

戴笠恼羞成怒，叫道："再不招，明天就把你这个样子拉出去展览。王亚樵手下的妻子光屁股亮相，他王亚樵脸上漆黑，看他还露头不露头。他要是不露头你死也冤枉。"

当天晚上，戴笠通过中央社，向京沪各大报纸发消息，宣告刺汪杀手孙凤鸣之妻被捕。

当天夜里，崔正瑶说通一个江苏女看守，托她找来一支铅笔和几张纸，写了两张条子。一张条子上写道："从我的积蓄里给持此字条人现洋十块。"另一张条子上写道："琪琳今夜即死，明日设法登报，远亲不必参加葬礼。"条子写好后，托女看守交给了法租界的一个男人。此人后来果然设法登出崔正瑶死去的消息。

崔正瑶原乳名"其林"。孙凤鸣加入王亚樵的"抗日锄奸铁血团"时，为了表示紧跟王亚樵的决心，将爱妻乳名两个字都加了"王"字旁，此典故只有王亚樵夫妇和华克之等人知道。崔正瑶决心一死，是为了防止戴笠利用自己激怒王亚樵，从而达到诱捕的目的。所谓"远亲不必参加葬礼"即是对远在香港的王亚樵进行暗示。

当天夜里，崔正瑶撞墙而死。

孙凤鸣、崔正瑶虽然死了，但华克之等人依旧十分怀念他们。许多年之后的 1962 年，华克之因潘汉年案，受牵被囚于秦城监狱，回想往事，感愤万分，遂以《痛悼孙凤鸣贤伉俪》为题，作诗如下：

生无私人怨，死因国是非。
心向知音决，泪为生民掉。
海上恨见晚，推诚入细微。
言重季布诺，技胜张良锤。
嘘气成白虹，慷慨有余悲。
诸群诵马列，山川起风雷。
创造新世界，愧我不能为。
射人先射马，擒贼先擒魁。
龙潭与虎穴，诛蒋非我谁。
亲手刃首恶，我愿方无亏。
只能助一臂，含笑八重围。
此之谓突击，不伤后人规。
所行各有道，所感则同归。
纯洁如素练，语动我心扉。
剑及履亦及，言出则身随。
美妻不复恋，高堂避言危。
呜呼晨光社，金尽至断炊。
财伤壮士心，日夜起徘徊。
何来汪精卫，替死此魑魅。
诛狼伤一犬，日月均增辉。
易水悲歌发，堪称第二回。
行为未足效，胸襟绝宏恢。
博浪恨无已，圣狱空必摧。
后死竟未死，天地嗤我卑。
懦夫写壮士，泪雨正黄霉。

王亚樵在香港，先是得知孙凤鸣"出师未捷身先死"的消息，悲痛异常。

接着,又得到了崔正瑶撞墙而死的消息,不由得泪雨纷纷。

"准备船票,我要回南京,把戴春风的脑袋提来。"王亚樵悲伤过后对王亚瑛说。

华克之、郑抱真等人急忙劝道:"九哥不可鲁莽。"

王亚瑛也说:"逞一时之勇,意义并不大,还是坐下来,长久计议吧。"

"对,君子报仇,十年不晚。一切还得从头做起,我们并不是怕戴笠。"华克之说。

"如此困居香港,岂不要气杀我王亚樵。"

郑抱真此时说:"对蒋介石、戴笠这样的家伙,人们取他们的脑袋必须从长计议,而对一些祸国殃民的'配角',还是要快刀斩乱麻的。这样才能出心中之恶气,不至于气杀人。"

"正合我意。"王亚樵说。

三天后,王亚樵手下的大将肖佩伟一行四人从香港启程回沪。

12月25日,肖佩伟带领两名枪手在甘世东路刺杀了国民党外交部常务次长唐有壬。

唐有壬,字悦良,广东中山人,早年留学日本,主张亲日。此时,他正在上海主持媚日谈判。当晚,他在自己的寓所身中三弹,弹弹都是打在脑袋上,当场身亡。肖佩伟等人杀掉唐有壬后,留下了一封信,信是王亚樵写给戴笠的。

> 戴春风:
> 你以后再杀我兄弟,小心你的脑袋。
> 转告蒋中正,让他停止屠杀,否则,九爷就拿他手下的狗男女为我的兄弟殉葬。
> 我现在居香港,逍遥自在,若有种,就到这里来找我!
>
> 　　　　　　　　　　　　　　　　　　　　王亚樵
> 　　　　　　　　　　　　　　　　　　二十六年十二月十八日

22
戴笠香港追杀王亚樵

且说汪精卫被刺的硝烟尚未散尽，唐有壬又在上海被刺身亡，朝野上下，惶恐一片，军政要人，人人自危。有不少对立面此时纷纷站出来质问蒋介石："你的军队呢？你的警察呢？怎么连一个小小的王亚樵都对付不了？"

蒋介石对王亚樵太琢磨不透了，对他的感情，首先是憎恨，然后是恐惧。他横竖也闹不明白，这个合肥土鳖到底是哪根神经长得不是地方，你开始反军阀、杀日本人倒也罢了，现在怎么又专跟领袖过不去？还能后脑上真生有反骨吗？拿钱买不动，拿官收不来。最令人头痛的是，拿枪也杀不掉，简直像是冥冥中注定的一根绳子，牢牢地拴住了他老蒋的胡子。

蒋介石把戴笠找了去："戴雨农，你怎么这么没用？这王亚樵说来就来，说走就走，你手下的那些人整天是吃干饭的吗？我这次给你半年时间，你亲自去杀王亚樵，杀不掉王亚樵，你就不要回来见我！我蒋中正不需要饭桶！"

这一顿臭骂，骂得戴笠犹如大病一场，他知道，蒋委员长对王亚樵如此高度重视，倒不是急于为汪精卫报那三枪之仇，也不是为消唐有壬被杀之恨，只是因为王亚樵这小子的枪口老是对着委员长的光头瞄来瞄去，让老头子时常感到冷嗖嗖的。

　　戴笠权衡再三，认为一定要亲自赴香港，因为一天不把王亚樵抓获，蒋介石是一天睡不好觉的。真到了哪一天，他认为自己是个废物了，真会把自己一脚踢到一边去的。

　　1936年1月，戴笠亲自率领二十名行动人员潜赴香港。

　　在戴笠的特工生涯中，很少有这样兴师动众去长途追杀一个特定的目标，唯有王亚樵，可谓他的天敌，十数年让他不得安宁，似乎有一种强大的磁场，诱惑他一直追杀到海角天涯。

　　戴笠与王亚樵较量过多年，素知王的情报系统很发达，有些方面不亚于自己专业特工网络，加之香港警方因自己多次在港秘密捕人，对自己素无好感，所以，这次行动严格保密。

　　为了减少二十个人赴港的目标，戴笠采取了化整为零和迂回前进的方法，分期分批分道前往。他自己仅带副官贾金南先到九龙，然后租了一艘大型豪华游艇，想以普通旅游者的身份瞒过警方，悄悄进入香港。

　　戴笠赴港的行动很快被王亚樵侦悉。西南派人士及王亚樵等人素来与香港总督和警方有良好的关系。于是，西南派领袖胡汉民亲自与港督葛洪亮协商，请他按国际惯例对政治犯王亚樵多多照顾；王亚樵则亲自会见香港警务处勃朗处长，告诉他戴笠将亲自来港捕人的消息。

　　戴笠乘坐着豪华游艇不慌不忙地进入香港本岛卢吉道3号码头。游艇停稳后，戴笠与贾金南两个人各拎一只澳大利亚高级皮箱上岸。

　　在戴笠的那只皮箱里，放着两支最新式的美制不锈钢强力式无声手枪及巨额美金港钞；贾金南的那只皮箱里则放着全套进口的洗鼻器具及各式手帕。

　　走下游艇，戴笠发现3号码头上，有一群身穿蓝色哔叽警服的港警正虎视眈眈地向自己这方面注视，情知不妙。他知道，香港法律禁止私人携带武器入境，因公务携带武器必须向英国领事馆办理枪照，否则就是违禁。

　　偏偏这次因要秘密赴港，怕申请枪照时走漏消息，故没有办理临时枪照。戴笠机警地向贾金南使了个眼色，瞬息之间将手中一模一样的皮箱对调了一下。

　　来到岸上，戴笠乖乖地拿出护照接受检查。

　　警官接过护照，一眼扫过，脸上露出笑容，连声说："哦！原来是戴先生光临本港，港人不胜荣幸之至。"说罢，他恭敬地送还护照，啪地一个立正，朝戴笠行了一个标准的英国军礼，大声报告："戴先生，请允许我向您作自我介绍，亨利·勃朗，香港警务处处长。"

接着，勃朗恭敬地请戴笠上旁边停着的一辆警车。

戴笠不询问，也不争辩，心想：我身上没有违禁物品，你一个警务处长随便扣押中国公民，看你如何收场。

车到警务处，戴笠下车刚坐下，就有两个港警手持"检查证"进行搜查，戴笠何尝受过这等侮辱，但因在人屋檐下，怎敢不低头，权且先过了这一关，事后再找你港督葛洪亮算账。

不料，勃朗向门外一个招手，门外两个港警拎进一只皮箱，当场打开，正是戴笠调给贾金南的那只。

戴笠心里大吃一惊，脸上却露出讥讽的冷笑，故作坦然地说："勃朗处长，请问你有何证据可以说明这只皮箱是我的？"

勃朗哈哈一笑，大叫一声："拿来！"

当即，一叠刚冲洗出来的照片放在戴笠面前，里面正是戴笠与贾金南调包的全部过程。

戴笠一时目瞪口呆。

勃朗说："戴先生，我不得不很遗憾地通知您，由于您非法携带武器入境，从现在起，您被拘留了。"

戴笠从沙发上一跃而起，刚想作出抗议的表示，勃朗一挥手，两个港警不由分说地把戴笠带了出去，送进警务处拘留所。戴笠自在民国七年坐过一次牢外，这是一生中第二次"坐牢"，他气得恨不能用脑袋在墙上钻出一个洞来。

在拘留所里，戴笠虽贵为国民党政府的特务头子，但英国人不买他这个账。在他们眼里，戴笠只是个违禁带枪支的"犯人"，虽然拘留所优待，给他提供了一个单人房间，但是，每天洗澡的条件是没有的，洗鼻用具被没收，每天三次洗鼻的"功课"自然也只好免了，加上拘留所空气污浊，卫生条件很差，气得戴笠在拘留所里不住地破口大骂英国人不讲人道，不讲卫生。接着又大骂清朝道光皇帝和耆英等一批卖国贼，与英国人签订了割让香港的《南京条约》，害得他这个中国人在中国的领土上却没有行动自由，反要被英国人关进拘留所。

蒋介石得到戴笠在香港被扣押的消息，立即指令外交部向英国驻华使馆交涉。英国政府考虑到与中国的关系，通知港督葛洪亮马上放人。于是，戴笠在香港警务处拘留所里蹲了三天后始被释放。

戴笠被关了三天，一腔羞愤无处发泄，只好转移到王亚樵身上，发誓要把王亚樵捉拿归案。当即，戴笠召集特务处香港站和分批潜入香港的二十名特务开会，布置追捕王亚樵的行动，并在香港铜锣湾晚景楼一号的寓所坐镇指挥追捕王亚樵的活动。

虽然戴笠杀气腾腾，四处撒网，但早已被王亚樵折腾得心力交瘁的特务们，除了一如既往毫无目的地四处打听以外，哪里还有什么高招。再说，谁不知道王亚樵是暗杀大王，躲还来不及躲，谁敢去摸老虎的屁股。大家每日装模作样地上街，貌似细心地打听，结果一个星期下来也毫无进展。

戴笠每日听汇报都十分气愤，第七天晚上，他实在无法忍耐，将所有的特务都召集来："你们这帮杂种，整天就知道玩女人，干正事一个都不行，那白花花的洋钱是那么好花的？抓不到王亚樵，你们都把自己的脑袋割下来让我去见委员长。"

骂到最后，一个长得白净洒脱的特务站了起来，说："处座息怒，小的有一个想法，不知行不行。"

戴笠看看这个主动请缨的青年，心里的气消了不少："你叫什么？"

"我叫陈亦川。"

"陈亦川，那好，你说说看。"

"王亚樵有个好朋友叫余亚农，就是十八年前三路军反蒋时在安庆起兵的那个余旅长，此人虽然不是斧头党，但曾帮过王亚樵不少忙，与王亚樵是铁哥们。现在，他也在香港，因为是老乡（陈亦川也是安徽人），余对我还不错。不过，他不知道我的身份，我想假扮成王亚樵的崇拜者，请余亚农介绍我去投靠王亚樵。这样，就不愁弄不清王亚樵的行踪了。"

戴笠低着头，想了一会说："谈何容易。王亚樵可不是铁扇公主，他的肚子不好钻。当年在上海，赵理君派了个漂亮的林玉姣不知打通了多少道关节，好不容易才挨上他的边，岂知他早已识破，不仅没把她杀掉，林玉姣反而做了他的又一个新娘，上海站是赔了夫人又折兵。现在，王亚樵知道我已来香港，必然万分警惕。这时候,生人想靠近他,绝对不可能。"

这位陈亦川,本来是想要露一手的,没想到被戴笠否定了,便不再言语。

"不过,你可以通过余亚农这小子试试。不要往核心层钻,弄不好没钻进去就暴露了,能跟姓余保持联系就行,能在王亚樵的外围谋个无足轻重的差使更好。这样时间一长就有头绪了。我已与王亚樵周旋七八年了,不在乎再多周旋些时日。记住,一定要稳,稳是第一位的。千万不要引起他的注意,他信任你或不信任你都不是好事,一让他注意上,你十有八九要遭殃。"

戴笠真不愧是王亚樵的老对手,对王亚樵研究极深。他的一番分析,让陈亦川心惊肉跳,他十分后悔不该贪功,提出这个馊主意。

可如今,戴笠已经确立,他已是骑虎难下,听天由命了。

除了陈亦川的"钻肚皮"计划外,特务处港澳区区长邢森洲基于自己长期蛰伏港澳所得到的一些外交知识,提出了请外交部出面,照会英国政府,促使香港当局配合中华民国政府缉拿杀人案犯。

这一层,戴笠也想到了。

当时,英国政府正在对华大谈"中英亲善",如果英国政府命令香港当局协助逮捕王亚樵等人,香港当局即使不协助,也断不敢公开庇护。此举至少能起到打草惊蛇的效果。如今自己在明处,王亚樵在暗处,自己的部下四处乱窜,王亚樵则窝在某处静看笑话。倘若香港当局撵其滚蛋,王亚樵等人则失去了港方的庇护,自然会采取相应的行动,只要王亚樵有行动,他的行踪就难免露出蛛丝马迹,追捕起来也就有据可循了。

戴笠决定给王亚樵来个双管齐下,哪根管子先挨上,哪根管子先动。

会后,戴笠又亲自同陈亦川仔细推敲了靠近余亚农的每一个细节,然后飞回南京,亲自跑到外交部,提出了照会英国政府的申请。

戴笠果然有两把刷子。事隔不久,他的"两根管子"都收到了成效。香港当局接到英国政府的电令后,虽然十分同情王亚樵的处境,但政府之命不能擅自违抗。他们能做的,也就是将内幕悄悄告诉王亚樵,让他和手下人另找栖身之地。

与此同时,陈亦川的"钻肚皮"计划也取得了一定的进展,通过同乡关系,他先靠近了余亚农。但是,这期间王亚樵手下根本不存在什么外围组织,自然也不会接收新的成员。陈亦川只好稳住同余亚农的关系,等待时机。

不久，事情果然有了进展。虽然还没有见到王亚樵本人，陈亦川却探听到王亚樵的妻子王亚瑛的哥哥在香港轩尼诗道开了家绸布店。陈亦川判定，该绸布店很可能是王亚樵的一个秘密联络点，于是他经常化装徘徊在轩尼诗道，观察这条街上的几个绸布店。

1936年2月中旬的一天，陈亦川远远地发现余亚农同几个人一道走进了茂源绸庄，便暗中尾随，至绸庄对面的一家发廊里修整头发，借以监视。

大约过了一刻钟，余亚农仍没有出来，而且又有几个人陆陆续续进了茂源绸庄。陈亦川断定，茂源绸庄必是王亚瑛的兄长所开无疑，心中暗暗高兴，王亚樵啊王亚樵，今天你总算露出了一些蛛丝马迹。他连忙跑到旁边的一个公用电话亭，打电话给邢森洲，请其迅速带人前来，并通知香港警察署，声称黑社会一伙匪徒窝藏在茂源绸庄，请他们协助围剿。

陈亦川的判断没有错。这一天，当真是王亚樵和郑抱真、余立奎等人聚会，因得到地方警察当局通知，要他们离开香港，这一天几个核心人物前来碰头，商量对策。香港特警接到邢森洲的报告后，也误认为真是黑社会匪徒聚会，因此动作十分迅速。他们赶到茂源绸庄时，王亚樵等人会议还没结束。直到他的妻兄在楼下大喊："先生要看货，请到后院！"

这是事先确定报警的暗语。王亚樵一听，知道情况有变，马上翻身上桌，跃窗跳到对面的屋顶。待余亚农、郑抱真等鱼贯跳出时，特警已拥到楼梯口。余立奎等人为了掩护王亚樵等人，立即关好窗户坐在原处，若无其事地继续开会。警察破门进来，见会议仍在进行，并不知王亚樵等人已经逃走。当然，警察本来也不是冲王亚樵来的。他们向余立奎等人出示了警局暗探卡，检查一番后把他们带往仔湾警察局。

在警察局里，一个英国警察问余立奎："你叫什么名字？"

"我叫李自安。"余立奎边答边拿出自己准备好的假名片。

"你住在什么地方？"

"住在罗使臣道92号。"

两个警察嘀咕了一阵子，其中一个人打了个电话，问明罗使臣道92号是李济深在香港的公寓，又对余立奎说："你们的南京政府要逮捕一个人，但名字和你不同。你知道不知道一个叫余立奎的人？"

余立奎从容地说："这个名字我连听都没听说过。"

但是没过多久，南京派来的特务到了仔湾警局，一眼便认出了被捕的人就是余立奎。他们对余立奎说："现在只要余先生把王亚樵住的地方说出来，你就没什么问题了。这是最好的机会，你不要错过。王亚樵操纵刺杀汪副总裁，罪大如天，你如果不能早洗清自己，将来后悔可就来不及了。"

余立奎装糊涂说："你们说的话我全不懂，我也不知道什么王亚樵张亚樵，更不知道什么叫后悔。"

国民党特务软硬兼施，但余立奎一口咬定，不认识王亚樵，更不知道什么刺杀汪副总裁的事情。

戴笠得知港方抓住了王亚樵的助手余立奎，立即持公函再次赴港，以刺汪主犯的罪名要求引渡。

国民政府指控王亚樵的罪名，是企图颠覆国民政府，属于政治犯的性质，因此，香港当局拒绝引渡。

戴笠只好改弦易辙，重新指控余立奎等人是上海斧头党成员，说该组织是专门伙结流氓土匪，从事暗杀、绑票、拦路抢劫、敲诈勒索、骚扰社会治安，并列举当年刺杀徐国梁、宋子文等事件。这样一来，王亚樵等人又成了杀人刑事犯，香港警察当局只好把余立奎等人交给戴笠。

戴笠见余立奎到手，又向港警施加压力，称杀人主谋仍在香港，受到当局庇护，予以严正抗议云云。那位接待他的港警官员两手一摊说："戴先生应该培养几个能干的人，你的情报实在太糟糕了。据我所知，王亚樵目前根本不在香港。"

戴笠受此奚落，不好发作，忍气吞声地请港警官员告诉他王亚樵的去向，港警官员又将两手摊了一下，皮笑肉不笑地说："王先生现在在哪里，我也不知道。知道了我也不会告诉你。只要他不在香港，我就不去问他。"

戴笠差点儿没气个半死。刺汪事件发生后，为追捕王亚樵，戴笠天上飞、水中游、地下跑，数次抵达香港，如今仍然没揪住王亚樵这只长着狐狸脑袋的老虎，随便往哪儿一藏，他岂不是大海捞针？

戴笠一筹莫展。好在余立奎已经被引渡到手，还可在他头上继续作文章。

余立奎被引渡之后，很快就押到首都警察厅司法局。戴笠此时插不上手，只是不断派人到司法科"探视"，掌握审讯情况。

这里同戴笠的特务机关不同，不像特务们残酷逼供，好歹是个司法局，处理问题总是要显示一下法制精神。不久，一名司法局长找余立奎谈话。他首先声明：我这不是问供，只是随便谈谈，愿意怎样谈都可以。但又说明，所谈的每一个字都要记下来，拿给蒋介石看。

下面便是这位局长与余立奎的问答。

问：王亚樵到底在哪里？

答：你这句话问的，我认为不太聪明。在我被捕时，我知道王亚樵是在香港的。但我被捕已经这么长时间了，他还在香港等着人供出他吗？至于他现在在哪里，我当然不知道。

问：刺蒋、汪内幕情况和组织情况如何？

答：现在说来，恐怕你们知道的比我知道的还要多得多。晨光通讯社被捕的人当中，我只认识张玉华一个人，其余的均不认识。他们的活动情况，我是从来不过问的。

那位司法局长最后哈哈大笑说："惭愧，这个案子，我们花了几十万，捕了上百人，但没有捕到一个真正的主犯。真是盲人瞎马，草木皆兵啊！"

这位司法局长所言极是。

自从汪精卫被刺后，国民党内乱成一团粥，蒋介石更是胆战心惊，不仅数次臭骂戴笠，而且将中统特务头子徐恩曾、宪兵司令谷正伦等人都分别加以训斥。

军统、中统、宪兵、警察各路人马滚滚出动，遍布南京的大街小巷，他们在南京转了几圈，又纷纷扑向上海、苏州、无锡等地，将仅与王亚樵有过联系的就抓了一百多。其实，这里面有的人与王亚樵只有一面之交，连话也没说过，但依旧被当作嫌疑犯投进了监狱。

更有奇者，后来，国民党《中央日报》以《刺汪宋案判决书内容》（见附录）为题，连续八天刊登了长达一万八千字的判决书，列举的材料五花八门，与事实相去甚远。由此可见，蒋介石、戴笠等人对王亚樵的恐惧，恨不得连其头顶之天脚踩之地都一齐铲除掉才能放心。

与刺杀汪精卫毫无关系的余立奎后来回忆说:"三月初,开始审理,大约开庭七八次,即于四月中旬宣判,以'人之行为虽属未遂,而恶性实极重大'的罪名,判处我和张玉华、贺坡光死刑。住在我家的两位客人周世平、胡大海各判处有期徒刑十二年。因受牵连而被捕的数不胜数,有名有姓且尚能记忆的有镇江人卢庆麒,是个小有名气的律师,与王亚樵根本不沾边,但因朋友贺坡光曾将藏有手枪的箱子在他家寄放了一夜,因而无法推辞就被捕了。还有一位先生叫刘书容,是个很本分的教书匠,什么毛病也不敢犯,错就错在不该跟华克之和张玉华是同乡,既然同乡,又同在南京,能没有联系么?能不知道华克之等人的行动么?能不替华克之等人做帮手么?依此类推,刘书容先生被捕也就不足为怪了。至于同王亚樵早有来往、南京钟英学校校长李怀诚和项仲霖等人,自然又在众多的嫌疑犯中鹤立鸡群,凡讯问逼供,这二人必首当其冲。"

当时还有这样一个令人又气愤又无奈的笑话。

某一天,上海一小学十一岁的学生王南虎与同学争玩一只皮球,因球被另一大男生强占独玩,王南虎坐地大哭,嚷道:"侬个赤佬再欺人,阿拉回家去找王亚樵,王亚樵是阿拉的大叔。"

小学生中有不少人听大人说过,王亚樵是杀人不眨眼的魔王,没想到这位魔王就是王南虎的"大叔"。一传十,十传百,学生们都畏王南虎为真虎,再也不敢招惹。这话很快传到上海行动组安插在该小学的特务史一凡的耳朵里。史一凡如获至宝,立刻向行动组报告。

王南虎一家祸从天降,不容半句分辩,上至七旬祖父母,下至六岁小妹,一家七口集体锒铛入狱,因实在与王亚樵没有半点瓜葛,即使编造,也编不出圆话,轮番被打得死去活来。

经过一场旷日持久的"公开"审理,直到1937年4月19日,首都地方法院才宣布了一个混淆是非、颠倒黑白的判决书。判决书故意回避这个案件反蒋抗日的政治性质,仅作为普通刑事案件处理,说:"余立奎因是失业军人,加入在逃之匪徒王亚樵、华克之等组织的专以暗杀为业的团体,它的成员遍布于上海、南京一带,专刺中央要人借以泄忿。"又说,"晨光社是余立奎、王亚樵等在港密议后派华克之到南京组设,作为暗杀之掩护机关"等等。

最终,首都地方法院判处余立奎、张玉华、贺坡光三人死刑;胡大海、周世平、卢庆麒、刘书容、项仲霖、李怀诚等人分别判处十二年、七年、五年不等的有期徒刑。

对于这种颠倒黑白的判决，被告当然不服，提出上诉。江苏省高等法院未及审理，日本帝国主义就发动了全面侵华战争。

当年 11 月 30 日，被判处死刑的余、张、贺三人，随同南京政府机构内迁，其案交由审判长吴昱恒权宜处理。吴昱恒系王亚樵、华克之的老友。当时王亚樵虽已身亡，但吴昱恒却极重旧情，立即作出了释放的裁定。

日本帝国主义投降后，由于全国人民的支持，以及沈钧儒、史良、沙千里、冯玉祥诸位前辈在国民参政会上迫切呼吁，才有条件地释放了张玉华、贺坡光和余立奎三人。

然而，在这种所谓按照司法程序公开审理的背后所进行的一场报复性的残杀是令人毛骨悚然的。在大量逮捕的人员中，只有少数几名交法庭审理，大多数遭到非人折磨与残酷杀害。为晨光社案件罹难的死者究竟有多少，至今不详。

23
英雄能不能过美人关？

话说自30年代初国民党新军阀大战后，西南——主要是粤桂两省一直处于半独立状态。

陈济棠本是李济深部的师长，北伐时随李留守广东，因势坐大，逐步升为军长、集团军总司令。蒋、桂战起，李济深在南京被扣，陈通电拥蒋驱桂，以后又暗中逼走陈铭枢(时任广东省政府主席)，取得对广州的统治地位。

因为陈济棠不是蒋介石的嫡系，时时怕蒋摘掉他，所以他要利用国民党内反蒋的元老派和蒋介石之间的矛盾，来作他的政治屏障。元老派声势强大，如到广州来举行非常会议等反蒋活动时，他极力支持，用以抬高自己的地位，并维持西南的半独立状态。同时，他又怕西南方面反蒋更坚决的人，如李济深或桂系的李宗仁、白崇禧等会取而代他，所以在元老派内部四分五裂、力量衰微时，他又暗中同蒋介石勾结，接受蒋的贿赂。

1935年至1936年，蒋介石派蒋伯诚驻广州，专门作收买陈济棠的工作，暗地里送给了陈济棠很多的钱。陈济棠因而把余汉谋派到赣南协助"剿共"，为蒋效劳。

国民党内的元老派既要利用陈作为反蒋的力量，又不满他的患得患失、模棱两可的态度，且不敢过于逼他，以免他完全倒到蒋的方面去。

陈济棠原先为了取得广东地盘，乘桂系失败时就拥蒋驱桂，作了蒋的鹰犬，几次把桂系搞得不能出广西一步。到了他的地位巩固时，他又要联合桂系，以便取得对蒋的威胁作用，来维持两广的半独立状态。

可见，陈济棠在这种错综复杂的矛盾关系中，一方面纵横捭阖，敷衍各方，互相利用，一方面又患得患失，始终不肯毅然反蒋，其目的在于保持他的"南粤王"的地位。陈济棠有满脑子的封建迷信思想，自信他之所以能飞黄腾达，全是命里注定。他的哥哥陈维周更是到处看风水，满想找一穴龙眼吉地来移葬他的母亲，以便护佑陈济棠能取代蒋介石的天下。

这种"不问苍生问鬼神"的笑话是很多的。

据说陈济棠很信他命带妻财，因为从他当连长时和私娼莫秀英结婚以来，就一直官运亨通。他认为，这完全是莫秀英的"八字相夫旺子"的关系，所以陈济棠很听莫秀英的话。连他修要塞炮台，也要取名"秀英炮台"作为吉利兆头。至于卖官鬻爵，完全由莫一手包办，更是当时众人皆知的事。

从桂系方面来说，久蛰思起，正好利用西南半独立状态，企图积极推动陈济棠和其他方面组成反蒋的阵线。因此，李宗仁以西南政务委员会常务委员的名义经常留住广州，全力撑持西南政务委员会这块招牌，专事推动反蒋的政治活动。

蒋介石之所以容忍西南保持比较均权的状态，对胡汉民等国民党元老派采取了敷衍态度，是因为要集中力量来对付共产党。

当然，他并没有忘记两广问题。

当1936年1月间，胡汉民由欧洲回国时，蒋介石立即派居正等赴香港迎胡回南京，就是想解决两广半独立状态的步骤之一。

那时，陈济棠、李宗仁为争取胡汉民这项政治资本，也赶忙赴香港迎胡汉民去广州，向胡表示忠诚，力请胡领导他们反蒋。

胡汉民因对蒋介石憎恨未消，见陈、李他们也确有一些军事力量，就声言决不北上，留在广州积极准备反蒋。

从胡汉民嘴里，王亚樵知道了陈、李正在积极酝酿反蒋起事，心中不由为之一震。王等人自从在茂源绸庄逃走后，在香港已无立足之地。因为香港警方已开始与戴笠合作拘捕他。王亚樵于是求助李济深,暂求一处藏身之地。李济深欣然答允。

1936年3月,王亚樵携带着眷属和部分骨干经广州去广西梧州,住进了李济深的故乡老宅李圩子。同时,李济深还向桂系首领李宗仁和白崇禧打了招呼。

得知王亚樵来桂,李、白二人十分高兴,他们知道王亚樵是蒋介石的死对头,值此南方反蒋未雨绸缪之际,此人来的正是时候,他们希望王亚樵能够像在"福建事变"中表现的那样,针对蒋介石和戴笠,大力开展暗杀和谍报活动。他们当即派人秘密前往梧州看望王亚樵,送去一笔款项和生活用品,又约王亚樵南宁晤面,并决定由广西省政府每月拨给王亚樵五百块银元作为生活补贴。

在戴笠的追逐下已疲备不堪的王亚樵,受到李宗仁和白崇禧的厚爱,自然感激不尽。在梧州还没有喘过气来,便又摩拳擦掌,跃跃欲试,决定帮助李宗仁、白崇禧,再战一场。此时,王亚樵身边只有十二三个人,深感兵力不足,立刻又派出郑抱真、赵士发等人四处联系。他就是这么一个说干就干豪爽痛快的人。

不料,到了5月间,胡汉民忽因脑溢血在广州病故,西南反蒋事宜又变得飘摇不定起来。

那时,日本帝国主义对华军事侵略的魔爪,已由东北伸入华北。蒋介石签订了屈辱的《塘沽协定》、《何梅协定》之后,日本为了进一步要求华北五省的权益,就对华北继续增兵。一时间,汉奸公开活动,浪人到处挑衅,并逼蒋签订所谓中日"共同防共协定",气势汹汹,大有山雨欲来之势。

在西北方面,风传张学良、杨虎城已与共产党妥协,将发动抗日运动。蒋介石急于要解决西北问题,除已派兵到山西协同阎锡山堵截红军东进抗日的出路外,又以重兵调往潼关、洛阳各地,想逼张、杨继续"剿共",并乘机解决晋、绥、秦、陇的地盘问题。

两广方面认为,蒋介石既有事于西北,而日本侵略华北,局势又十分紧张,所以是假借抗日旗帜进行反蒋的绝好机会。

两广与各方密谋反蒋,早就有信使往返,许多地方军阀多有代表驻在广州，形成一种不定期的政治俱乐部。这时，为了加强重点地区的联系，陈济棠和李宗仁就派陈维周和刘裴作为亲密信使，去湖南联系何键，要他和两广共同反蒋。

何键见了两广的信使，立刻说："只要两广出兵，我马上通电拥护，但陈、李得给我补充军费，同时要绝对保守秘密。"接着，他指定以后由他的秘书长凌峰负责和两广联系。但是，何键是个老奸巨猾的家伙，和两广信使接洽后，立即向蒋介石告了密。

为了确保反蒋成功，白崇禧也从南宁来到广东，和刘裴一道到东江、北江等粤、桂边境地区，视察地形，拟定作战计划，大体是：对福建和贵州方面采取守势；对江西、湖南方面采取攻势；粤军主力集中在大庆、韶关地区，准备进攻江西；桂军主力集中在广州、桂林地区，准备进攻湖南，并在粤、桂两省与各邻省的边境地区构筑了防御工事。

接着便紧锣密鼓地调兵遣将。

两广方面准备好了之后，为了打出抗日的幌子，就先于5月27日通电反对日本增兵华北，以激起全国反日的情绪，争取舆论的同情，并积极延揽接纳各方抗日反蒋人士。王亚樵就是在这种形势下，从梧州来到南宁。

1936年6月1日，西南政务委员会做出决定，组织抗日救国军西南联军，由陈济棠和李宗仁分任正、副司令，公开举起反蒋旗帜，并举行了"羊城誓师"。

在此之前，白崇禧特地约见了王亚樵，请他出任武装巡逻队司令，负责维持西南治安，并联络广州、南宁、珠海、桂林等城市的社会武装，响应两广军方起事，并由军队提供部分枪械弹药，加强这些社会武装的力量，作为军方的支持者和同盟者。

王亚樵认为事关重大，恐力不胜任，说："我乃一介布衣寒士，号召力渺小，如此聚众大事，恐力不从心。"

白崇禧说："不要紧，伯南（陈济棠字）、德邻（李宗仁字）和我都是要说话的，劳九光兄多方联系，陈述举事大义，届时召集各方首脑会议，由九光兄牵头筹建民军。"

"那好，我王九光一定尽最大努力，做好这项工作。"王亚樵说。

回到梧州，王亚樵便召集门下骨干商量。郑抱真、余亚农、赵士发等人认为，反正是寄人篱下，与其东躲西藏受尽窝囊气，不如站起来再轰轰烈烈地干一场。意见统一后，王亚樵便派余亚农和郑抱真等人相继出发，深入到广西边境几支重要的地方武装中为陈济棠、李宗仁充当说客。

6月2日，西南政务委员会和联军向南京发出通电，呈请中央领导全国抗日，并通电全国，呼吁党政军民一致督促中央领导全国抗日，同时发动两广国民党各级组织各民众团体通电响应。

由于抗日口号深入人心，全国震动，不少人表示同情。王亚樵等人为之一震，纷纷摩拳擦掌，欲与蒋介石大干一场。

这时候，陈济棠第一集团军已扩编为五个军、十五个师，约二十万兵力；李宗仁的第四集团军扩编成四个军，约十万人。两广的兵力共计约三十万人，飞机一百九十余架，九个中队，江防舰艇数十艘，加上王亚樵等人组织的民众武装，已基本形成了完备的攻防体系。

6月9日，陈济棠的先遣部队进入湖南，分别占领了永州、郴州，欲一举拿下长江而趋武汉。同时，白崇禧令王亚樵派人潜入闽、黔、湘、赣等地，刺探情报，寻机绑架或刺杀上述地区的蒋系高级将领，并在其下层进行煽动工作。

再说戴笠听说王亚樵已进了广西，跟在李宗仁、白崇禧后面乱转后，心里十分焦急，急忙找来手下特务陈质平，说："年轻人，你得火速行动！"

陈质平何许人也？戴笠为何要让他火速行动？这一切都得从绝色美人金石心说起。

金石心，安徽桐城人，生于一书香门第，其父为清朝光绪年间进士，未仕，思想极为开明。因而，金石心虽系女孩，但其父依然让她进了新学堂读书。十八岁时，金石心从安庆来到上海，进入爱群女子学校读书。

此时，金石心已出落得亭亭玉立，如同一株含苞待放的荷花，丰腴而不臃肿，娇嫩而不孱弱，旗袍一罩，圆圆凸凸的地方恰如其分地显现，异常迷人。并且，她的嗓音甜美，一曲家乡民谣、一段京剧清唱都能使人立刻如醉如痴。因而，进校不久，便成为爱群女子学校的第一校花。又因为她实在太令人倾倒，令人着迷，一入交际场，便被上海滩的男人们称为"佛心动"，意思是佛见了心都要动。

一次，金石心的同学章舸的表哥陈纵横到爱群女子学校约其表妹外出学跳狐步舞。在章舸宿舍，结识了金石心，陈纵横自然是怦然心动，便也约金石心一道出去。

当时，爱群女子学校校规极严，金石心初时不肯去，但章舸在一旁苦劝，加上陈纵横风流倜傥，举止潇洒，金石心含苞待放的年纪，当然乐意结交，因此，半推半就间也就走出了宿舍大门。

陈纵横一人带着两个美貌女郎，自是喜不自禁。他没有把她们带进舞场，而是在自己租住的一间房子里，打开留声机，与两个美人轮流跳舞。表妹章舸因共舞过多回，新鲜劲不大，而金石心可是初次，所以一揽入怀中，陈纵横就全身心地投入，舞步走得行云流水，顿时将金带入一种飘飘欲仙的绝妙境界。

金石心一入佳境，便觉如梦如幻，老于此道的陈纵横借着旋转之机，不停地抚摸她的后背，不时地用胸部蹭她那挺拔的双乳，将金石心撩得火烧火燎。

在一旁的章舸看到这一切，不由地醋性大发起来，但因他们两人没有什么实质性的进展，她又不便发作。只是当陈纵横陪金石心舞完一曲，章舸就上前要求他陪自己跳舞。

陈纵横当然知道表妹已生醋意，生怕闹起来，两个美人都走掉，鸡飞蛋打。因而，与表妹舞时也全身心地投入，摸抚蹭乳的动作力度更大。

由于三方这种微妙的关系，他们都进入一种忘情的地步，不知不觉间跳过了子夜时分。

陈纵横一直舞个不停，此时只好请求停下，喘口气。金石心与章舸这才想起时间，慌忙回校。

由于夜太深，舍监便报告了校长袁希浩，问如何处理。

"太放肆！有辱爱群门风，开除！"袁希浩当即下令。校务处立刻发出布告，将章舸、金石心二人开除学籍。

章舸、金石心毕竟是来上海读书的，尤其是金石心，从家来前，父亲是谆谆教诲过的，要她努力读书的。现被开除，顿时，慌了神。

两个大美人哭哭啼啼去找陈纵横，陈纵横也是学生，当然无法可想，只好出主意让金石心去找当时正在上海滩上声威赫赫的皖籍老乡、斧头党魁首王亚樵，让他以同乡的关系出面说说项，威胁袁希浩，让她恢复她们的学籍。

金石心受家风熏陶多年，起码的礼义廉耻还是有的，金家节衣缩食送自己来上海读书，学业未成，反遭开除，委实不好交代。经陈纵横一点拨，觉得是个办法。她想，自己这副天生丽质的样子，佛见了都会心动，定然也会叫王亚樵动情怜悯。

令金石心没有料到的是，王亚樵竟然铁石心肠，一口回绝了。

因为王亚樵混迹上海滩已经很久了，早已听说过袁希浩是一个学识渊博、性格刚烈的奇女子。她生得美丽动人，却作风严谨，安于贫穷。为办女校，终身不嫁。据说，当年袁世凯称帝时，闻袁希浩貌美才高，下诏让她进宫作贵妇，被她以死相却。对于这样的人，王亚樵当然万分敬佩，无论如何也不会去以利斧相威胁的。

王亚樵认为，家有家教，校有校规，金石心既然违反校规，开除学籍也是理所当然。同时，王亚樵心里也明白，他虽然在上海滩杀得鸡犬不宁，但那位学富五车、以死却过袁世凯的女校长未必买他的账。且不说自己从不与女人争斗，怎么能又去冒天下之大不韪而难为袁希浩呢。当然，这层顾虑，王亚樵没有说，但他坚决地告诉金石心，这个情他不能求，威胁袁希浩，不是他王亚樵这种铮铮铁骨的男子汉所能做得出来的。

金石心见求不动王亚樵，顿时慌了，不由地悲悲切切地啼哭起来。她那娇好的身姿，尚未褪去的学生稚气，凄楚动人的眸子，立刻使向来怜香惜玉的王亚樵心动不已。当时，王亚樵手下除了有个庞大的"斧头党"之外，还有一个"公平通讯社"，虽只办油印小报，但发行广泛，有安徽人、受"斧头党"保护的地方全都能见到。

"别哭了，你就留在我的'公平通讯社'当采编人员吧，月薪大洋十块，怎么样？"

"真的？"金石心高兴地叫起来。

"我还能骗你这弱女子！"

"太感谢你了，九哥！"

"不用谢，你待会给家里写封信，就说在报馆谋到了记者的美差，因此提前辍学了。"

当晚，金石心给远在桐城的家里写了一封信。父母听说她已做了记者，且月薪十元大洋，倒也十分满意。

一日深夜，金石心处理完稿子，王亚樵来到她的房间。

"九哥，你有事？"金石心觉得与往日有些不同。

王亚樵坐在金石心的面前，轻轻地托起她的下巴，盯着她的眼睛说："今晚九哥想做新郎,你愿意不愿意做新娘?"

"别……"金石心有些慌,想拿掉王亚樵托她下巴的手。

"我可不是说着玩的,今夜你先做新娘,三天后我在五洲大酒店补行婚宴,保证让你风风光光做我的四太太。"

"不敢,九哥,不敢哟。"金石心颤战惊惊的。

"等一会你就会体会到,天下没有比这再令人陶醉的销魂时刻了。你都已经十八岁了,该开花了。"

金石心被放到了床上。这是一张小床,上面垫着洁白的床单。金石心赤条条地躺在上面,如同白玉盘子里盛着几节嫩藕……

待意阑情尽,她睁开双眼时,只见王亚樵不知什么时候已挥腕抖笔,在她雪白的肚皮上写下了一首诗。诗曰:

笑傲江湖载酒行,
楚腰纤细掌中轻。
十年一觉淮扬梦,
群芳谱中留英名。

自此,两个夜夜恨夜短,天天怨天长。直到王亚瑛回到上海,依然分离不开。

王亚樵是磊落之人,坦率地对王亚瑛说:"你是我的河,她是我的井,都是我饮不尽喝不干的甘泉。但井水河水不可互犯。你主外,她主内,无事不得生非。"

王亚瑛也是豪爽之人,已与王亚樵结合数年,知道他精力非凡,一夜间梅开几度,春风几次倒也轻松;同时王亚樵同天下大恶作对,苦不堪言,当然要自得其乐。自己虽说也是美人,毕竟徐娘半老,金石心那么美丽迷人,他若看不上,倒是有些不正常了。

所以,王亚瑛为了方便金石心陪王亚樵名正言顺,立刻到五洲大酒店为他们补行了婚礼。婚后,王亚樵的妻妾四人姐妹相称,异常和睦。

1932年以后,王亚樵在上海不断遭到戴笠和日本人的追杀,行动异常困难。妻妾成群,更是难上加难。此时,王亚瑛当机立断,将王淑英等送回合肥东北乡。王亚樵采纳她的建议,将一些女眷一起送回合肥东北乡,准备带少数人逃走。

金石心久居都市,不愿回乡下。王亚樵觉得,夫妻一场,自己生死未卜应该给她找个更好的安身之处。当时,王手下大将余立奎尚可安居上海,王亚樵便将金石心托付给了他。

对于金石心的美貌,余立奎当然喜爱,但因是王亚樵所爱,所以他不敢接受,但王亚樵强行令他接受,余立奎只好恭敬不如从命。

金石心初闻将她托付给了余立奎,心中一百个不乐意,但王亚樵意已决,余立奎来后他就消失得无影无踪。因为王亚樵已抱定必死之决心。这一点,金石心倒也能够明白。

从此以后,金石心改名叫余婉君,跟随余立奎东奔西走。余立奎从天上掉下来个大美人,自然万分高兴,把余婉君倒也看作掌上明珠。

再说陈纵横把金石心支到王亚樵那里,没解决问题,就带着表妹章舸走了。章舸后来又进了另一所学校。陈纵横仍在上海继续读书,两年后,他踏上了去美国留学的路。

从美国留学归来,陈纵横改名为陈质平,被戴笠的特务组织看中,吸收为特务。因他为人风采翩翩,又才华出众,所以,戴笠指示他专门靠勾引女人来开展工作。

为了追杀王亚樵,戴笠费尽心血,早已用过"女人"这颗棋子,无奈王亚樵乃情种一个,到后来弄得他赔了夫人又折兵。在王亚樵溜进香港、踪迹难觅之时,陈质平见老板愁眉不展,立刻想到了昔日的金石心。

当年,正是陈质平将金石心拉下水,致使她被校方开除,也是他又将金石心推到王亚樵的身边,使王亚樵一见她便难自禁,娶作了四太太。现在,若是找到金石心,把她收买过来,通过她来寻找王亚樵的行踪,然后杀死王,定然是王难以想到的。因为王亚樵在这一方面是极其自负的,他总是认为他征服过的女人是会绝对忠诚于他的。

戴笠闻言大喜,觉得这的确是一个好办法,虽然也是有"女人"这一步棋,但和以前的套路大不一样。原先是把肉往王亚樵嘴里塞,王亚樵自然会怀疑;如今,把王亚樵碗里的肉给拿出来,注射些毒素,再放进去,王亚樵只要发现不了，就不会怀疑的。

戴笠立刻派人打探金石心的下落。

金石心改名叫余婉君后，就与余立奎生活在上海。那余立奎乃旧军官出身，浑身肌肉凸凸，力大无比，床第之功倒也能让余婉君满足。只是，余婉君总觉得余立奎比王亚樵少点什么，心里总是有点落落寡欢的味道。

王亚樵原来将她托付给余立奎的目的，是因为自己与戴笠斗得日紧，迟早有丧命的可能，这样好让她有所依靠。但余立奎毕竟是王亚樵手下的一员干将，孙凤鸣刺汪后，特务采取了最大规模的搜捕行动，使余立奎这些未参加刺汪的人也无法立足，只好携眷跑到香港。

到了香港，余立奎自然很快与王亚樵取得了联系。金石心虽改名余婉君，但旧情难改，见了王亚樵，怎能不如怨如艾，眉目传情。

面对余婉君哀怨的目光，王亚樵不忍，只好同意让她不时来住所，与她做爱来消除她的怨艾。

而余立奎呢，虽然极其珍爱余婉君，但也不便说什么，只好听之任之。王亚樵倒也极能掌握分寸，从来不让余婉君在自己之处过夜。

不久，余立奎在茂源绸庄被捕，余婉君欲重新回到王亚樵身边。但王亚樵在香港也难以立足，很快杳无音讯了。好在王亚樵临走时，派人送来了五千元钱。金石心一个人住着有些担心，就投奔了住在尖沙咀的姨妈。

手下人报告这些详情后，戴笠十分高兴："这真是天赐良机！"

他立刻命令陈质平抓紧时间赴港，趁金石心身边空虚，发动进攻，早日钻进这个女人的被窝。

1936年5月1日，在香港尖沙咀一处幽静的庭院里，一位身着洁白的连衣裙的少妇正无精打采地坐在棕榈树下看报，老妈子牛氏来报，说外面有位先生来访。

这位少妇就是已改名余婉君的金石心。

这段时间，余婉君心乱如麻。先是王亚樵在上海与她分手，并要她嫁给余立奎。她本想不从，但王亚樵却是一片好意，是为她安排一条退路，因为他已作了必死的准备，让她跟着余立奎，为的是使她的后半生有所依靠。当然，她的美貌，余立奎自然是极喜欢的。

但不久，余立奎又带着她也来到了香港，朝朝暮暮又能与王亚樵相见，时时勾起她对往事的回忆。还好，九哥未忘旧情，不时与她幽会；余立奎倒也豁达，对于这一点不但从不提出，而且让她另住一处房子里，每月提供生活费，让她自行生活。戴笠的手下纷纷来港后，迅速打断了这短暂的安宁日子，王亚樵一行又神秘地消失了。同时，余立奎等人也被捕回大陆。生活无所依托，她只好去投奔姨妈，从姨妈处借一处房居住。

南国的五月，早已是百花红艳、万木苍翠的时节了。南海微带咸气的风吹到岸上，常常使余婉君涌起身在异乡的感受。她每日里思念过去，思念九哥，常常以泪洗面。这日正值百无聊赖，听牛氏说有位先生求见，心中当然暗自惊讶。虽然万分寂寞，但她深知自己的身份不同寻常，注视的人多。在姨妈借给的这所住所里，她深居简出，从不同任何人联系，谁能够知道她住在这里呢？

余婉君顿时紧张起来。不管怎么说，能找到她住的地方的人，一定是对她感兴趣的人。当然，这种兴趣是针对她与王亚樵的关系而言的。若是戴笠派来的人，当然沾都不能沾；他若是王亚樵派来的人，却是一定要见的，王亚樵不会丢下她，一直不问事的。这一点，她最清楚。

想来想去，余婉君还是决定先见见来人。若是戴笠的人，她相信自己也能打发掉他们。

主意已定，她吩咐牛氏，引客人在院中落座，待她略施淡妆即出来见客。

吩咐完毕，余婉君即快步回到卧室，从手提包里取出王亚樵送给她的防身枪，站在窗前观察院中动静。

不多时，便见牛氏引进一个身着银白西装的青年。此人五官秀挺，风度翩翩，余婉君恍然记起，他就是同学章舸的表哥陈纵横。他乡遇故人，余婉君心中顿感万分亲切。她急忙将手枪藏好，梳理鬓云，略施脂粉，飘然出门，对陈纵横热情洋溢。

双方稍事寒暄落座后，余婉君问："什么风把陈先生吹到寒舍来啦？"

陈纵横带着玩笑的口吻说："是金小姐室内的香风的召唤，我是循香而来。"

余婉君有些羞涩地笑道："陈先生果然人才，风流不减当年，玩笑总是开得别致。只是我如今的处境，大不同在爱群女校了，先生到此，定有缘故。"

陈纵横马上解释说："我是听章舸表妹说你有一位姨妈在香港，你也入港几年，此次来港办事，几经打听才得知你的下落。"

余婉君放下心来。同时，分别这么久，陈纵横还记着她，她很是感动。当年初次相见起，余婉君就曾为陈纵横的气质与风度所动，这次患难中相见，心中当然更加激动。二人坐在那里，谈了分别后各人的遭际，感怀万千。不知不觉间，时已近午。余婉君吩咐牛氏备上一桌丰盛酒菜，热情款待昔日老友。

酒至酣处，陈纵横说："想当年我年幼贪玩，害得金小姐有校不能进，但小姐却因祸得福，得与盖世英雄王亚樵相识，实在是可喜可贺！我原本打算在政界干一番事业，但宦途坎坷，风险难测，令我常常觉得，空有一身劲，没处使。听说王亚樵对小姐情深意笃，倘若金小姐能够引见一下，让我到王先生门下，我想，我定然会有所作为的。"

余婉君叹口气说："陈先生有所不知，现在的王亚樵，早已不是上海滩的斧头党魁了。这些年来，他刺老蒋、杀日酋，去年又让汪精卫吃黑枪，弄得全国通缉，无法立足。现在，他究竟跑哪去了，连我都不知道。"

说完，她眼圈一红，流下两行清泪。

陈纵横知道，这个女人说的是实情，但他心里有数，只要将这个女人搞到身下面睡稳，再让戴老板提供王亚樵的行踪，不愁找不到王亚樵。不管怎么说，如此美貌的女郎，先享受享受快活快活再说。当然，欲速则不达，得悠着来。

想到这，陈纵横说："金小姐正是含苞怒放的年纪，且貌若天仙，怎么能够辜负这大好时光，自己将自己困在屋里，备受折磨，如果弄坏了身子骨，将来见了王先生，岂不麻烦？"

"我已徐娘半老，没什么意思了。"

"哪里哪里，小姐浑身上下都散发着一种成熟女性那种熟透了的美，我往这一坐，就被感染了。"

这番话，有明显的挑逗意思。余婉君心中当然明白。几杯酒下肚，脸上泪痕已干，当真是两颊生辉，艳若桃李。面不敷粉而自洁，唇不点朱而自红，不卸素装而冶容，淡扫娥眉而妖娆。那双凤眼中，水波流盼，娇媚迷人。

"我这无人要的小寡妇，就是想出去散心。但一个人置身繁华热闹处，反觉更加凄凉。"

陈质平立即顺风而上，说："这倒也是，情到深处人孤独嘛。这次出差，公务不多，倒有些空闲，闲得也无聊，若小姐不怕娇体受累，我陪你爬山、下海、钓鱼、跳舞都行。"

余婉君说:"陈先生真会说笑话,我怎敢劳你大驾。"

"小姐早就是舞中皇后,以前领教过,耿耿于怀,今晚请小姐去情未了舞厅跳舞如何?"

余婉君颔首一笑,算是默许。

当晚,情未了舞厅灯光闪烁,舞乐阵阵,帅男靓女舞个不停。陈纵横本是风流场中高手,且在美国操练过,华尔兹、普鲁斯走得如行云流水,余婉君这些年来久经磨炼,提腿摆臀也早已炉火纯青,二人在舞场中配合极为默契,自然天成一对。在极短的时间里,他们征服了众多舞客,许多人止步停跳,默默地欣赏他们那优雅的舞姿。

被一个高大潇洒的男人搂着,让众人流露出钦羡的目光,余婉君感到无比的幸福和无上的荣耀。

余婉君又感觉到了,依如许多年前一样,陈纵横托着她后背的那只手,时不时地上下滑动,在她的身上创造出一种快意;他那宽阔的胸膛,也有意无意地触动她的乳峰,让她胸前不时激荡起阵阵春意。尽管已是明显的骚扰,但余婉君心照不宣,仍然装着一无所知,让陈纵横再驶往纵深处。

舞间休息时,他们走出舞厅,来到街边公园的树丛之中,两人偎依着坐在一张长条椅上,陈纵横猛地将余婉君抱在了怀里。

"陈先生,你……"

"金石心,佛心动,连佛都对你动心,你叫我怎么办?谁叫你长得这么美的,我再与你相遇,是天缘未尽啊!"

余婉君此时心中早已春情荡漾,但却作推却状说:"陈先生不要老开玩笑,你是豪门之子,又有异国教养,我乃一飘零女子,岂可高攀?"

"那我可要攀你了。"陈纵横说着抱起余婉君,走进树林深处的一片草地上放倒,为她宽衣解带。

"陈先生,别……"

一番云雨,双方都觉意犹未尽。陈纵横和余婉君又回到余婉君的住处,宽衣解带,接着梅开二度、梅花三弄。

经过一段时间的肌肤相亲,余婉君终于从生理的快感上坠入情网,再也不能自拔了。陈纵横呢,虽说重任在后,但能与美人厮守,其乐无穷,也就顺其自然，况且，睡美人还是他工作的重要组成部分呢。

王亚樵在广西闹得天翻地覆，陈纵横在香港干得轰轰烈烈，戴笠当然有些气愤。

"年轻人，我出钱让你玩女人，派人站岗保护你玩女人，你是够快活的，可是，王亚樵已到了梧州，和李宗仁、白崇禧打得火热你知道吗？"

"这……"陈纵横浑身冷汗直冒，的确，这段时间他只记得快活了，王亚樵的事的确没有上心。

"立刻搞清王亚樵的地址，不然，你就去做风流鬼去吧！"

分手时，戴笠下了死命令。

陈纵横权衡了一番，觉得可以向余婉君摊牌了。

他故意连着几天不露面，让欲火正旺的余婉君独守空房。到了第七天晚上，他打扮得一尘不染，去了余婉君的住宅。

余婉君连日来情欲如火，此时若久旱逢甘霖，自然喜从天降，又怒又嗔又撒娇，而陈纵横呢，却愁眉不展，徐庶进曹营一言不发。酒菜摆上来，他却举杯踌躇，半天饮不下一口。

"你这是怎么了？"

陈纵横叹了一口气说："我的小心肝，我再也不能瞒你了。你我虽然恩爱，可是良宵苦短啦！"

余婉君说："为什么？"

陈纵横装着悲悲切切的样子，悲伤地说："你还看不出来吗？我突然来到你身边，哪是什么出公差，出公差这么长时间我也不办事，整天与你在一起，能行？实话告诉你吧，我是奉戴老板的命令来找王亚樵的；如今，王亚樵已到了广西梧州，而你死活说不知道，戴老板说我只爱美人不重事业，时间长了要我去做风流鬼，你说我哪还来激情？不一定哪一天，我就要吃枪子了。"

余婉君一听他说是奉命寻找王亚樵的，顿时呆如木鸡。一种受骗的感觉涌上她的心头，不觉间，泪水哗哗而下。

陈纵横接着说："我知道你对王亚樵有知遇之恩，我又何尝不是呢？连蒋委员长和戴老板都敬重王先生的人格，我们找他，并不是要加害于他，而是为了请他到政府任职，使他的胆识和勇武得以发挥，使抗日战场上多一名豪杰。"

余婉君半信半疑，问："你说的可是真话？"

陈纵横此时也是泪眼迷蒙，说："我就是跟别人说假话，可我也绝不能骗你呀。我要是说假话，让我明早出门遭枪击……"

话还没完，余婉君一掌将他的嘴捂住，两人含着泪，不顾生死地吻了一会儿，接着陈纵横乘机放倒她，久旱逢甘霖，余婉君异常快活，坐起身说："要是这样，我倒是有办法找到九哥。"

陈纵横暗喜，但并不急于流露，反而又面带忧伤地说："如果找到王亚樵，你我还能这样吗？我现在反倒又害怕找到他。"

余婉君说："你不用担心，九哥有妻有妾，况且早已让我出嫁他人，他不会怎么我的。你对我这么好，我是离不开你了。找到九哥，他当他的官，你也交了你的差。可是，你得保证你娶我！"

"我保证，保证娶你！"

情意绵绵之中，余婉君便将寻找王亚樵的办法和盘托出。

原来，早在1932年王亚樵在上海遭到追捕的时候，就曾经对余婉君说过，一旦失去联系，就花钱在报上登一首小诗，诗曰：

窗前明月光光照九州，
疑是地上霜霜挂枝头。
抬头望明月兮把酒问天，
低头思故乡兮欲语还休。
隔天涯兮残年如梦，
断寸肠兮秋水飘流。

此诗第一句暗寓"九光"二字。作者署名反义即为街名，诗成时间便是门牌号。此诗一经登出，王亚樵只要见到，一定会找上门来。

第二天，陈纵横带着余婉君离开香港，往广西梧州去了。

24
戴笠终于干掉了王亚樵

"两广事变"爆发后,蒋介石一面暗中调集大军云集西南,一面在6月下旬布置召开国民党五届二中全会,请西南派员出席,作缓兵之计。同时,让戴笠派出人马前往两广,分化收买两广将领。他们利用特务网络,把重点放在了陈济棠手下的第一军官兵和军长余汉谋身上。

1936年7月4日,余汉谋从广州到大康,召集第一军将领商议,一面打电报给南京政府,向蒋介石请示报告,一面集中兵力准备进攻南雄、韶关,对陈济棠实行兵谏。

7月6日,广东空军驻广州白云机场第二队的三架飞机和驻从化机场第五队的四架飞机,在空军飞行员黄智刚的带领下,起飞投蒋。同时离粤的还有广东航校第六期甲班毕业的学员和飞行员四十余人。

同一天,陈济棠所部第二军副军长李汉魂在汕头绥靖公署"封金挂印",向陈发出通电,"奉还大命"。同时,第三军九师师长邓龙光潜赴香港,通电响应李汉魂倒陈拥蒋,并密使所部离开五华县,向余汉谋靠拢。

7月10日,国民党五届二中全会决议,免去陈济棠本兼各职,由余汉谋接任广东绥靖分署主任兼第四路军总司令。

7月14日,余汉谋在广东大庆通电就职,拥蒋倒陈,限陈24小时之内离粤。并将所部第一军由大庆开回韶关,着手进入广州的部署。同一天,陈部第二军副军长(军长陈济棠兼)陈达在广州通电服从中央,欢迎余汉谋来穗接任。

7月18日,广东空军的全部飞行员决定驾驶所有飞机北飞投蒋。黄光锐、陈卓林及广东航校校长胡汉贤等人也决定于同日驾机飞赴香港,并由黄光锐领衔在港发表通电,倒陈拥蒋。

7月18日的这一幕,无疑把陈济棠逼入绝境,陆军反了,海军漂了,空军又飞了,陈所有的实力转瞬之间灰飞烟灭了。当天,他致电余汉谋,以广东治安相托,并发表告袍泽、告同胞书,声明下野。当晚,他乘英国军舰出逃香港,当寓公去了。

广东问题解决后,广西桂系失去重心,不久也表示归顺中央。两广事变就此平息。

两广事变的平息,统一了多年来向中央闹独立的西南一隅,消除了蒋介石的后顾之忧,却使西北问题延误下来,华北的形势也更加严峻。蒋介石痛定思痛,感到一次福建事变,一次两广事变,固然在台上表演的是地方实力派军人,但在幕后策划牵线的却离不开国民党内一些元老派反蒋人物。胡汉民虽然死了,却还有李济深、陈铭枢、王亚樵、刘芦隐等人在幕后活动,尤其是王亚樵,一到这种时候兴风作浪最烈。这些人不除,终究是祸害。

于是,蒋介石下令戴笠,要对反蒋派继续追捕密拿,以绝后患。现在王亚樵蛰居梧州,是个除掉的绝好机会。

1936年10月初,正当广西桂系当局与蒋介石握手言和、庆贺和平时,广西南宁来了一位神秘人物。此人一到南宁,就与广西实力派人物白崇禧进行了长时间的秘密会谈。事后,又匆匆离开了南宁。

此人就是戴笠。戴笠这次南宁之行,主要是取得广西当局对特务处密捕匿居广西梧州王亚樵的谅解,并得到白崇禧"只许在广西暗杀,不许在广西密捕"的许诺。这是白崇禧的狡猾之处,当初两广联合反蒋时,正值用人之际,著名的反蒋杀手王亚樵来投,不但慨然应允保护,而且每月拨给五百元以接济。现在,蒋、桂对立的局面已不复存在,所谓此一时彼一时也,白崇禧当然不能对蒋的心腹大患王亚樵再行"保护"的责任了。现在戴笠前来,如果是密捕解出广西，则脱不了暗中配合的嫌疑，在一些老朋友和王亚樵的部下面前，不好交代，而如果是暗杀了，就可用"难以防范"四个字推卸责任，谁也说不出什么。

戴笠觉得，王亚樵反蒋十年，自己与他苦斗八载，屡捕屡脱，可谓费尽心机，此次不能活捉，若能割下王的头颅交到蒋介石那里，蒋介石也会心满意足的。

再说陈纵横带着余婉君离开香港后，在广州住了一个星期，向戴笠汇报了详细情况。戴笠计议停当，分兵三路前往广西梧州。

第一路由陈纵横、陈亦川等人率部分精干的情报人员暗中护送余婉君到梧州寻找王亚樵，其任务是通过余婉君为内应，控制掌握王亚樵的行踪，摸清他的住址、起居、活动情况。

第二路由特务处著名的刽子手、湖南站站长吴赓恕率领谷玉林、李修凯等二十余名凶悍的行动人员，进入梧州，执行暗杀王亚樵的任务。吴一行人出发前，戴笠电令广东税警总团军需处长兼广东缉私总处会计股长及特务处广东区总稽核郭旭，要他协助吴赓恕的工作，拨给暗杀王亚樵行动组费用毫洋券一千元。

第三路由戴笠密派自己的警卫员、神枪手王鲁翘和助手岑家焯伪装成商人，取道香港转广西梧州，与吴赓恕会齐，配合吴赓恕行动，担任杀王的主要枪手。

且说两广事变后，桂系从反蒋转变为拥蒋，李宗仁、白崇禧一反故态，对王亚樵再也不像先前那样待若上宾了，他们知道王亚樵是蒋介石的心头大患，如果让其长期留在广西，必然会触犯蒋介石的忌讳，且这小子反蒋最积极，不要恨乌及屋，将他们也连着给杀了，就像去年杀汪精卫那样。他们一面小心保护自己，一面取消了对王亚樵的经济资助，并向王亚樵的靠山李济深打招呼，声称"唯恐九光先生安全受到威胁"，让李济深撵之出桂。

王亚樵此时也明白，梧州不是久留之地。他先是从李圩搬迁，移居西江岸的倪庄，并积极筹划后路，准备赴延安投奔共产党。王亚樵几十年来一直斡旋于政治人物的身边，见过多如牛毛的政治派别，认识到：中国各派政治力量在关键时刻，都能与蒋苟合，唯有中国共产党不会出卖主义、原则和民众，与蒋同流合污。况且，自己主张反蒋抗日，和中共的目标是一致的。

1936年9月27日,王亚樵做出了他人生之旅的一项最重大的决定,他向李济深吐露了去延安投奔共产党的想法。李济深十分支持,欣然提笔向其故交周恩来写了一封荐函。

当天夜里,王亚樵辗转无眠,思绪万千,子夜时分,又披衣而起,给中共领袖毛泽东、朱德各写了一封信,表示对中国共产党的无限敬仰之情,信中说:"当今各派势力都有与蒋苟合之可能,而唯独中共与蒋决不妥协,思前虑后,愿率随从前往延安,在正义之师中得遂正义之志。"

第二天,王亚樵把自己的两封信、李济深写给周恩来的荐函及两千元钱交给余亚农、张献延,嘱他们去延安亲手呈送周恩来先生,速去速回。

余、张走后,王亚樵感到形势十分险恶,十分伤感。但他也看到了今后的希望。所以,他填了一首《念奴娇》,以明心志。

> 西江烟云,
> 哭陆沉,
> 魑魅魍魉狐兔。
> 此土沦亡黄流注,
> 中原烽火弥漫。
> 悲恨相继,
> 万里烟尘,
> 江山知何处?
> 堂堂中华,
> 怎忍东倭猖寇。
> 醉生梦死内战,
> 媚倭求存,
> 何言对国人。
> 闽海羊城兴义师,
> 苍苍惜太无情。
> 天涯海角,
> 足迹无门,
> 千载留泪信。

鸥盟山重，
　　北顾延河绵绵。

　　就在这期间，戴笠的三路人马先后到达广西梧州。陈纵横带着蒙在鼓里的余婉君选择了水轻东街八号一家简陋的旅馆住下，花钱在四家报馆买版登诗，引诱王亚樵露面。

　　10月10日，住在倪庄的王亚瑛从梧州的一家小报上看到余婉君的接头诗，心中一惊，她怎么来梧州了？她瞒着王亚樵同郑抱真等人商量，大家认为，分别已久，余婉君的政治面貌已经模糊，此时突然出现在梧州，并且违例多处张扬接头暗号，颇为可疑。为了探明真相，他们决定由王亚瑛和赵士发对余婉君进行试探性接触。王亚瑛和赵士发按照从报纸上破译的地址，果然找到了金石心。

　　王亚瑛说："如今时局动荡，你在香港过着消闲的日子，又来梧州干什么？"

　　余婉君说："姨妈破产了，收走了我的住宅不说，还催逼我还她的一千元债务，实在没有办法，才来找九哥帮忙的。"

　　"你怎么知道我们在梧州的？"

　　余婉君拿出一张《中央日报》说："我是从这上面见到的。"

　　王亚瑛拿过那张报纸，果然见报纸上写着《暗杀大王王亚樵窜居梧州》。

　　问不出什么破绽，王亚瑛只好说："九光现在不在梧州，我手上也不宽绰。这是二百元，你拿着先回香港吧。等九光回来我再要他给你寄钱还账。"

　　余婉君哭了，说："欠姨妈的钱我现在不还也没关系，反正我人不在香港。只是戴笠手下的人知道我和九哥的关系，到处追捕我，还是请你转告九哥，请他收留我吧。我总得有个活路！"

　　王亚瑛不管余婉君怎么哀求，就是不松口，一再说王亚樵不在梧州："你还是回香港寻出路吧。报纸上已登出九光在这里，戴笠绝不会坐视不问的。你在这里，太惹人注目，招下麻烦，大家都不好。"

　　余婉君仍哭泣道："我一定要见到九哥！"

　　"告诉你，九光不在这里。我和士发也要离开这去肇庆了，你在这没用。"

　　说完，王亚瑛硬放下二百元钱，带上赵士发，去了码头，上了开往肇庆的轮船。

这是王亚瑛多了个心眼，为迷惑余婉君而制造的假象。他们等轮船航行到江口码头时，又下了船，乘车返回了梧州。

余婉君焦急起来，好不容易来到梧州，九哥却又走了，且连王亚瑛也去了肇庆。她告诉陈纵横，想再赴肇庆去寻找。

陈纵横拿不准王亚樵是否已真的走了，立刻密报戴笠。戴笠立刻电令肇庆的特务上码头，寻找有没有王亚瑛和赵士发下船。特务很快回电："没有。"

戴笠放心了，电令陈纵横说："王亚樵还在梧州，抓紧行动。"

1936年10月20日中午，王亚樵应李济深长兄李任仁之邀，前往李宅赴宴。席间，话题不由自主地扯到了两广事变上面。

一位客人说："两广起事，虎头蛇尾，咎在陈济棠太狂妄自大，以至后院起火。若是以桂系为主，断不致如此之快就分崩离析。"

客人中又有人道："依我愚见，这事不能算完。近日，广西境内奇事迭出，月初玉林县两名警察被人吊在警察局门口，继之岑溪县税局大门在光天化日之下被人卸走，更奇的是前两日，有人将唐代大诗人李白之作狗尾续貂，居然自成一首，且登了几家报纸。我看这些都是征兆，或者警告，或是暗号，不知是哪路好汉又要起事。"

在一旁恭听的王亚樵听到这里，不禁怦然心动，莫非是余婉君来到梧州了？尽管心中动乱，但他依然装得若无其事。

酒宴结束，他来到李任仁的书房，拿起一叠旧报纸随意翻看，不一会，他果然找到了余婉君登出的诗。日期是10月6日。

王亚樵想起来了，几天前，王亚瑛、赵士发、郑抱真等人嘀嘀咕咕，并且不告原因几次出门，肯定是因为知道了余婉君到达梧州的消息。现在，她可能已被他们驱逐了。想到这，他又气又恨，恨不得马上飞到余婉君的身边。

这天下午，余婉君正要出门，在旅馆门前遇到了一个兜售虎骨的药贩子。药贩子喊道："小姐，我看你面容憔悴，有阴亏之气，买根虎骨泡酒，包你元气上升。"

余婉君来梧州二十余天，不仅没见到王亚樵，反被王亚瑛驱赶，心里正没好气，冲口说道："你才阴亏！滚一边去。"

药贩子又道："小姐不要生气嘛，你不是阴亏，就是气闷，我这有一副方子，专治小姐的心病。"说着，在余婉君面前展开了一张纸条：

"持此字条到下关警察所找刘警长，等我电话。"

余婉君不看则已，一看就跳了起来。太熟悉了，这正是他日思夜想的九哥的字。

余婉君对药贩子连声说："谢谢，太谢谢你了。"

"你不用谢，我是拿人家的钱，帮人家办事。你不知道下关警察所吧？我带你去。"

余婉君跟着药贩子急急忙忙来到下关警察所。不多时，王亚樵的电话就打来了。

"九哥，你在哪里呀，让我找得好苦哟！"余婉君泪流满面。

"不要急，这两天我安排一下，找个安全的地方就去找你。"

"九哥，你真狠心！我日子过不下去，大老远跑来找你，你却推三推四的。"

王亚樵在电话那头沉默了。

"九哥，你是不是又有了新人，嫌我在身边不便？要是这样，我就只好走了。"

"不要这样，听我说，再等两天，待我安排好，就去接你。"

"不，我一天也不能等，一天不想等。为了你，我吃尽了苦头，受尽了凌辱，到头来竟会这样。你真这么无情，我就回香港去做妓女了，反正这身子我喜欢的人也不喜欢了……"

"不要再说了！听着，今天晚上九点，我到你那里去。"

"九哥！"余婉君叫了起来。

可那头的电话已经挂了。

得到王亚樵将来会面的喜讯，余婉君心花怒放。她原想瞒着陈纵横，先同九哥幽会一晚再说。陈纵横毕竟是受过训练的特工人员，一见余婉君一脸喜气，连日愁云尽扫，便知她必是与王亚樵联系上了无疑。

"婉君，"陈纵横佯装叹息说，"我们老是这样，也不是事情，我不如去南京求求戴老板，把王亚樵的委任状交给他，让他对王来个全国通缉，格杀勿论算了。"

"你怎么说这种话？"

"我怕，要是王亚樵一出现，你跟他飞了，我岂不是赔了夫人又掉了脑袋？"

"你放心吧。"余婉君戳了一下陈纵横的脑袋,"我已经和九哥联系上了。你们不是要请九哥去当军事委员吗?那么你们今天先不要打扰,我们几年没见了,先说一晚上话。"

"今晚他就来?"

"他说九点来。"

"正事要紧,今晚你先到西林办事处住,我们出面接待过王亚樵,我就去找你。我想,你不至于这么几个小时也忍受不了吧!"

余婉君傻了。她知道自己被骗了,但无论她痛骂也好,哀求也好,陈纵横都是那么得意洋洋地看着她。等她闹累了,陈纵横一挥手:"带走!"

两个特务架起余婉君,塞进一条麻袋,放到汽车上,带走了。

1936年10月20日的夜晚是个永远值得记忆的日子。

这天晚上,王亚樵在李任仁家吃过饭,对赵士发等人说:"你们回去报告亚瑛,我留在这里打牌了,明天早晨回家。"

赵士发说:"九爷以前打牌,我不是一直跟着吗?"

王亚樵说:"我跟李先生是至交,他家保镖警卫森严,你们一个个荷枪实弹在这里,不是我信不过朋友吗?"

"那也至少要留下两个人,万一有事,也好应付。"

王亚樵火了,嚷道:"一个也不要,我连这一点消遣的自由都没有吗?现在,我还没有废掉,你们就只听她(指王亚瑛)一个人的,这样下去,我王九光还不成了光绪皇帝?都给我走,再罗嗦,我要掌嘴了!"

赵士发无奈,只好领人先走了。

可叹盖世英雄王亚樵,智者千虑,必有一失,一生谨慎,此时大意了。他若是派个人先他前往打探一下,或是让人接余婉君至别处幽会,这部英雄史就该重写了,但王亚樵义无反顾地赴约了。

当晚8点半,王亚樵借着一股酒劲,身披双枪和匕首,满面春风地找到了余婉君暂住的水轻东街八号旅馆,在楼下的登记处查了一下"余婉君"的房号,王亚樵认了一下,是余婉君的字体,便放心地上了楼。

像往常一样,王亚樵来到房前,推门而入,口里喊道:"婉君,你怎么不开灯。"

刚进入房间，王亚樵立即感觉到周围一阵异动，情知不妙，刚想抽身退步，但却晚了半步，埋伏在房内外的王鲁、岑家焯、谷玉林、李修凯七八名凶悍无比的特务，在几束手电筒强光的照射下，砰砰砰！乱枪齐发。

王亚樵毕竟是一代枭雄，武艺精湛，轻功卓绝，且久经险境，临危应变能力，无人能及。早在他感觉到周围有异动的瞬间，身躯微一晃动，看似抽身撤步，岂知他不退反进，向空中纵起。随即在半空中把手枪掏出，向四周甩手就是几枪，落地后即伏地而卧，又啪啪地举枪还击。接着，他又是一个鱼跃跳起，甩出没有子弹的空枪，亮出匕首与周围的特务展开近身肉搏。

但是，戴笠亲自挑的这一批特务也都是训练有素、武艺高强的凶猛强悍之徒。面对王亚樵这一连串一气呵成的高超搏杀动作，初时虽感愕然，但很快镇定下来。他们凭借个人占据的有利地形和人多势众，远则用枪，近则用匕首，只是一味地把王亚樵往死里打，有时就是误伤了自己人也在所不惜。顿时，屋内的桌椅、板凳、茶具、摆设全被砸烂，地板上鲜血淋漓。

王亚樵虽是内功非凡，怎奈寡不敌众，最后终于被打倒在地，力竭而亡。后来，人们发现，他身中五枪，被刺三刀。

特务们打死了王亚樵，唯恐戴老板不相信，就用刀将王亚樵的脸皮剥下，以便戴笠查验。

这一年，王亚樵四十九岁。

随着一代枭雄王亚樵的遇害，这个在 20 年代形成、在 30 年代前期达到巅峰的庞大的暗杀团体便全面瓦解了。

王亚樵荣于暗杀，亦损于暗杀。

10 月 21 日，王亚瑛、郑抱真、赵士发等人得知凶信，飞赴现场。此时王亚樵身体已经僵硬，脸皮已被揭走，全身血肉模糊，面目全非，惨不忍睹，王亚瑛当时惨叫一声，昏死过去。

郑抱真等人顾不上悲痛，立刻将尸首运回，买棺入殓，安葬王亚樵于梧州倪庄。

国民党特务杀了王亚樵后，为推脱责任，竟造谣言于天下。10 月 23 日《南京日报》头版用大标题报道：《暗杀党头子王亚樵被刺》。文中说："王亚樵平常不守正道，专门聚集一帮亡命之徒暗中谋杀异己，企图危害国家要人，现为争夺女色，被人暗杀，并将其面皮削去以泄恨。"

但是，当时在南京的很多认识王亚樵的人都不相信，认为王亚樵之死是误传。尤其是在南京的一些安徽同乡，都异口同声地说王亚樵没有死，死是假的。

杀死王亚樵的这帮特务害怕起来，担心时间一长，人们都说"王亚樵的死是假的"，搞得上司将来也怀疑王亚樵的死是假的，那就不好办了。他们派杀王凶手之一、安徽人陈亦川到南京王亚樵的熟人中威胁："谁要再议论死去的王亚樵，当心被视为同党，掉脑袋！"

关于王亚樵是假死的议论终于平息下来。

在杀死王亚樵的特务当中，最担心后路的是陈纵横，生怕余婉君将他引诱设计陷害王亚樵的真相说出去。又睡了余婉君几日，他依依不舍地在她的饭里投进了剧毒。事后，陈纵横向戴笠报告说："余婉君并不真想归顺政府，留着是个祸害。"

陈纵横在这次行动中表现出色，戴笠很高兴，没有再问这事。

11月初，戴笠以军委会调查统计局二处处长的名义发电报给白崇禧，感谢在10月初他在南宁对戴的盛情接待和对国民政府制裁巨奸大逆王亚樵的大力相助。同时，一并转达蒋中正委员长对李宗仁、白崇禧等桂系首领的问候。

此时，王亚樵在梧州的坟上，已长出了几颗草芽。